HUMANITIES AND SOCIETY

过去与未来之间

Hannah Arendt

[美国] 汉娜 · 阿伦特 著　王寅丽 张立立 译

译林出版社

图书在版编目（CIP）数据

过去与未来之间／（美）阿伦特（Arendt, H.）著；王寅丽，张立立译．—南京：译林出版社，2011.10（2022.3 重印）
（人文与社会译丛／刘东主编）
书名原文：Between Past and Future
ISBN 978-7-5447-2077-9

Ⅰ.①过…　Ⅱ.①阿…②王…③张…　Ⅲ.①政治学－文集　Ⅳ.①D0-53

中国版本图书馆 CIP 数据核字（2011）第 119581 号

过去与未来之间［美国］汉娜·阿伦特／著　王寅丽　张立立／译

责任编辑　马爱新
装帧设计　胡　苨
责任印制　单　莉

原文出版　Penguin Books, 1993
出版发行　译林出版社
地　　址　南京市湖南路 1 号 A 楼
邮　　箱　yilin@yilin.com
网　　址　www.yilin.com
市场热线　025-86633278
排　　版　南京展望文化发展有限公司
印　　刷　江苏凤凰扬州鑫华印刷有限公司
开　　本　880 毫米 × 1230 毫米　1/32
印　　张　9
插　　页　2
版　　次　2011 年 10 月第 1 版
印　　次　2022 年 3 月第 14 次印刷
书　　号　ISBN 978-7-5447-2077-9
定　　价　58.00 元

主编的话

刘东

总算不负几年来的苦心——该为这套书写篇短序了。

此项翻译工程的缘起,先要追溯到自己内心的某些变化。虽说越来越惯于乡间的生活,每天只打一两通电话,但这种离群索居并不意味着我已修炼到了出家遁世的地步。毋宁说,坚守沉默少语的状态,倒是为了咬定问题不放,而且在当下的世道中,若还有哪路学说能引我出神,就不能只是玄妙得叫人着魔,还要有助于思入所属的社群。如此嘈嘈切切鼓荡难平的心气,或不免受了世事的恶刺激,不过也恰是这道底线,帮我部分摆脱了中西“精神分裂症”——至少我可以倚仗着中国文化的本根,去参验外缘的社会学说了,既然儒学作为一种本真的心向,正是要从对现世生活的终极肯定出发,把人间问题当成全部灵感的源头。

不宁惟是,这种从人文思入社会的诉求,还同国际学界的发展不期相合。擅长把捉非确定性问题的哲学,看来有点走出自我囿闭的低潮,而这又跟它把焦点对准了社会不无关系。现行通则的加速崩解和相互证伪,使得就算今后仍有普适的基准可言,也要有待于更加透辟的思力,正是在文明的此一根基处,批判的事业又有了用武之地。由此就决定了,尽管同在关注世俗的事务与规则,但跟既定框架内的策论不同,真正体现出人文关怀的社会学说,决不会是医头医脚式的小修小补,而必须以激进亢奋的姿态,去怀疑、颠覆和重估全部的价值预设。有意思的是,也许再没有哪个时代,会有这么多书生想要焕发制度智慧，这既凸显了文明的深层危机，又表达了超越的不竭潜力。

于是自然就想到翻译——把这些制度智慧引进汉语世界来。需要说明的是，尽管此类翻译向称严肃的学业，无论编者、译者还是读者，都会因其理论色彩和语言风格而备尝艰涩，但该工程却绝非寻常意义上的“纯学术”。此中辩谈的话题和学理，将会贴近我们的伦常日用，渗入我们的表象世界，改铸我们的公民文化，根本不容任何学院人垄断。同样，尽管这些选题大多分量厚重，且多为国外学府指定的必读书，也不必将其标榜为“新经典”。此类方生方成的思想实验，仍要应付尖刻的批判围攻，保持着知识创化时的紧张度，尚没有资格被当成享受保护的“老残遗产”。所以说白了：除非来此对话者早已功力尽失，这里就只有激活思想的马刺。

主持此类工程之烦难，足以让任何聪明人望而却步，大约也惟有愚钝如我者，才会在十年苦熬之余再作冯妇。然则晨钟暮鼓黄卷青灯中，毕竟尚有历代的高僧暗中相伴，他们和我声应气求，不甘心被宿命贬低为人类的亚种，遂把迻译工作当成了日常功课，要以艰难的咀嚼咬穿文化的篱笆。师法着这些先烈，当初酝酿这套丛书时，我曾在哈佛费正清中心放胆讲道：“在作者、编者和读者间初步形成的这种‘良性循环’景象，作为整个社会多元分化进程的缩影，偏巧正跟我们的国运连在一起，如果我们至少眼下尚无理由否认，今后中国历史的主要变因之一，仍然在于大陆知识阶层的一念之中，那么我们就总还有权想象，在孔老夫子的故乡，中华民族其实就靠这么写着读着，而默默修持着自己的心念，而默默挑战着自身的极限！”惟愿认同此道者日众，则华夏一族虽历经劫难，终不致因我辈而沦为文化小国。

一九九九年六月于京郊溪翁庄

目　录

二十五年后献给海因里希

致 谢

本书中的文章最初发表在以下杂志上:《美国学者》《芝加哥评论》《代达罗斯》《诺摩斯》《党人评论》《政治评论》，集结出版时经过修订和扩充。“真理与政治”最初发表在《纽约客》上。“教育的危机”是丹佛·林德利从德文本翻译过来的。

前言:过去与未来之间的裂隙

Notre héritage n'est précédé d'aucun testament——"留给我们的珍宝(遗产)没有任何遗言",这句话也许是法国诗人兼作家勒内·夏尔(René Char)突如其来的警句中最奇特的一句,一语道破了四年的抵抗运动对整整一代欧洲作家和文人们来说意味着什么。[1]对他们来说,法国的沦陷,这一完全出乎意料的事件,一天天瓦解了这个国家的政治景观,留下来的是被恶棍或傻瓜像木偶般操纵着的一个滑稽场面,而且让他们这些实际上从来不参与第三共和国公务的人,也被一股仿佛来自真空的力量卷入了政治。结果,在毫无预备和很可能违背他们意愿的情况下,他们无可选择地创建了一个公共领域,在那里——抛开官场派头和敌友之见——一切有关这个国家的事务都以行动和言说的方式进行。 3

这种状况并没有持续多长时间。几年之后他们就从这个他们最初认为是"负担"的事情中解脱了出来,被抛回到他们现在发觉不过是轻

① 这个引文和以下引文,见René Char, *Feuillets d'Hypnos*,巴黎, 1946。写于1943年到1944年的抵抗运动末期,发表在由阿尔贝·加缪编辑的*Collection Espoir* 上。这些格言和下面几句的英译都出现在《沉睡的苏醒:诗歌和散文》,纽约, 1956中。

飘飘的、无关紧要的个人事务当中，再次脱离"现实世界"，被私人生活"悲哀的不透明性"(épaisseur triste)所包裹，这种私人生活除了自身之外什么都不关心。如果他们拒绝"回到他们的起点，回到[他们]最本然的行为"，他们就只能返回到从前各种对立意识形态的空洞冲突中，这些意识形态在击败了其共同的敌人之后，再次占领了政治舞台，使从前的战友分裂成无数个小集团(这些小集团甚至算不上派系，只是致力于无休止的打笔仗和口水战)。在真正的战斗还在继续的时候，夏尔曾清醒意识到的事便发生了，即"如果我幸免于难，我知道我将不得不远离这些重要年代的氛围，沉默地拒绝(而不是约束)我的珍宝"。他们已经失落了他们的珍宝。

这个珍宝是什么呢？就像他们自己所理解的，它似乎包含着两个相互关联的部分。一方面，他发现他"加入抵抗运动，在其中找到了自己"，他不再"带着毫不掩饰的不满，漫无目标地找寻[自己]"，他不再怀疑自己是"不真诚的"，是"一个生活中吹毛求疵的怀疑角色"，他终于敢于"袒露自己"了。在这种剥去了所有假面——包括社会指定给其成员的假面和个人为了在心理上反抗社会而自己造的假面——的袒露中，他们第一次让自由的幽灵光顾他们的生活。准确地说，自由的光顾不是因为他们反抗了专制和比专制更糟的东西(对于盟军的每个士兵来说，现实就是如此)，而是因为他们变成了"质疑者"，首先向自己开炮，进而不知不觉地创造了位于他们之间的、自由得以展露的公共领域。"每当我们坐下来一块吃饭的时候，自由就被邀请来到了我们中间。椅子还空着，但位置已经设下了。"

4 欧洲抵抗运动人士既不是第一批也不是最后一批失去他们珍宝的。从1776年夏天的费城革命到1789年的巴黎革命，再到1956年秋的布达佩斯革命，这一系列在政治上浓缩了现代故事之精髓的革命史也可以以寓言的形式讲成一个有关古老财富的传说，这些宝贵财富就像海市蜃楼一样，总是在极不相同的形势下出乎意料地显现，又迅即消失。

确实很有理由相信这些珍宝从来都不是现实而是幻影，相信我们这里说的不是什么实质性的东西而是一个幽灵，其中最好的一个理由就是，这些珍宝迄今为止都是无名的。难道一个不是在外太空而是在我们地球的世俗事务和人类事务中存在的东西，却连名字都没有？独角兽和仙女似乎都要比革命失落的珍宝拥有更多的实在性。可是，如果我们把目光转向这个革命纪元的开端，特别是转向它之前的几十年，我们就会惊讶地发现，十八世纪的大西洋两岸都有一个对此珍宝的称呼，而且我不禁要说，这是一个甚至在珍宝本身消失之前就已长久被遗忘和失落了的名字。在美国它叫“公共幸福”，这个名字包含着“德性”和“荣耀”的弦外之音，我们较易理解的是它对应的法国名字，即“公共自由”；不过对我们来说难理解之处在于，这两种情况下强调的重点都是“公共”。

不论它是什么，当诗人说留给我们的珍宝没有遗言的时候，他暗示的就是这笔失落财富的无名状态。遗言，告诉继承人什么是合法地属于他的，把过去的财富遗赠给未来一代。而没有遗言，或回到这个隐喻的所指，即没有传统，在时间长河中就没有什么人为的连续性，对人来说既没有过去，也没有未来，只有世界的永恒流转和生命的生物循环。因为恰恰是传统选择了、命名了、传递了、保存了、指示了珍宝是什么和有什么价值。因此，这个珍宝不是由于历史遭际和现实困难而丧失的，而是由于失去了预见它的出现或实在性的传统而丧失的。因为没有传统， 5
就意味着没有一个把它遗赠给未来的遗言。就政治现实来看，这一丧失几乎是不可避免的，而由于忘却，由于记忆的丧失，它的失落则达到了最高点，忘却不仅临到继承人身上，也临到那些曾在刹那间把珍宝握在掌中的行动者、见证人，即活着的当事人身上。因为记忆（虽然只是思想的一种方式，却是一种最重要的方式）只在一个预先设定的参照系中起作用，而人类心灵只有在极罕见的情况下能保存那些完全没有联系的东西。结果，最早忘记了这些珍宝像什么的人，恰恰是那些一度拥有它，却发现它如此奇特以至于不知何以名之的人们。当时这一点还不会令他们困扰；他们虽然不知道他们的珍宝叫什么，却非常了解他们所作所为的意义，知道他们的行动是超越了成败的：“对活着的人有意义的行动，只对死去的人有价值，而只有在继承它和质疑它的人的心灵里，才实现了完成。”由此可知，失落的悲剧不是从国家的解放几乎自动毁灭了无数潜藏的自由岛屿开始的（那些小小岛屿的毁灭不管怎么说都是注定了的），而是从不再有心灵去继承它、质疑它、思考它和记住它时开始的。问题的关键是，“完成”暗示了每个被付诸行动的事件必须最后落实在那些讲出这个故事，传达出其意义的人们心里；在行动之后没有这一思考的完成，没有记忆所实现的清晰阐明，就几乎没有故事可讲。

这里描绘的形势其实没有什么全新的东西。我们已经太熟悉理性、思想或理性话语经常性的激情澎湃了，这是那些从自身经验中了解到思想和现实如何分离的人们的自然反应，他们知道现实在思想之光面前已经变得晦暗，思想脱离了现实也不再焕发活力，要么变成无意义的废话，要么只是在丧失了任何具体含义的陈腐事实上不断打转。即使对
6 这种困难的预先认识现在也为人所熟悉了。当托克维尔从新世界返回的时候，他不仅出色地懂得如何描绘和分析新世界，从而让他的著作在经历一个世纪沧桑巨变之后仍保持着经典的地位，而且他也十分清楚地意识到，夏尔所谓的行动和事件的“完成”仍然躲着他；夏尔的“留给我们的珍宝没有遗言”的话，听起来就像是对托克维尔的一句话的改写：“由于过去不再将光亮照向未来，人类心灵在晦暗中徘徊。”[①]就我所

---

① 这句话引自《民主在美国》第二卷最后一章，纽约，1945，第331页。原文如下：“虽然革命在这种社会形势下发生了，但法律、意见和人们的情感还远没有定型。其造成的后果也不容许拿来跟世界上曾经发生过的任何东西做比较。我一点点地往上追溯，直至追溯到最遥远的古代，也无法为眼前发生的事情找到任何相似的对应物；由于过去不再将光亮照向未来，人类心灵在晦暗中徘徊。”托克维尔的这些句子不仅预言了勒内·夏尔的警句，而且足够奇特的是，如果把它们放在原文中来读，就会发现也预言了卡夫卡的洞见（见下）：正是未来把人们的心灵送回到过去，“直至最遥远的古代”。

知，对这一困境的最准确描述可以在弗朗茨·卡夫卡的一个寓言里找到。在这方面，卡夫卡的寓言在文学中也许是独一无二的，是真正的启明（παραβολαί），像光线一样投射到事件周围和边缘，不是照亮事件的外部存在而是有着像X光一样暴露其内部结构的力量，在此，就是暴露心灵不可见过程的力量。

卡夫卡的寓言是这样的：[①]

> 他有两个对手：第一个从后面，从源头驱迫他；第二个挡住了他前面的道路。他跟这两个敌人交战。准确地说，第一个对手支持他和第二个厮打，因为他想把他往前推，同时第二个对手又支持他和第一个厮打，因为他要把他往后赶。但这不过是理论上如此。因为不仅仅有两个敌人在那儿，他也在那儿，有谁真正知道他的意图？其实他的梦想是在一个出其不意的时刻——这就需要一个比曾经有过的任何黑夜更黑的夜晚——跳出战场，凭着他在战斗中的经验上升到一个裁判的位置，旁观他的两个敌人彼此交战。

这个寓言描写和洞察的事情，按内在逻辑就紧随在由勒内·夏尔的警句浓缩了其要旨的事件之后。实际上，它说的恰恰就是我们开头的警句没有讲明的、接下来要发生的事情。卡夫卡的战斗始于行动走完了它 7
自身的进程，作为行动结果的故事等待着“在继承和质疑它的心灵中”完成的时刻。心灵的任务是理解所发生的事情，而理解，按照黑格尔的看法，是人让他自身与现实和解的方式；理解的实际目的是与世界达成

① 这个故事是一系列“自1920年的笔记”中的最后一个，标题是“他”。在美国发表在《中国长城》（纽约，1946）中，由Willa 和Edwin Muir从德文译出。我依据的是这个英译本，仅对少数几处过于文学化的翻译做了改动，以适应我的目的。德文原文见*Gesammelte Schriften*, Vol.5, 纽约, 1946。（按德文原文翻译，跟阿伦特的英译略微有别。——译注）

和解。麻烦的是，如果心灵不能恢复平静和引向和解，它就立刻发觉自己置于与自身的某种交战中。

不过从历史上看，现代心灵发展的这个阶段，至少受二十世纪发生的两个（而非一个）先前行动的引导。在勒内·夏尔这代人（在这里我们选他作为这一代的代表）被迫放弃文学事业上的追求和投身行动之前，另一代，只比他们稍稍年长的一代人，转向政治来寻求对哲学困惑的解决并试图从思想逃离到行动中来。正是这老一代人后来成了他们自己称为的存在主义的代言人和创造者；因为存在主义首先是一条以毫不犹豫的献身行动来摆脱现代哲学之困惑的出路，至少法国存在主义是如此。而既然在二十世纪的大环境中，所谓的知识分子——作家、思想家、艺术家以及文人之类——只有在革命期间才能进入公共领域，革命就扮演了马尔罗曾经宣布的（在他的《人的命运》中）“曾经由永恒生命来担当的角色”：它“救赎了那些干革命的人”。存在主义，作为哲学家对哲学的反叛，不是出现在哲学业已证明不能把它自身的法则用于政治事务领域的时候，因为柏拉图所理解的政治哲学的失败，几乎与西方哲学和形而上学史一样古老；也不是出现在哲学同样证明了不能实现由黑格尔和历史哲学所指派给它的任务，即理解和从概念上把握那些造就了现代世界的历史现实和事件的时刻。实际上，在古老形而上学问题
8 暴露了它的无意义性的时候，形势更令人绝望；因为它意味着这样一种命运降临到了现代人头上：他降生在这个世界上，但在这里，他的心灵和思想传统都不再能提出合适的、有意义的问题，更不要说对他自身的困惑给出什么答案了。而卷入和投身这个绝望的行动，献身行动（engagée），似乎抱定了一个希望：不是解决什么问题，而是和这些问题一起活着，不变成萨特曾经所谓的伪君子（salaud）。

发现人类心灵会因为某些神秘原因而停止正常运作，可以说，构成了我们这里要探讨的故事的第一幕。我在这里简略地提及它，是因为否则我们就无法理解接下来发生的事情的特殊反讽性质。在抵抗运动的

最后几个月,也就是临近解放(liberation)——在本文中意味着从行动中脱离出来(liberate from action)——的时候,坚持写作的勒内·夏尔从他的反思中得出这样的结论:为未来的幸存者着想的呼吁,没有为他们之前的行动者着想的呼吁那么紧迫和强烈。如果谁要书写我们这个世纪的智识史,不是以代代相继的形式(在那种情况下历史学家必须忠实于理论和态度的连续性),而是以单个人物传记的形式,意图用比喻尽可能再现他心中实际发生过的事情的话,就会揭示出这个人的心灵被迫转了足足两圈而非一圈,第一次他从思想逃入到行动中,然后在行动,或不如说已采取的行动迫使他返回思想之后,他又一次从思想进入行动。在此期间值得注意的是,向思想的求助发生在一个特别的中间时期(in-between period),这个时期切入到历史时间当中,到那个时候,不论后来的历史学家还是仍健在的行动者和见证人都意识到了一个时代的间隙——由“已不再”的事情和“尚未”的事情共同规定的间隙。在历史上,这些间隙已经一再地显示出它们也许是包含真理的时刻。

我们现在可以回到卡夫卡,就事件逻辑来说他占据着最先的位置,
虽然从年代上来说他位于最末(三十五年多来他的身后之名与日俱增, 9
已经把自身确立为最前沿的作家之一,但卡夫卡之谜始终是难解的;卡夫卡之谜首先是对经验和思想之间固有关系的彻底颠覆。虽然我们一贯把内容的细致入微和行动的栩栩如生联系到现实经验的丰富上,而把脱离经验看成是思想的抽象过程为了获得秩序和精确性所必须付的代价,卡夫卡却凭借着纯粹的理智力量和精神想象力,从光秃秃的、“抽象”到最少的经验中创造出一种思想图景,并且丝毫没有丧失作为“真实”生活典型特征的丰富性、多样性和戏剧化元素。因为对他来说思考是现实最有生命、最有活力的那部分,他把这种让人总是满怀期待的不寻常天赋发挥得淋漓尽致,以至于虽然近四十年来发生了许多前所未有、出乎意料的事件,他仍没有停止令我们惊叹)。这个故事以简单凝练的形式记录了一个思想现象,一个我们可以称之为思想事件的东西。故

事的场景是一个战场，过去和未来两股力量在那里彼此交战；在它们之间我们发现了一个卡夫卡唤作“他”的人，如果这个人真想立足，就必须和这两股力量战斗。从而，实际上同时进行着两场甚或三场战斗：“他的”对手之间的战斗以及在他们中间的这个人和每个对手的战斗。其实，之所以有战斗，纯粹是因为有这个人的在场，没有他，过去和未来的两股力量就会保持中立，乃至老早就相互抵消了。

值得注意的第一件事情是不仅未来被看成一股力量，即“未来洪流”，而且过去也被看成一股力量，而不是一种负担，尽管几乎所有的比喻都认为过去是一种负担，似乎人们不得不把它扛在肩上，活着的人能够甚至必须摆脱其死气沉沉的重负，方可迈入未来的门槛。用福克纳的话说，“过去从未死亡，它甚至没有过去”。另外，与人们期待的相反，竭
10 尽全力返回起源的过去不是把我们往后拉，而是把我们往前推，而未来却使劲把我们往过去驱赶。从始终活在过去与未来之间的人的角度看，时间不是一个持续统一体，一股无止无歇的连续之流；时间在中间、在“他”站立之处被打断了；而“他的”立足点不是我们通常理解的现在，毋宁是一个时间中的裂隙，“他”持续的战斗，“他”片刻不停地阻挡过去和未来停驻，才使这个裂隙得以维持。仅仅因为人切入到时间当中，仅仅因为他站在那里，混沌一片的时间之流才分割成不同时态；正是这个切入——用奥古斯丁的话来说是一个开端的开端[①]——把时间洪流打碎成几股力量，因为这些力量聚焦在为它们指定方向的微粒或身体上，它们就开始彼此交战，并以卡夫卡描述的方式作用于人。

在不歪曲卡夫卡本意的情况下，我想还可以把这个比喻推进一步。卡夫卡描述了人的切入如何打破时间的单向之流，但颇为奇怪的是，他没有改变时间的传统形象，仍把它设想为一种直线运动。由于卡夫卡仍然保留着关于时间垂直运动的传统隐喻，“他”就几乎没有站立的余地，

---

① 奥古斯丁把人理解为一个开端(a beginning)，见“何为自由”第四节。——译注

任何时候“他”想打出自己的一片天下,就会陷入这样的梦想:跳出战场,到战场之外或之上的领地中去。这个梦想难道不正是从巴门尼德一直到黑格尔的西方形而上学的古老梦想吗?这个领地难道不正是西方形而上学一直梦想的、作为思想本然所在的一个无时间、无空间的超验领域吗?显然,在卡夫卡对思想事件的描述中缺少的是一个空间维度,思考可以从那里切入而不必被迫完全置身于人类时间之外。卡夫卡气势恢弘的故事存在的一个缺陷是,如果时间的单向之流被分裂成指向和作用于人的两股敌对力量,它就不可能同时保留时间垂直运动的概念。由于人的切入打破了这个连续体,就势必让这两股力量发生扭转,偏离它们原来的方向;而如果是那样的话,它们就不会再头对头地相撞,而是在一个角度上相遇。换言之,“他”站立的裂隙不是一个简单的间隙,而是类似于物理学家称作力的平行四边形的位置,至少潜在地是 11
如此。

理想情况下,形成力的平行四边形(卡夫卡的“他”在那里找到了他的战场)的两股力相互作用会造成第三股力,一个对角合成的力,它的起点正是前两股力相撞和发生作用之点。这个对角的力在一点上不同于引起它的前两个力:那两个互相敌对的力在各自的起源上都是无限的,一个来自无限的过去,一个来自无限的未来;虽然它们没有已知的起点,却有一个终点,那就是它们相撞的点。相反,对角合成的力在起源上是有限的,敌对力量相撞之处就是它的起点;它的终点却是无限的,因为它来自在起源上是无限的两股力量的相互作用。这个对角的力有已知的起源,过去和未来决定了它的方向,它的终点却在无限之中,这正是关于思想活动的完美比喻。如果卡夫卡的“他”能沿着这个与过去和未来保持等距的对角线施展他的力量,行走在这个对角线上,同时缓慢地、有节奏地向前和向后运动(这也是适合于思想序列的运动),他就不必像寓言要求的那样跳到战线之外,跳到这场混战之上,因为这个对角线虽然指向无限,但仍被束缚于、扎根于现在;其实他会发现——因为他被他的敌人驱迫到唯一的方向上，从那里他可以正确地看待和回顾什么是他真正的自己，什么是单单由于他自我切入的在场而造成的东西——一个由过去和未来两股力量创造和限定了的巨大的、不停变动的时一空；他会在时间中找到一个足以让他离开过去和未来而上升到“裁判”位置的处所，在那里他将以不偏不倚的眼光来评判这两股彼此交战的力量。

但是人们不禁要说，这只是“理论上如此”。实际上更有可能发生
12 的，也是卡夫卡在其他故事和寓言中多次描述过的是，这个“他”找不到一个对角线让他可以跃出战场和进入由力的平行四边形建构的理想空间，最后“死于精疲力竭”：他的力量在持续的战斗压力下消耗殆尽，忘记了他最初的意图，唯独意识到这个时间中裂隙的存在，对他来说这块地方是他只要活着，就必须站立的位置，尽管那仿佛是一个战场而不是一个家园。

要避免误解：这里我用以比喻性和尝试性地形容当代思想状况的意象，只在精神现象(mental phenomena)的层面有效。用在历史时间或生物学时间内就没有任何意义，因为在历史时间和生物学时间中不会发生裂隙。仅仅就他是思索的人而言，即就他是长青的生命而言——卡夫卡正确地称他为“他”，而非某人——他以其具体存在的全部现实性活在过去与未来的时间裂隙中。我怀疑这个裂隙不只是一个现代现象，更不是一个历史材料，而是与人在地球上的存在共存的现象。它完全是一个精神场域，或者不如说是思想开辟的道路，是思考在有死者的时空内踩踏出的非时间小径，从中，思想序列、记忆和想象的序列把它们所碰触的东西从历史时间和生物时间的损毁中拯救出来。这个处在时间最核心的小小非时空(non-time-space)，与我们出生在内的世界和文化不同，它只能被标示出来，但不能从过去传承下来。就如同每个新人都要让自身切入到一个无限过去和一个无限未来那样，每一代人都必须重新发现和开辟自己的道路。

可是问题是对此思考活动,这个居于过去和未来之裂隙中的活动,我们看起来既没有能力胜任,也没有做好准备。在我们历史长河中,实际上自罗马建国以来的上千年间,受罗马概念的影响,这个裂隙都是靠 13
我们称之为传统的东西填补的。可是当现代的进步对任何人来说都不是秘密的时候,这个传统却被毁损得越来越微弱。在传统的红线最终断裂的情况下,过去和未来之间的裂隙就不再是思想活动特有的处境,而变成了那些少数以思考为业的人的专门经验。这种状况已成为一个真切的现实并困扰着所有人,也就是说成了一个有政治意味的事实。

卡夫卡概括了这个经验,这个站在过去与未来的冲突洪流中的"他"所获得的战斗经验。这个经验是一个思想中的经验——正如我们已注意到的,整个寓言是关于一种精神现象的;它像所有做某事的经验一样,只能通过实践,通过操练来赢取。(在这方面,就像在其他方面一样,这种思考活动不同于演绎、归纳和得出结论一类的思想过程,后者的非矛盾律和内在一致性的逻辑法则可以一劳永逸地学会,之后所需的只是应用。)下面的六篇随笔[①]就是这样的操练,它们的唯一目的是获得如何去思的经验;它们并不包含何为思的对象和握有何种真理的指示,更不意欲重续传统断裂的红线或发明什么新奇替代品来填补过去和未来之间的裂隙。真理问题在这些操练中从头到尾都是悬而未决的;它们唯一关注的是如何行走在裂隙当中——或许那是真理最终显现的唯一场所。

特别是这些政治思想操练都取材于现实政治事件(尽管这些事件本身只是偶尔被提到),我的假定是:思想本身是从活生生的经验事件中来的,必须始终把它们作为为思想指路的唯一路标。由于这些操练是在过去与未来之间进行的,它们就既包含着批评也包含着实验,但是这些

① 本书1963年的第一版中包括六篇文章,1968年的修订版中收入了后两篇文章。前言此处未做修改,仍然说是六篇。——译注

实验并不企图设计出某种乌托邦性质的未来，对过去和传统概念的批
14 判也不意欲“摧毁”。此外，以下随笔属批评的还是实验的，并不绝对，尽管粗略说来，前三篇的批评性质大于实验性质，后五篇的实验性质大于批评性质。其间，从批评到实验这一重心的缓慢转移并不是任意的，因为在对过去的批评性阐释中包含着一种实验要素，其主要目的是发现传统概念的真正起源，以便提炼出这些传统概念的原初精神，后者已经令人悲哀地从政治语言的关键词，如自由和正义、权威和理性、责任和德性、权利和荣耀中消失了，只留下一些可以塞进去几乎任何内容而不必考虑它们背后的现象实在的概念空壳。

在我看来，随笔作为一种文学形式跟我在头脑里进行的操练有着天然的亲近关系，我希望读者也会赞同这一点。像所有随笔集一样，这本练习之作显然也可以包括更多或更少的篇目而不改变其性质。这种统一性——对我来说就是以书的形式出版它们的理由——不是一种整体的统一性，而是一系列的乐章，就像按照相同或关联的基调写的一套音乐组曲一样。它的序列是由内容决定的，就此而言本书可以分为三部分：第一部分处理传统中的现代断裂和现代期望用来代替传统形而上学概念的历史概念。第二部分讨论两个核心的和彼此关联的政治概念，权威和自由；它以第一部分的讨论为预设，也就是说何为权威、何为自由这类直指根本的问题，只有在传统提供的答案不再适用、不再有效的情况下才会被提出来。最后的四篇文章，坦白地说，尝试把本书前两部分作出的思考用于我们日常面对的、切身相关的时事问题，当然不是为了找到明确的解决方案，而是希望在面对特殊问题时弄清要旨和获得
15 一些信心。

第一篇
传统与现代

一

我们的政治思想传统有一个明确的开端和终结，它开始于柏拉图和亚里士多德的教导，我相信，这个传统在卡尔·马克思的理论中差不多到了一个明确的终点。当柏拉图在《国家篇》的洞穴比喻中，将人类事务(human affairs)领域，即所有属于生活在共同世界中之人的事务，描述为黑暗、混乱和欺骗的时候，我们的传统就此发端。人类事务领域是如此混乱不堪，以至于那些渴求真正存在的人如果想发现永恒理念的澄澈天空，就必须远离并弃置这一领域。当马克思宣布哲学及其真理不是处在人群事务及他们的共同世界之外，而是恰恰就处在人群事务及共同世界当中，并且只有在共同生活的领域中“实现”[他将该领域称为“社会”，基于“社会化的人”(vergesellschaftete Menschen)的出现而存在]的时候，政治思想传统就到达了它的终点。政治哲学必然暗含着哲学家对于政治的态度；其传统肇始于哲学家厌弃政治，之后又为了将他的标准强加于人类事务之上而回归政治。而当一个哲学家厌弃哲学以便将 17

他的哲学“实现”在政治当中的时候，这个传统的终结就来临了。后一种正是马克思的尝试，这个尝试首先表现在他放弃哲学的决定（这一决定本身是哲学性的）中，之后又表现在他“改变世界”并由此用哲学武装人们的头脑，亦即改变人们“意识”的意图中。

这个传统之开端与终结的共同点在于：政治的基本问题从来没有像它们在首次被阐述的时候以及在它们受到终极挑战的时候那样，以直截了当的紧迫性清晰地显示出来。按照雅各布·布克哈特的话来说，开端就像“基础和弦”，在其基础上的无休止变调，响彻了整部西方思想史。照这样的说法，只有开端和终结是纯粹的，或者说无变调的。从而，基础和弦永远都不能像它第一次向世界发出它和谐乐音那样，给听众如此强烈、如此美妙的震撼；而当它还在一个它已不能带来和谐的世界上继续发出声音以及思想的时候，就再没有什么声音比它更刺耳、更令人恼怒的了。柏拉图在他最后一部作品中做过一个不经意的评论：“开端就像一位神，只要它停留在人们中间并拯救一切。”（άρχὴ γὰρ καὶ θεὸς έν άνθρώποις ἱδρυμένη σώξει πάντα）①。就我们的传统而言，这确实是不折不扣的真理；只要这个传统的开端还活着，它就能拯救一切，把一切带入到和谐之中。同样，当它终结的时候，它就会毁灭一切，因为它对传统终结之后所导致的混乱和我们当今仍生活于其中的无助，无话可说。

在马克思的哲学中（其实马克思的哲学与其说是对黑格尔哲学的头足倒置，不如说是把传统的思与行、沉思与劳动、哲学与政治的等级关系彻底颠倒过来了），柏拉图和亚里士多德所创之开端，借由引导马克思作出了一些公然矛盾的表述，证明了其生命力，这些表述大部分见于他通常被人们称作乌托邦思想的学说当中。其中最重要的一条是，马克思预言，在一种“社会化的人类”（socialized humanity）条件下，“国家会
18 消亡”，劳动的生产力将如此巨大，以至于劳动将在一定程度上自我消

① 《法律篇》，第775页。

除，从而保证了社会的每个成员都获得几乎无限的闲暇时间。这些表述除了是预言之外，当然还包含着马克思关于最好社会形式的理想。就此而言，与其说它们是乌托邦式的理想，不如说它们再现了柏拉图和亚里士多德作为经验模式的、雅典城市国家的政治社会状况，既然是柏拉图和亚里士多德的经验模式，我们的传统也就奠基于其上。雅典城邦没有在统治者与被统治者之间作出区分，却依然能运转，所以它不是一个国家——如果我们像马克思那样来使用国家一词，并按照传统关于政府形式的定义，把国家看成要么是由一个人统治，即君主制，要么是由少数人统治，即贵族制，要么是由多数人统治，即民主制的话。此外，只有拥有闲暇时间的雅典人才是雅典公民，他们拥有不劳动的自由，而这种自由是马克思预言在未来社会才能实现的。不仅在雅典，而且在直至现代以前的整个古典时代，劳动的人都不是公民，是公民的人首先都是那些不劳动的人或者那些占有了超过他们劳动力所得的人。当我们深入考察马克思理想社会的实际情形，他的理想社会与雅典城邦国家之间的相似性就显得更令人震惊了。闲暇时间被认为只存在于无国家的状态下，或者按照列宁的著名说法（使马克思的思想变得简明易懂），存在于社会的管理变得如此简单，以至于任何一个厨师都有资格管理国家机器的情况下。显然，在这样的情况下，政治的整个运作，恩格斯简要谓之的"对物的管理"，就变成了只有厨师感兴趣的事情，或者至多适宜于那些在尼采看来最有资格管理公共事务的"平庸心灵"。[①]可以肯定的是，这一点完全和古代的实际情形大相径庭。在那个时候，人们认为政治责任是如此劳神费力，以至于参与政事的人就不再被允许干使人疲倦的活。［所以，举例来说，一个牧羊人可以获得公民资格，而一个农民却不能；一个画家被认为要比一个野蛮人（βαυανσος）优越，而一个雕塑

① 参见恩格斯，《反杜林论》，苏黎世，1934，第275页。尼采《朝霞》，《全集》，慕尼黑，1954，第1卷，第179页。

19 家却不是。在以上两种情形下所作的区分，都只是简单遵循投入和疲劳的标准。]正是为了反对希腊城邦这种为了获取一般完全的公民资格而不得不耗费大量时间的政治生活，哲学家们，特别是亚里士多德，创立了他们关于闲暇(σχολή)、关于闲暇时间的理想。闲暇理想在古代从不意味着从一般的劳动中摆脱出来，这无论如何都是当然之事，而是意味着从政治活动和国家事务中摆脱出来。

但在马克思的理想社会中，这两个不同的概念难分难解地交织在一起：无阶级和无国家的社会似乎实现了古代摆脱劳动之闲暇的一般条件，同时也实现了摆脱政治的闲暇。这种情况据说会在“对物的管理”取代政府和政治活动的时候出现。对哲学家们来说，这种摆脱劳动以及政治的双重闲暇一直都是“沉思生活”(βίος θεωρητικός)——在最宽泛的意义上指致力于哲学和知识的生活——的条件。换言之，列宁的厨师，生活在一个能够提供她不用劳动的闲暇的社会里，她的闲暇和古代的自由公民为了把时间用于“政治生活”(πολιτεύεσθαι)所享受的闲暇一样；她还生活在一个能够提供她不用参与政治的闲暇的社会里，她的闲暇和少数人（古希腊哲学家们要求这些希望把全部时间用于哲学思考的人不参与政治）一样多。一个无国家(非政治)和几乎不劳动的社会的联合，如此强大地盘踞在马克思的想象中，并同样显现在他关于理想人类的表述中，正是因为闲暇的传统含义包含着空闲(σχολή)和悠然自得(otium)，它便意味着过一种比工作或政治更高级的生活。

马克思自认为他的所谓乌托邦只是一个简单的预言，确实，他的理论的这一部分完全符合只有在我们的时代才充分显现出来的某些发展趋势。古老意义上的政府在许多方面已经让位于管理机构，而在所有工业化国家，大众获得越来越多的闲暇已经是一个不争的事实。马克思清醒地预见到了这个由工业革命引领的时代的某些内在倾向，尽管他关于这些倾向只能在生产方式社会化的条件下得到维护的假定是错误的。传统施于他的影响使他在观察这种发展时采取了一种理想化的眼

光，在理解这种发展时采用了来自完全不同历史时期的术语概念。这种 20
影响也使他未能看到现代世界真正复杂的问题，并为他的精确预言赋予了乌托邦性质。但是，这个无阶级、无国家和无劳动社会的乌托邦理想脱胎于两种全然非乌托邦要素的结合：一是觉察到现代的某些发展倾向已不能在传统框架下去理解，二是马克思本人用以理解和整合这些倾向的传统概念和理想。

马克思自己对于传统政治思想的态度是一种有意识的反叛。所以，他以一种挑战性的、自相矛盾的情绪，构造了某些关键性的陈述，这些陈述包含着他的政治哲学，奠基并超越了他著作中严格的科学部分（令人不解的是这一部分在他一生中从未改变，从他的早期著作直到《资本论》的最后一章）。这些论述中最关键的是下面一些命题："劳动创造了人"（这是恩格斯的表述，同当前一些研究马克思的学者的意见相反，我认为恩格斯的表述通俗简练地抓住了马克思的思想）。[①]"暴力是所有孕育着新社会的旧社会的助产士"，从而，暴力是历史的助产士（这个命题以各种各样的形式出现在马克思和恩格斯的著作中）。[②]最后，还有关于费尔巴哈著名的最后一个命题："哲学家们只是以不同的方式解释了世界；然而关键在于改变世界"，根据马克思的思想要旨，这个命题更确切地说的是：哲学家们已经把世界解释够了；现在到了改变世界的时候。因为，最后这个命题实际上只是出现在马克思早期手稿中的另一个命题的改写："不实现哲学就不能扬弃（aufheben）[在黑格尔的意义上即抛弃、提升和保存]哲学。"在马克思的晚期著作中，同样的对哲学的态度显示在工人阶级将是古典哲学唯一合法的继承人的预言中。

---

① 这段话出现在恩格斯的论文《从猿到人的转变中劳动所起的作用》中，见马克思与恩格斯，《选集》，伦敦，1950，第2卷，第74页。马克思自己也有类似的阐述，尤其在《青年选集》中的"神圣家族"与"民族经济与哲学"中，斯图加特，1953。

② 转引自《资本论》，现代图书馆编辑，第824页。

这些命题没有一个能够在自身中和凭自身得到理解。每一个命题的意义都只能从它驳斥了某些传统上被接受的真理来理解，而直到现
21 代肇始之前，这些真理的可信度都是毋庸置疑的。“劳动创造了人”首先意味着是劳动而不是上帝创造了人；其次意味着人创造了他自身，他的人性是他自身活动的结果；第三，这意味着使人和动物区别开来的特点，他的物种差异（differentia specifica），不是理性，而是劳动，也就是说，人不是理性的动物（animal rationale），而是劳动的动物（animal laborans）；而这就意味着，第四，定义人的人性的，不是理性，不是从前所谓人的最高属性，而是劳动，传统上最受轻视的人类活动。这样，马克思挑战了传统的上帝，传统对于劳动的评价，以及传统对理性的颂扬。

暴力是历史的助产士意味着，就人类生产依赖于自由的、有意识的活动而言，人类生产力发展的潜在力量，只能通过战争和革命的暴力显现出来。只有在那些暴力的时期，历史才展现出它的真实面目，并驱散纯属意识形态的虚假言论迷雾。这样，马克思对于传统的挑战再次表露无遗。暴力在传统上是国与国之间关系的最后之争（ultima ratio），在国内行动中始终是最可耻的手段，并一直被认为是暴政的显著特征。（在为数不多的将暴力从羞耻之中拯救出来的尝试中，马基雅维利和霍布斯做了主要努力，他们的工作主要关系到权力问题，并很大地启发了早期对于权力和暴力的混淆，但他们对于我们自己时代之前的政治思想传统并无显著影响。）对马克思来说，正相反，暴力，或者不如说对暴力手段的占有，是所有政府形式的构成要素；国家是统治阶级用来压迫和剥削的工具，政治活动的整个领域都以暴力的运用为特征。

马克思式的把行动等同于暴力的命题，暗含着另一个对于传统的根本挑战，而这一点或许更难被洞察到，但是，鉴于马克思对亚里士多德极为谙熟，他一定是意识到了这一点的。亚里士多德关于人的双重定义——人既是ξῶον πολιτικόν 又是ξῶον λόγονἔχον，即既是一种在言
22 说能力上达到最高可能性的存在，又是在城邦生活上达到最高的可能

性的存在——旨在把希腊人从野蛮人中区别开来，把自由人从奴隶中区别开来。他们之间的区别在于，希腊人，共同生活在城邦中，以言谈的方式通过说服（πείθειν）来处理他们的事务，而不是以暴力的手段通过无声的压迫来处理他们的事务。因此，在自由人服从他们的政府，或者城邦的法律时，他们的服从被称为πειθαρχία，这个词清楚地显示出，服从是以说服而不是以暴力获得的。反之，野蛮人为暴力所统治，奴隶被强迫而劳动，因为暴力行为与劳苦的相似处在于它们的实施都无需言说，野蛮人和奴隶是ἄνευ λόγου，即他们并不是主要通过言谈的方式在一起生活的人。劳动对于希腊人来说，本质上是一种非政治的、私人的事务，而暴力却涉及到和建立起一种人与人之间的联系，尽管是消极的联系。马克思对于暴力的颂扬因此包含了更为特定的，对于言谈、λόγος的拒绝，而言谈恰恰是暴力的反面，是传统上最为人道的交往形式。马克思有关意识形态上层建筑的理论最终以这种反传统的、对言谈的敌视为基础，并伴随着对暴力的歌颂。

对传统哲学来说，马克思的“实现哲学”的说法或根据哲学来改变世界的说法，本身是个语词上的矛盾（马克思的命题暗含着，由于改变是以解释为先导的，哲学家对世界的解释也就指示了世界应当如何被改变的处方）。哲学或许规定了某些行动规则（尽管没有一个伟大的哲学家把制定行动规则当成他最重要的考量），但从根本上说，从柏拉图一直到黑格尔的哲学都“不属于这个世界”，无论是柏拉图把哲学家描述为只是其身体和他的同胞们一起住在他们城市中的人，还是黑格尔承认的，从常识的观点来看，哲学是一个头足倒立的世界，一个颠倒的世界（verkehrte Welt）。马克思对传统的挑战，这次不仅暗含在，而且直接表达在他的命题中，蕴含在马克思对于普通人类事务的世界的预言中：这个让我们确定自己的位置并依据常识思考的世界，某一天会变得 23
直接等同于哲学家们徜徉于其中的理念领域，或者说，一直属于“少数人”的哲学，某一天会成为每个人的日常生活现实。

然而，这三个命题却被捆绑在它们要炸毁的传统术语中；其表述既自相矛盾又意欲震撼我们。它们事实上更加悖谬并使马克思陷入比他自己预料的更大的混乱。每一个命题都包含着一个根本的矛盾，而这个根本的矛盾是用马克思自己的术语始终无法消除的。如果劳动是最人性的且最富有创造力的人类活动，那么在革命之后的“自由领域内”，“劳动被取消了”，当人类成功地将自己从劳动中解放出来的时候，会发生什么事？还剩下什么样富有创造力的、本质上属人的活动？如果说暴力是历史的助产士，从而暴力行动是人类所有行动中最有尊严的形式，那么在阶级斗争终结，国家消亡后，不再有暴力的时候，会发生什么？到那时，人们到底如何以一种有意义的、本真的方式去行动？最后，当哲学在未来的社会中得到实现和被扬弃之后，还有什么样的思想留下来？

马克思的不一致性可谓众所周知，而且几乎所有的马克思主义学者们都注意到了。这些不一致性通常被归结为“历史学家的科学眼光和预言家的道德眼光之间”（Edmund Wilson）的矛盾，是洞见到资本积累是“生产力增长的物质手段”（马克思）的历史学家，与谴责那些承担“历史使命”（马克思）的人是剥削者和贬低人性者的道德家之间的矛盾。然而，这种不一致性和类似的不一致性，比起对劳动和行动的颂扬（以反对沉思和思想）与对一个无国家的，即无行动的和（几乎）无劳动的社会的颂扬之间的根本矛盾来说，就是小巫见大巫了。因为，这个根本矛盾既不能归结为一个革命的青年马克思与一个有着更科学洞见的、作为历史学家和经济学家的成熟马克思之间的自然差异，也不能通过一种辩证运动的假设——需要消极或恶的因素来生成积极或善的因素——
24 来消解。

这样一种根本性的、公然的矛盾很少出现在二流思想家之中。二流思想家也不会考虑这样的矛盾。而在伟大思想家的著作中，这些矛盾通往他们作品的核心，并且提供了真正理解他们的问题以及他们全新洞见的最重要线索。在马克思那里，就像在上个世纪其他伟大思想家那里一样，一种近乎玩笑的、挑战的、悖谬的情绪，掩盖了他们不得不以一种旧思想传统来应付新现象所导致的困惑，因为离开旧思想传统的概念框架，任何思想都几乎是不可能的。于是似乎马克思，与克尔恺郭尔或尼采一样，都绝望地试图在思想中反抗传统，而同时又采用了传统本身的概念工具。当柏拉图发现，哲学经验似乎内在地包含着对人类事务之共同世界的离弃时，我们的政治思想传统就开始了；而当哲学经验除了思想与行动的对立之外什么也不剩的时候，这个传统就终结了，因为被褫夺了现实的思想和被褫夺了感觉的行动，就都不再有任何意义了。

二

这个传统的力量对于西方人思想的控制，从来都和西方人是否意识到它无关。实际上，在我们的历史中，只有两个时期我们意识到，甚至过分意识到了传统的事实，把时代本身奉为权威。第一个时期发生在罗马人采用古典希腊思想文化作为他们自身的精神传统之时，从而历史性地决定了，这个传统将对欧洲文明产生永久的、塑造性的影响。在罗马人之前，传统这东西是不为人所知的；而随着罗马人，传统被建立起来了，此后就变成了一条贯穿过去的引线，同时也是锁链，所有新一代人无论意识到与否，他们对世界以及自身经验的理解都被束缚在其上。直到浪漫主义时代，我们再次遇到一种提升了的、对传统的意识和颂扬。（文艺复兴对于古典文化的发现是第一次试图挣脱传统锁链的尝 25
试，也是借着回到源头本身来建立一个传统已无力把握的过去。）今天，传统有时被认为是一个本质上浪漫的概念，但是浪漫主义除了把关于传统的讨论提到十九世纪的议程上以外，什么也没有干；浪漫主义对于过去的颂扬只是为着标志这样一个时刻：现代对于我们的世界和人类一般状况的改变已经到了这样一个程度，对传统理所当然的依赖已经变得不再可能了。

一种传统的终结并不必然意味着传统观念已经丧失了对于人心的力量，正相反，就在传统丧失了活力，而人们对于其开端的记忆也逐渐褪色的时候，传统陈腐不堪的概念和范畴有时反变得更加暴虐。甚至于，传统可能只有在它终结之时，即当人们甚至不再反抗它之时，才充分地展现它的强制力量。至少，这似乎是自克尔恺郭尔、马克思和尼采有意识地以颠倒了传统概念等级的方式，挑战传统宗教、传统政治思想和传统形而上学的假设之后，形式主义和强制性思考在二十世纪带来的后果。然而，无论是十九世纪对传统的反叛，还是二十世纪的后果，实际上都没有造成我们历史的断裂。这个断裂起因于政治图景中的大量迷惑以及精神领域中乱七八糟的意见，从这场巨大混乱中，极权主义运动通过恐怖和意识形态的手段，凝结为一种新的政府和统治形式。极权统治，作为一个既成事实来说，既无先例可循，也无法以通常的政治思想范畴来理解；它的"罪恶"既不能以传统道德标准来评判，也不能在我们文明的法律框架内来惩罚。正是这一点割断了西方历史的连续性。现在，我们传统的断裂已经是一个确定无疑的事实了，这既非任何人慎思选择的结果，也不因下一步的决定而改变。

26 黑格尔之后那些力图打破统治了西方两千年之久的思想范型的大思想家们，也许以他们的努力预告了这一事件，并帮助澄清了这一事件，但他们并不是这一事件的始作俑者。传统的断裂这一事件本身，标志了现代与二十世纪世界之间的分野：前者伴随十七世纪的自然科学而崛起，在十八世纪的革命中达到其政治顶峰，并在十九世纪的工业革命之后展开其普遍性蕴义；而后者是在第一次世界大战触发的一系列灾难之后才成形的。现代思想家，特别是十九世纪反传统的思想家，要为二十世纪的结构及状况负责，这样的看法不仅不公正，而且它的危险性超过了不公正性。极权统治这一实际事件彰显出来的蕴义，大大超出了这里任何一位思想家最激进、最大胆的理念。他们这群人的伟大在于，他们把身处的世界看成是一个新问题和新困惑入侵的领域，而这些问题与困惑是我们的传统思想无力解决的。在这个意义上，他们自身是背离传统的，而且，无论他们怎样慷慨激昂地宣告对传统的背离，也不是他们自己深思熟虑选择的行动（就像孩子因被丢在黑暗里而越来越响地尖叫）。黑暗令他们惊恐的是它的沉默，而不是传统的断裂。这个断裂在实际发生的时候驱散了黑暗，于是我们几乎听不见他们著作中过于响亮、“哀婉”的调子了。但是，最后爆炸的轰鸣也湮没了那先行到来的、不祥的，然而仍然回应了我们的沉默——任何时候只要我们敢于追问，不是问“我们跟谁交战”，而是问“我们为谁而战”，就会得到这样的沉默。

无论是传统的沉默，还是十九世纪反叛传统的思想家们的回应，都解释不了实际发生的事情。这个断裂未经深思熟虑就发生，这一特征赋予它一种只有事件而非思想才具有的无可挽回的性质。十九世纪对传统的反叛始终严格地被保留在一个传统框架之内；停留在纯粹思想的层面上，而思想一点不会比灾难预兆、忧虑、不祥的沉默这些本质上消 27
极的经验得到更多关注。没有极端化的事件，新的开端和对过去的重新思考都是不可能的。

克尔恺郭尔、马克思和尼采站在传统的终结之处，传统的断裂到来之前。他们直接的先行者是黑格尔。黑格尔是第一个将整个世界历史视为一个连续发展过程的人，而这一伟大的洞见意味着，他站到了过去的所有声称有权威的体系及信仰之外，然而他还是被历史连续性本身的引线捆绑着。历史连续性之线是传统的第一个替代品；通过它，最迥异的价值、最相互矛盾的思想以及最相互冲突的权威，所有这些过去在某种程度上共同起作用的东西，势不可挡地交织在一起，化约为一个非线性的、辩证协调一致的发展过程。这个辩证发展过程被设计出来实际上不是为了否定传统，而是为了否定一切传统的权威。就克尔恺郭尔、马克思和尼采仍将过去的哲学史视为一个辩证发展的整体而言，他们依然是黑格尔主义者；他们的最大功绩在于，按照唯一一种尚可进一步开拓的方式,在这条对待过去的新进路上做了极端的推进,也就是,对自柏拉图起就统治了西方哲学,而黑格尔还视之为理所当然的概念等级进行了质询。

对我们来说,克尔恺郭尔、马克思和尼采就像是一个路标,通往已丧失其权威的传统。他们是第一批敢于不靠任何权威指引的思想家;然而,既更好又更糟的是,他们仍然被限制在伟大传统的范畴框架之内。在某些方面我们比他们要好。我们不需要担心被他们讥讽为"有教养的庸人",这些人在整个十九世纪一直试图用对文化的虚假尊崇来挽救本真权威的失落。对于今天的大多数人来说,这一文化就像堆废墟,既不能宣称有任何权威,也难以唤起他们的兴趣。这一事实或许是可悲的,但其中也蕴含着伟大的机会,可以让我们用不受任何传统歪曲的眼光,
28 以一种自罗马文明臣服于希腊思想权威之后就从西方的阅读和聆听中消失了的直接性,来重新审视过去。

三

造成对传统的破坏性歪曲的,全都是那些经验到一些新事物,却几乎立刻试图通过把它们还原为旧事物来克服它们的人。克尔恺郭尔从怀疑到信仰的跳跃,是对理性和信仰之传统关系的一个颠倒和歪曲,是对现代的信仰失落的回答。现代的信仰失落不仅体现在对上帝失去信仰,也体现在对理性失去信仰,后者内在于笛卡儿的"普遍怀疑"(de omnibus dubitandum est)之中,其潜藏的怀疑是事物也许并不像它们显现的那样,也许有个邪恶精灵故意永远把真理隐藏起来,不让人的心灵发现它。马克思从理论到行动,从沉思到劳动的跳跃,发生在黑格尔把形而上学转化为历史哲学,并把哲学家变成了历史学家之后——变化与行动的意义(而非存在与真理的意义),只有在时代终结之时才会最终对历史学家向后回顾的眼光显现自身。尼采从理念与尺度的非感性

超验领域向生活感性的跳跃，他的“颠倒了的柏拉图主义”或“重估一切价值”(trans-valuation of values)，正像他自己所谓的那样，是背离传统的最后尝试，而且也只有在对传统的倒转中才是成功的。

尽管这些对传统的反叛在内容和意图上各有不同，它们的后果却令人不安地相似：克尔恺郭尔在从怀疑跃入信仰时将怀疑带进了宗教，把现代科学对宗教的攻击转化为一种内在的宗教斗争，以至于从那以后，严肃的宗教经验似乎只可能存在于怀疑与信仰的紧张当中，存在于人们以怀疑来折磨自己的信仰，又以激烈肯定人的境况和人的信仰之荒谬性来缓解这种折磨。这一现代宗教处境的症状，没有谁比陀思妥耶 29
夫斯基——他或许是关于现代宗教信仰最有经验的心理学家——在梅斯京这个“白痴”人物上，或在阿辽沙·卡拉马佐夫这个因头脑简单而心灵纯正的人物上，刻画得更好了。

当马克思从哲学跃入政治时，他将辩证法理论带入了行动，使政治行动变得比以往任何时候都更理论化，更加依赖于我们今天可称之为意识形态的东西。另外，由于他的跳板不是古老形而上学意义上的哲学，而特别是黑格尔的历史哲学（如同克尔恺郭尔的跳板是笛卡儿的怀疑哲学），所以他把“历史规律”强加在政治之上，最终使行动和思想一样丧失了意义，同时，在他坚持政治和哲学同样都只是社会和历史的功能时，他也一样既消解了政治的意义，又消解了哲学的意义。

尼采颠倒的柏拉图主义，他对生活以及感性的、物质的直接经验(given)的强调（以此来反抗超感性的超验理念，这些理念从柏拉图起，就被认为是衡量、评判直接经验的尺度，并赋予它们以意义），最后终结于通常所谓的虚无主义。然而尼采并不是一个虚无主义者。相反，他第一个试图克服虚无主义，不是克服内在于思想家观念中的虚无主义，而是克服现代生活现实中的虚无主义。他在他“重估价值”(trans-valuation)的尝试中发现，在这个范畴框架内，当感性被剥夺了其超感性和超验的背景时，感性丧失了它的存在理由(raison d'être)。“我们取消了真实的世界:还有哪个世界剩下来呢?或许是现象的世界?……但是,不!同被取消了的真实世界一起,我们也取消了现象世界。”[1]这一洞见对所有传统在其中到达终结的倒转运动来讲,都是切中肯綮的。

克尔恺郭尔想要的是维护信仰的尊严,以对抗现代的理性与推理,正如马克思想宣布人类行动的尊严,以对抗现代的历史沉思与相对化
30 (historical contemplation and relativization),或者像尼采想维护人类生活的尊严,以对抗现代人的软弱无能一样。信仰(fides)与理智(intellectus),理论与实践的传统对立,分别在克尔恺郭尔和马克思身上实现了它们各自的报复,正如超验之物与感性直接经验之间的对立在尼采身上实现了其报复一样。不是因为这些对立仍然扎根在有效的人类经验中,而是因为正相反,它们已蜕变成了纯粹概念,可是在它们之外,任何深入广泛的思考都是不可能的。

这三种对一个已经丧失了其ἀρχή,其始基与原则的传统的反抗,虽令人瞩目,也本应终结于自我挫败,但这一点并不是质疑这个事业伟大性的理由,也不是质疑它对理解现代世界之意义的理由。每一种反抗的尝试,都以其特殊的方式,解释了现代性中与我们的传统不相容的那些特征,而这些特征甚至出现于现代性在其所有方面充分展露自身之前。克尔恺郭尔知道,现代科学与传统信仰的不相容性不在于任何特殊的科学发现——所有这些发现都可被整合进宗教体系,为宗教信仰所吸收,因为这些发现永远也不能回答宗教提出的问题。他知道这种不相容性毋宁在于:一种最终只能相信自己制造的东西的怀疑与不信任精神,与传统的对被给予的、以真实存在显现于人之理智和感官的东西不加质疑的信任态度之间的冲突。现代科学,用马克思的话来说,将会“是多余的,如果事物的现象与本质相一致的话”。[2]因为我们的传统宗教本

① 见《偶像的黄昏》,K. Schlecht,慕尼黑,第二卷,第963页。

② 《资本论》,苏黎世,1933年,第三卷,第870页。

质上是一种启示的宗教,而且与古代哲学基调一致,它坚持真理就是自身显露的东西,即真理就是启示[尽管这里启示的意思可能是大相径庭的,就像哲学家的ἀληθεια(真理)和δήλωσις(陈述)与早期基督教末世论中关于再次降临的ἀποκάλυψις(天启)大相径庭一样]。[①]对于宗教来说,现代科学已经变成了比传统哲学更可怕的敌人,甚至比传统哲学在其最理性的形式中曾经是的那样还可怕。可是,克尔恺郭尔将信仰从现代性的侵袭中拯救出来的尝试,却使宗教变得更现代了,也就是说,使宗教屈服于怀疑和不信任。当克尔恺郭尔试着以人们不能相信他的理 31
智或感官接受真理的能力为假设来维护传统信仰时,传统信仰也在荒诞中分崩离析。

马克思知道,古典政治思想与现代政治状况的不相容性存在于法国革命和工业革命的既成事实中,这两次革命一并将劳动这个传统上最卑贱的人类活动,提升到创造力的最高等级,并伪称能够在闻所未闻的普遍平等状况下实现古老的自由理想。马克思知道,这个问题在人人平等,在每个人生而具有尊严的理想宣言中只是肤浅地被提出来,也只是以给予劳动者选举权来肤浅地作答。这不是一个给予新兴工人阶级其所应得就可以解决的正义问题,之后,各得其所应得(suum cuique)的古老秩序就可以恢复并就像过去一样运转良好。事实上,在劳动的传统概念与现代概念之间存在着根本的不相容性,传统将劳动本身视为人受必需性(necessity)支配的特殊标志,而现代将劳动提升为积极自由、创造性自由的表达。马克思正是要极力从现代劳动的冲击下,挽救哲学思想(传统上被认为是所有人类活动中最自由的活动)。然而,当他宣告,“你不实现哲学就不能取消哲学”时,他就开始让思想服从于必需性的无情支配,亦即让思想服从于社会中生产力“铁律”的支配。

① 这里,我指的是海德格尔的发现,即希腊文中真理这个词的字面意思是“显露”(disclosure)即ά- λμθεια。

尼采低估价值，就像马克思的劳动价值论一样，起源于传统“理念”与现代社会的不相容性：理念作为超验单位（transcendent units），过去一直被用于认识和衡量人们的思想与行为，而现代社会将所有这些标准都消解为社会成员之间的关系，确立为功能性的“价值”。价值成了社会商品，它没有自身的意义，跟所有其他商品一样，仅存在于社会关联与
32 交往不断变化的相对性之中。通过这种相对化，人们为使用而生产的东西和他们据此来生活的标准都经历了一种决定性的转变：变成了交换的实体，其“价值”的承载者是社会而不是人，尽管是人在生产、使用和判断。“善”丧失了它作为理念的特征，即作为善恶能够被衡量、被认可的标准；善变成了一种可以与其他价值，如效用价值或权力价值交换的价值。价值的持有者能够拒绝这种交换和成为一个“理想主义者”，他给“善”的价值定的价格比效用价值更高；但这并不能使善的“价值”更少相对性。

“价值”这个术语的起源，可以追溯到早在马克思之前就出现的较新的古典经济学这一社会学思潮。马克思还是充分意识到了此后社会科学遗忘了的事实，即无人“在其孤独中生产价值”，产品“只在它们的社会关系中变成了有价值的”。[1]他关于“使用价值”和“交换价值”的区分，反映了人们对物的使用和生产与物在社会中的价值之间的区别，而他坚持使用价值具有更大的本真性，并经常将交换价值描述为发生在市场生产之初的一种原罪，则反映了他本身的茫然无助，以及他对于不可避免、日益逼近的“一切价值之贬值”过程的盲目认可。社会科学的诞生可以被定位在那个时刻：当所有事物、“观念”以及物质对象都被等同于价值，从而一切东西都与社会有关，并从社会获得其存在，无论是好（bonum）与坏（malum），还是可感对象。在关于到底是资本还是劳动是价值源泉的争论中，人们普遍忽略了，在工业革命开始之前，从来没有任

① 见前引书目，苏黎世，第689页。

何一个时代认为人的生产能力的产物是价值,而不是物,或任何物都与社会相关,而非与“在其孤独中”的人相关。马克思设想在未来无阶级社会中出现的“社会化的人”的概念,事实上早已暗含在古典经济学而非马克思主义经济学的假定当中。 33

因此,那个令所有后来的“价值—哲学家”困惑的棘手问题,即到哪里去寻找一种可以用来衡量所有其他价值的最高价值的问题,就自然而然地首先出现在经济科学当中。用马克思的话来说,经济科学试图“化圆为方,找一种有不变价值的商品,用来作为衡量所有其他事物的固定标准”。马克思相信,他在劳动时间中找到了这种标准,并坚信“不从劳动中获得的”使用价值“没有交换价值”(尽管它们保留着自身的“自然有用性”)。因此,土地本身是“没有价值”的;它不代表“客观化的劳动”。[1]随着这个结论,我们就站在了极端虚无主义的门槛上,其对一切给定事物的否认,是十九世纪对传统的反叛还不足以了解的,而且只有在二十世纪社会中才爆发出来。

当尼采将价值作为他攻击传统的一个关键概念时,他似乎没有意识到“价值”这个词的起源和它的现代性。但是,当他开始贬低社会的现存价值时,他的整个反抗事业的蕴义很快就变得更清楚了。理念在绝对单位(absolute units)的意义上被等同于社会价值的程度到了这样一个地步,一旦它们的价值特性,它们的社会地位受到挑战,它们就停止存在了。没有人比尼采更通晓如何穿越现代精神迷宫那些曲折蜿蜒的小径到达它们,回忆和过去的理念堆积在那里,仿佛每当社会需要更好的、更新的商品时,它们就始终是为社会不断低估的价值。也就是说,尼采很清楚新“价值中立”科学貌似深奥的胡言乱语,这种科学很快堕落为科学主义和一般的科学迷信,并且与罗马历史学家“不带愤懑和偏袒”(sine ira et studio)的态度毫无共同之处(虽有无数人持相反意见)。后者

① 见前引书目,第697—698页。

要求的是不带轻视的判断和冷静的求真，而价值中立的科学(wertfreie Wissenschaft)不再能判断，因为它丧失了判断标准，不能再寻求真理，因为它怀疑真理的存在，幻想着只要它能彻底抛弃那些绝对标准的最后
34 残余就能创造有意义的结果。当尼采宣告他已经发现了“新的、更高的价值”时，他第一个陷入了他自己帮忙摧毁的幻象，他在最新、最丑陋的形式上接受了以超验单位作为衡量标准的古老传统观念，从而再次将价值的相对性和可交换性带入了他拼命想维护的那些绝对高贵者之中，即权力、生命以及人对现世存在的爱。

四

十九世纪对传统的三次挑战均以自我毁灭告终，这也许是克尔恺郭尔、马克思和尼采三人最表面的共同之处。更为重要的是，他们每个人的反叛似乎都专注于同样一个不断重复的主题：反抗哲学所谓的抽象化及其关于人是理性动物(animal rationale)的概念。克尔恺郭尔想维护具体的、受苦的人；马克思肯定人的人性在于其生产力和积极力量，在最根本的层面上他称之为劳动力；尼采强调生活的创造性，人的意志以及权力意志。在完全独立的基础上——他们没有一个知道另一个的存在——他们得到了的结论是，反抗事业只能通过一种精神运作来完成(用传统的术语说)。这种精神运作最好用跳跃、颠倒、概念倒转这些意象和比喻来描述：克尔恺郭尔谈论他从怀疑到信仰的跳跃；马克思把黑格尔，甚或“柏拉图及整个柏拉图传统”(Sidney Hook)倒转过来，“从必然领域跃入自由领域”；尼采把他的哲学理解为“颠倒的柏拉图主义”以及“一切价值的转换”。

终结传统的倒转运作以双重的意义阐明了开端；对于对立双方之一方的坚决维护，即以信仰(fides)对抗理智(intellectus)，以实践对抗理论，以感性、易逝的生活对抗永恒、不变、超感性的真理，必然要照亮那

被抛弃的对立面,并显明两者都只有在这种对立中才有意义和所指。并 35
且,以此类对立术语来思考的方式并不是从来就有的,而是根源于历史上首次重大的倒转运作,后者是所有其他倒转运作的基础,因为它确立了对立的两端,传统就在这两端形成的张力之间来回运动。这个首次的转向就是柏拉图的περιαγωγη τῆς ψυχῆς,整个人类的转向,他在《国家篇》的洞穴比喻中讲述了这个转向,仿佛这是一个有始有终的故事,而不仅仅是一次精神运作。

洞穴故事在三个层面上展开:第一次转向发生在洞穴本身内,当一个洞穴的居民将自己从那束缚着他们的“腿和脖子”,使他们“只能看眼前的东西”的锁链中挣脱出来时,他们的眼睛被事物的阴影和图像显现于其上的墙牢牢吸引住了;现在他转身看洞穴的后方,在那儿有一堆人工的火照亮了洞中之物,使它们按本来的样子显现出来。第二个转向是从洞穴转向澄澈的天空,在天空中,被太阳所照亮的理念显示为洞中事物的真正、永恒本质,太阳是理念的理念,它使人们能够看见和使理念能够发光。最后是一个朝向洞穴的必然转向,即离开永恒本质的领域,再次转向易朽事物和有死的人活动于其中的领域。每一次转向都要以感官和方向的丧失来实现:习惯了墙上影子般现象的眼睛因洞中的火光而盲;之后习惯了人工火焰微弱光亮的眼睛,又因照亮理念的强光而盲;最后,习惯了太阳的眼睛又不得不再次调整来适应洞内的微光。

在柏拉图只要求哲学家们,即热爱真理和光明的人进行的这些转向背后,还存在着另一种颠倒,它通常表现在柏拉图与荷马及荷马宗教的激烈辩论中,特别是表现在他把他的洞穴故事建构为对荷马在《奥德赛》第十一章描述的冥府做出的一种回应和反转。洞穴意象与冥府(在荷马的冥府中,灵魂那种阴影般的、虚幻的、无感觉的运动,相应于洞穴中人身体的无知、无感)的对应是毋庸置疑的,因为柏拉图用 36
εἴδωλον,亦即图像(image)这个词和σκία,亦即阴影这个词做了强调,而这些都是荷马描述死后在地下世界生活的关键词。对荷马“立场”的颠覆是很明显的；似乎柏拉图在对荷马说：生活在地下世界的，不是无身体的灵魂，而是身体本身；与天空和太阳相比，大地就像冥府；图像和阴影是身体感官的对象，不是无身体的灵魂打交道的东西；真理和真实(the true and real)的世界不是我们在其中活动与生活，死亡时才不得不告别的所在，而是我们以心灵的眼睛才能看到与把握的理念世界。在一定意义上，柏拉图的περιαγωγή是一次倒转，随着这一倒装，所有古希腊人通常信仰的与荷马宗教一致的东西，都被头足倒置地颠倒过来了。似乎冥府的地下世界上升到了地面。[1]但是这一对荷马的颠覆并没在实际上将荷马自上而下或自下而上地颠倒，因为使这种倒转运作能够进行下去的二分法对柏拉图思想来说几乎是陌生的——柏拉图思想并不是根据预先设定的对立面展开的，对荷马的世界来说也一样陌生。(没有任何传统转向可以使我们抵达荷马的原初“立场”，这似乎也是尼采犯下的一个错误；他以为他的颠倒的柏拉图主义可以把他带回到前柏拉图的思想模式。)柏拉图以倒转荷马的方式展开其理念学说纯粹是出于政治目的；但由此他建立了一个框架，在这个框架内，倒转运作不仅不那么牵强，而且是概念结构本身预先规定的。由于柏拉图将世界分成纯粹的阴影表象与永恒的真实理念，哲学才会在古代晚期发展为不同的学派，在前基督教世界里以无以复加的狂热相互厮打，而他们厮打的方式就是各样的倒转，强调对立面双方中的一方。柏拉图自己就在他从洞穴到天空的转向中给出了第一个榜样。最终，当黑格尔在最后的伟大尝试中，要把从柏拉图的原初概念中发展出来的不同传统哲学流派汇聚
37 在一起，融合成一个前后一贯、自我发展的整体时，他也同样使之分裂为两种相互冲突的思想流派，尽管是在一个低得多的层次上，即黑格尔左翼与黑格尔右翼，唯物主义与唯心主义的黑格尔学说得以在一个短

① 康福德(F. M. Cornford)也在他对《国家篇》的加了评注的翻译中认为，“洞穴堪比冥府(Hades)”，纽约，1956，第230页。

时期内统治哲学思想。

克尔恺郭尔、马克思和尼采向传统挑战的意义在于——尽管，没有黑格尔的综合成就及其历史概念的话，他们的挑战是不可能的——比起他们在感性主义与理性主义，唯物主义与唯灵主义，甚至内在主义与超验主义的离奇对立之间进行的纯粹倒转来说，他们建构了一种激烈得多的转向。如果马克思只是个将黑格尔的“唯心主义”拉到地面上的唯物主义者的话，他的影响将是短暂的，并会像他的同时代人一样仅限于学术圈内的争吵。黑格尔的基本假定是，思想的辩证运动等同于物质本身的辩证运动。因此他希望弥合笛卡儿在把人定义为思想（res cogitans）和把世界定义为广延（res extensa）之间，在人与世界、认识与现实、思与在之间开启的深渊。现代人精神上的无家可归首先表现在笛卡儿的迷惑与帕斯卡尔的回答中。黑格尔则声称，辩证运动的发现，作为一个普遍规律，既统治着人的理性和人类事务，又统治着自然事件的内在“理性”，因此不仅实现了，而且超出了理智（intellectus）与事物（res）之间的单纯符合，这种符合一致曾经被前笛卡儿哲学定义为真理。通过引入精神及精神在运动中的自我实现，黑格尔相信他证明了物质与理念的本体统一性。因此，对黑格尔来说，一个人是从意识出发开始运动，意识在某个时刻“物质化”，还是一个人以物质为出发点，向着“精神化”的方向运动，并在某个时刻意识到它自身，都无关紧要。（从马克思把历史中的阶级意识归结为自我意识就可看出，他对他老师的这些基本原理几乎没有怀疑。）换言之，马克思并不比黑格尔这个“辩证唯心主义者” 38
更是一个“辩证唯物主义者”；正是辩证运动的概念（黑格尔作为普遍规律设想出来，马克思也如此接受的），使“唯心主义”与“唯物主义”的术语作为哲学体系变得毫无意义。马克思十分清楚这一点，特别在他的早期著作中，他知道他对传统和黑格尔的批判不在于他的“唯物主义”，而在于他拒绝假定人和动物生命的区别是理性（ratio），或思想，用黑格尔的话说，“人本质上是精神”；对青年马克思来说，人本质上是赋有行动能力的自然存在(ein tätiges Naturwesen),其行动始终是“自然的”,因为其行动在于劳动——人和自然之间的新陈代谢[1]。他对黑格尔的倒转,正如克尔恺郭尔和尼采的倒转一样,通往“物质的核心”;他们都质疑传统关于人的能力的等级秩序,或者换一种说法,他们再一次追问什么是人所特有的本质;他们并不打算把体系或者世界观(Weltanschauungen)建立在这个或那个前提之上。

现代科学的精神表达在怀疑和不信任的笛卡儿哲学中，自现代科学崛起以来,传统的概念框架就不再可靠了。沉思与行动的二分,以及受传统等级秩序的支配，认为真理最终只能从无言无行的观看中被察知的看法,在科学变成积极活动,变成为了知而做的条件下,再也不可能维持下去了。当人们不再相信事物按它们本来所是的样子显现时,真理作为显露(revelation)的概念变得可疑了,随之而来的是怀疑从前坚信的“启示的上帝”(a revealed God)。“理论”这个概念也改变了意义。理论不再意味着一个以可理解的方式连贯起来的真理体系，其真理本身不是被制造出来的,而是被给予理性和感性的。理论在相当程度上演变成了现代科学理论，一种有效的假言命题系统，它随着产生的结果而变化,其有效性不取决于它“显露”了什么,而在于它是否“起作用”。在同样的过程中,柏拉图的理念也丧失了它们照亮世界与宇宙的自明力量。首先它们变成了仅在与政治领域的关系中对柏拉图而言的东西，即标
39 准和尺度,或者,如在康德那里表现出的,调节、限制人自身理性心灵的力量。后来,紧随着理性对行(doing)的优先性,精神为人类行动制定规则的优先性在工业革命对世界的转化中丧失了意义，而工业革命对世界的成功转化似乎证明了,人的行动和制造为理性制定规则。于是,这些理念最终变成了单纯的价值，它的有效性不是由一个人或许多人决定的,而是由功能需求不断变化着的社会整体决定的。

① 见《青年选集》,第274页。

这些价值在其可交换性与互换性的意义上是唯一留给“社会化的人”的“理念”(也是“社会化的人”唯一理解的“理念”)。“社会化的人”是决定永不离开在柏拉图看来是“洞穴”的日常人类事务领域的人,永远不自己冒险进入一个世界,或一种生活的人。或许,现代社会无所不在的功能化剥夺了一个人的最基本特征——对于事物是其所是的惊讶以及这种惊讶的逐步获得。这一剥夺的真实发展反映和预示在马克思的政治思想中。仅在传统框架的范围内把传统颠倒过来,马克思并没有真正摆脱柏拉图的理念,虽然他记录了澄澈天空渐渐没入黑暗的过程——在那澄澈天空之上,柏拉图的理念和许多其他存在一样,曾经清晰地展现在人们的视野中。 40

第二篇
历史概念

一、历史与自然

让我们从希罗多德开始吧，一直以来，这位被西塞罗称为历史之父（pater historiae）的历史学家，都以西方历史学之父著称。[①]在《波斯战争》

① 西塞罗，《法律篇》I，5；《论演说家》II，55。第一位历史学家希罗多德，还没能找到一个词用来指称历史。他使用的词是ἱστορεῖν，但不是在“历史性的叙述”（historical narrative）的意义上。正像εἰδέναι（认识）一样，ἱστορία这个词是从ἰδ-，即观看之中衍生出来的，而ἵστωρ原初的意思是“见证”，之后的意思是指检验证据并且通过询问得到真相的人。由此看来，ἱστορεῖν具有双重含义：证实和询问。[见马克斯·波伦兹（Max Pohlenz），《希罗多德：西方第一位历史编撰人》，莱比锡和柏林，1937，第44页。]最近的关于希罗多德和我们的历史概念的讨论，参见C.N.科克兰恩（Cochrane），《基督教与古典文化》，纽约，1944，第12章，在关于这个问题的文献中，这是一篇最能激发人思考，最有意思的论文。但他的主要命题，即希罗多德肯定属于伊奥尼亚哲学学派，而且是赫拉克利特的一个追随者，并不具有说服力。与古代文献不同，科克兰恩认为，历史学是古希腊哲学发展的一部分。见后第41页关于《诗学》的注释，以及卡尔·莱因哈特（Karl Reinhardt），《论作品与形式》中的“希罗多德的波斯历史”，哥德斯堡，1948。

中，希罗多德告诉我们的第一句话是，他的事业的目的在于，保存那由于人而存在的东西，τὰ γενόμεναἐ ξ ἀνθρώπων，使其不致为时间所湮没，赋予希腊人与野蛮人光荣，赋予令人赞叹的行为以充分的颂扬，使其能被后世纪念，并使其荣耀光照数个世纪。

这句话告诉了我们很多事情，但还不能告诉我们全部。因为对我们来说，对不朽(immortality)的关切不是理所当然之事，而对于希罗多德来说却是理所当然的，所以他并不向我们讲述有关不朽的许多事情。他对于历史任务的理解——将人类的行为从注定被遗忘的虚空(futility)中拯救出来——根植于希腊人关于自然的概念和经验当中。按照希腊 41
人对于自然的看法，自然是所有无需人或神的帮助就自己出现的事物的总和——奥林匹斯山诸神从不声称他们创造了世界①——因而，自然物是不朽的。因为自然物永远在那里，它们就不大可能被忽视或被遗忘；又因为它们是永恒的，它们也就不需要人的记忆来使之继续存在。所有有生命的造物，包括人在内，都为这个永恒存在的领域所包围，亚里士多德明确向我们保证，就人作为一种自然存在和属于人类这个物种来说，人拥有不朽性；通过生命周而复始的循环，自然保证了有生有死之物，与是其所是并不再变化之物有同等类型的永恒存在。“对于有生命的造物来说，存在就是生活”，与永恒存在(ἀεὶ εἶναι)相应的是

① “大多数民族的神都宣称是他们创造了世界。但奥林匹斯山诸神并没有作出这样的宣言。他们做过的最出格的事情就是征服了世界”[吉尔伯特·慕瑞(Gilbert Murray)，《希腊宗教的五个阶段》，安科版本，第45页]。有时，人们为了反对这个论点，就以柏拉图在《蒂迈欧篇》中引入了一位世界的创造者为例；但他是一个工匠，一个世界的建造者，而并非从虚无中创造出世界的神。此外，柏拉图以他自己发明的神话的形式讲述了这个故事，正像他作品中的其他神话一样，这个故事并不是作为真实的故事被讲述的。在赫拉克利特残篇30(Diels)中有一段美妙的描述，不是神，也不是人创造了宇宙，因为这种所有事物的宇宙秩序“已经一直存在，现在存在，而且也将会继续存在——就像永恒的火焰，以一定的比例燃烧，以一定的比例熄灭”。

ἀειγενές，生殖。[1]

无疑，永恒回归(eternal recurrence)“是一个流变世界去存在的最大可能性”[2]，但是当然，永恒回归并不使单个的人不朽；恰恰相反，身处一个万物都不朽的宇宙当中，正是有死性(mortality)成了人存在的标志。人是“有死的”，世上唯一有死的东西，因为动物只是作为它们的类成员而存在，而不作为个体存在。人的有死性在于这样一个事实：个人生命，即βίος，每个人从生到死独一无二的生活史，从生物生命，即ζωή中摆脱了出来。这种个人生命，打断生物生命循环运动的直线运动，使自己与所有其他事物区别开来。在一个所有事物只要运动，就都以循环方式运动的宇宙中，沿着直线运动，就是有死性的含义。无论何时，只要人们追求他们的目标，耕种那如果没有他们的劳作就无所出产的土地，强迫自由飘荡的风扬起他们的帆，越过不停翻滚的浪，他们就打断了无目的的，在自身内翻转的运动。当索福克勒斯(在他著名的《安提戈涅》合唱中)说，世上没有比人更令人畏惧的东西时，他以对自然采取暴力的人的有目的活动为例，说如果世上没有有死者的话，自然将会是在自身内安息或循环的永恒存在，而人打碎了这后者的永恒宁静。

42 对我们来说难以认识到的一点是，有死者成就的伟大事迹与功业，虽然变成了历史叙述的主题，但并不被视为一个无所不包的整体或者过程的一些部分；相反，历史叙述强调的总是个别事例和个别言行。就像有死者的直线生命(βίος)打断了生物生命的循环一样，这些个别事

① 《论灵魂》，415b13。也可参见《经济学》，1343b24：自然以再生产(περίοδος)的方式达成了物种的永恒存在，然而对于个体来说，这种方式不起作用。在我们这里的语境中，这篇论文不是亚里士多德所著，而是他学生的作品，这一点无关宏旨，因为我们在《论世代与腐朽》中找到了同样的思想，其中，“去在”这个概念(the concept of Becoming)在一个循环中运动——γένεσις ἐ ξ ἀλλήλ ων κύκλω，331a8。同样的“不朽的人类物种”思想也可在柏拉图那里看到，《法律篇》，721。参见后第43页注释①。

② 尼采，《权力意志》，第617节，克罗讷版本，1930。

例，事迹或事件，也同样打断了日常生活的循环运动。历史的主题就是这些中断，换言之，超乎寻常的事件。

当古代晚期开始在一种历史过程的意义上沉思历史的本质、国家的历史命运及它们的沉浮兴衰（在那里特殊行动和事件被一个整体吞没）时，人们立刻假定这类过程必定是循环的，并以生物生命的隐喻来解释历史运动。按照古代哲学，这或许意味着历史世界被再度整合进自然世界中，有死者的世界被再度整合进永恒存在的宇宙之中。但是，在古代诗歌与史学（historiography）①的意义上，这意味着，与神或自然无疑更高级的伟大相比，有死者那迥然不同的伟大已丧失了其早期意义。

在西方历史源头上，人的有死与自然的不朽之间的区分，人造事物与依其自身而存在的事物之间的区分，是历史学不言而喻的假定。所有依赖于人而存在的东西，如人的功业、作为、言辞，都是易朽坏的，就仿佛传染了其作者的有死性一样。然而，如果有死者成功地赋予他们的功业、作为和言辞以某种永恒性以抗击其易朽性的话，那么这些东西至少在一定程度上进入了永恒世界，在那里居留，而有死的人自身也会在那个除了人类之外的万物都不朽的宇宙中，找到他的位置。人类能做到这一点是由于记忆力，因此记忆女神墨涅默绪涅（Mnemosyne）被认为是所有其他缪斯女神的母亲。

为了尽快在一定程度上清楚地认识到我们今天离希腊人对于自然和历史的关系、宇宙和人的关系的理解有多么遥远，我们也许可以引用 43
四行里尔克的诗，它们如此完美以至于似乎拒绝翻译，所以我们引用了原文：

① 原文中谈到古典历史学（家）时用historiography（historiographer），谈到现代历史学（家）时用history（historian），在一般地说历史学（家）时用history（historian）。阿伦特在文中详谈了她对古代历史和现代历史之区别的看法，在本文中把前一词译为“史学（家）”。——译注

群山寂静，为群星所壮美；
然而即使在它们之间，时间仍在流逝。
哦，在我狂野的心中羁留的一夜，
是无家可归的永恒。①

在这首诗里，甚至群山也仅仅似乎栖息在群星的光芒之下；它们被时间缓慢地、悄无声息地吞没；没有什么是永恒的，不朽逃离了世界，在人类心灵的黑暗中找到一个不安全居所，在那里它还能够记忆和说出：永远。有死或不朽，即使它们真的存在，也是无家可归的。如果有人用希腊人的眼光看这些诗句的话，会发现似乎诗人尝试有意识地颠倒希腊式的关系：也许除了人心，一切都是易朽的；不朽不再是有死者在其中活动的媒介，而是它在有死之人的心中找到虽无家可归，却聊以栖身的避难所；不朽之物，人们的功业、作为、事件甚至言辞，尽管人们还能像过去那样把它们外在化，具象化为他们心灵的记忆，它们却已经丧失了它们在世的家；既然世界，既然自然都是要消逝的，既然人为之物一旦存在就分享了所有存在物的命运，即在形成的那一刻就开始腐烂。

言辞、行为以及事件，即那些单单由于人才存在的东西，跟随着希罗多德成了历史的主题。在所有人造之物中，这些东西是最易消逝的。人手制造的产品部分地从为它们提供材料的物质自然中获得其存在，因而本身就带着一些永恒标准，虽然这些标准是从自然的永恒中借来的。但是，与ποίησις，即制造活动不同，直接在有死者中间发生的，被言说的话语以及所有希腊人称之为πράξεις和 πράγματα的行动和作为，其

① 里尔克，《C.W.伯爵的遗篇选》，第一辑，诗篇第十。尽管这首诗是不可翻译的，但这些诗句的内容大概可以表达如下：“群山安息在群星的辉煌之下，但是就在它们中间，时间也如白驹过隙，转瞬即逝。啊，在我狂野的、暮色渐临的心灵中，无家可归的永恒找到了它的居所。”这里的翻译是我从丹佛·林德利（Denver Lindley）那里借来的。

存在从没有长过它们实现的那一刻,因此如果不借助记忆的帮助,它们 44
就不会留下任何痕迹。诗人与史学家(亚里士多德把两者归为同一范畴下,因为他们的主题都是πρᾶξις)[1]的任务就在于,使某些东西比记忆更持久地存在。他们能够做到这一点,是因为他们能将πρᾶξις与λέξις,即行动和言辞,转换为某种ποίησις或制作(fabrication),最终变成书面文字。

当然,历史作为人类存在的一个范畴比书面文字要古老,也比希罗多德古老,甚至比荷马还要古老。如果不从历史的角度,而从诗歌的角度,我们不如说,历史是从尤利西斯在腓埃叙亚(Phaeacian)国王的宫廷里,倾听他自己的事迹与他遭受的苦难的那一刻开始的。尤利西斯的生活故事,此时成了他自身之外的东西,成了所有人看与听的"对象"。曾经只是单纯遭遇的事情,此时变成了"历史"。但是,将单一事件和所发生的事情转换为历史,本质上和后来被希腊悲剧所采用的,在词语中"摹仿行动"是一样的,[2]后者正像布克哈特评论的那样,通过信使的报道,"外在行动被隐藏在视线之外",即使展现恐怖场面也全然不会遭到任何反对。[3]尤利西斯倾听他自己生活故事的场景对历史和诗歌来说都是典范性的;"与现实的和解",即净化(catharsis),在亚里士多德看来,是悲剧的本质,而在黑格尔看来,是经由回忆之泪产生的历史最终目的。人类追求历史和诗歌最深刻的动机在这里以无与伦比的纯粹性显示出来:由于倾听者、行动者以及受难者是同一个人,因而一切纯粹出于好奇和打听新消息的动机在尤利西斯身上自然是没有的(当然这些东西一直在历史探寻与审美愉悦中扮演着重要角色)。对尤利西斯而言,如果历史仅仅是新闻,诗歌仅仅是娱乐的话,他就不会感动,反而会厌倦。

---

① 《诗学》,1448b25与1450a16—22。诗歌与历史叙述之间的区别见同一本书,第9章。

② 关于悲剧作为行动的摹仿,见《诗学》,第6章,1。

③ 《希腊文化史》,克罗讷版本,II,第289页。

这样的区分和反思对现代人的耳朵来说可能太平庸了。然而,在这些区分和反思背后蕴含着一种伟大而痛苦的悖论,它(或许超出任何其他因素)造就了希腊文化在其最伟大的表现形式中悲剧性的一面。这个悖论就在于,一方面,一切事物都是在永恒之物的背景下被审视和被衡
45 量的,而同时,另一方面,人真正的伟大被理解为——至少在前柏拉图时期的希腊人中——存在于行动和言辞当中,以阿基里斯,“丰功伟绩的作者和豪言壮语的说者”为代表,而不是以制作者和制造者为代表,甚至也不是以诗人或作家为代表。这样一个悖论,即一方面依照永恒来理解伟大,另一方面人的伟大恰恰是最脆弱、最不持久的人类活动,既困扰着希腊诗歌与史学,也打破了哲学家们的宁静。

早期希腊人对这个悖论的解决是诗意的,而非哲学的:诗人赋予言辞和作为(word and deed)以不朽声名,使它们存在的时间不仅比它展现时转瞬即逝的一刻长久,甚至比言行者自己必有一死的生命更长久。在苏格拉底学派之前——可能赫西俄德是个例外——我们从来没有遇到过对于不朽声名的真正指责;甚至赫拉克利特也认为,不朽声名是所有人类渴望中最伟大的,虽然他曾经激烈地挖苦指责他的故乡以弗所的政治状况,但他从来没有想到过这样去谴责人类事务领域本身,或怀疑这个领域的潜在伟大性。

真正的改变由巴门尼德预备,由苏格拉底引导方向,并在柏拉图哲学中达到顶峰。柏拉图关于有死者可能获得不朽的教诲,成了古代所有哲学流派的权威答案。准确地说,柏拉图仍然面临着同样的悖论,而他似乎第一个将“成为名人而不是最终无声无息死去的渴望”与人类生育后代,保证种族不朽的自然渴望放在同一个层次上考虑,虽然种族的不朽并非个人的不朽(ἀθανασία)。然而,在柏拉图的政治哲学中,他建议以后者来代替前者,即以对后代的渴望来代替对名声的渴望,似乎当人“因在自己身后留下了后代,并通过一种持续生成(sempiternal becoming)的统一体而分有不朽”时,其以名声来获得不朽的渴望也同

时得到了满足；当他宣布将生育后代作为一项法律时，他显然希望这能满足“普通人”对不死的自然向往。因为柏拉图和亚里士多德都不再相信，有死的人能够通过伟大的言行而“成为不朽”(immortalize)[①] 46
(ἀθανατίζειν，在亚里士多德的术语中，是一种活动，这种活动的对象并不必然是一个人自身、自己的不朽声名，而是包括了对一般不朽事物在各种形式上的占有)。他们在思想活动本身当中，发现了一种从整个人类事务领域中抽身而出的、人的隐秘能力。在他们看来，人类事务的领域不应当被太过严肃地对待(柏拉图)，因为，将人设想为已有的最高存在显然是荒谬的(亚里士多德)。在生育后代对大多数人来说可能已经足够的时候，对哲学家来说，“成为不朽”意味着与那些永恒事物比邻而居，以积极关注的状态在那里到场，但是什么也不做，也不靠着业绩表现或工作成就。于是，一旦有死之人到达了不朽的邻近所在，他的正当态度就是无行乃至无言的沉思：亚里士多德的νοῦς，纯粹视觉的、最高和最属人的能力，不能翻译为“观看”这个词，[②]而对理念的注视展现给柏拉图的最终真理，就像某种ἄρρητον，即不能为言词把捉的东西。[③]因此，古老的悖论被哲学家们以这种方式解决了，即不是否认人们有“成为不朽”的能力，而是否认他们有以宇宙永恒存在的伟大来衡量自身以

① 关于柏拉图，见《法律篇》721，他在那里阐述得十分清楚，他认为人类只能在一种确定的方式上获得不朽，即在人类继嗣的后代作为整体与时间的整体“一起成长”的意义上；人类作为世代和时间的继嗣是同时代的(coeval)：γένοςοὖἀνθρ ώπωνἐστί τι ξυμφυὲς τοῦ παντὸs χρόνου, ὃδιὰ τέλους αὐτῷ ξυνέπεται καὶ συνὲψεται, τούτω τῷ τρόπω ἀθὰνατον ὂν。换句话说，柏拉图的不朽不过是不死(deathlessness，ἀθανασία)而已，在不死之中，有死的人分担了属于不朽的种的德性；但那不再是没有时间限制的永恒，即ἀεὶ εἶναι，尽管哲学家也是有死的人，他却被接纳为永恒的邻人。亚里士多德关于这个问题的讨论见《尼各马可伦理学》，1177b30—35及以下。

② 同上，1143a36。

③ 《第七封信》。

及自身行为的能力，他们有凭自身不朽之伟大与自然和神的不朽相媲美的能力（如他们曾经拥有过的那样）。这种解决方式显然是以牺牲“丰功伟绩的作者和豪言壮语的说者”为代价的。

诗人与历史学家在一边，哲学家们在另一边，之所以存在这一区分，是因为前者只接受希腊人对于伟大的共同观念。来自荣耀和最终永久声名的赞颂，只能赋予已经“伟大”的事物，即那些具有光芒耀眼的性质，使其从所有其他东西中脱颖而出，使荣耀成为可能的事物。伟大的东西应得不朽，应该被永恒之物环绕相伴，以它们难以企及的壮丽围绕在凡人的短暂易逝周围。借助历史，人们几乎可以成为自然的平等伙
47 伴，而只有那些他们自己提升到可以与永恒的自然宇宙相抗衡的事件、作为或言辞，才是我们称之为历史的东西。不仅诗人荷马，讲故事的人希罗多德，甚至修昔底德，都是历史学家。要是我们以更冷静的情绪看的话，修昔底德才是第一个为史学设定了标准的人，在《伯罗奔尼撒战争史》中，修昔底德明确告诉我们，他撰写这本著作是因为战争的“伟大”，因为“这是迄今所知历史上最伟大的运动，不仅对于希腊人来说是这样，而且对于大部分野蛮人世界……甚至几乎对于整个人类来说也是如此”。

在希腊诗歌和史学中如此显著地表现出来的对于伟大的关注，建立在自然概念与历史概念之间最密切关联的基础上。连接它们的共同点是不朽。不朽是自然毫不费力、无须任何人帮助就具有的性质，而对于有死的人来说，不朽是他们必须努力获取的东西，如果他们想无愧于自己生活的时代，无愧于环绕在他们周围的不朽事物的话。这些不朽事物允许他们在一个短暂的时间内侧身其间。因此，历史与自然之间的联系绝不是一种对立。历史将那些通过自身言行证明了自己与自然相配的有死者收藏到它的记忆中，他们永恒的名声意味着，即使终有一死，他们也能跻身永恒之物的行列。

我们现代的历史观念和现代的自然观念之间的联系，与我们历史开端之时这两种概念既遥相呼应又迥然相异的关系一样密切。人们只有在发现了它们共同的根源的时候,才可理解它们全部的意义。十九世纪自然科学与历史科学的对立，与所谓的自然科学家的绝对客观性与精确性一起,在今日都已经过时了。自然科学现在承认,在预先设定的条件下以实验检验自然过程的时候，实验的观察者也是实验条件的一部分,从而“主观”的成分也被引入自然“客观”的过程中。

> 原子物理学最重要的新成果是认识到可以将完全不同类的自然规律应用在同一物理事件上,而不会引起矛盾。这是由于以下事实:在一个建立在某些基本理念之上的规律系统中,只有某些十分特定的问问题的方式才是有意义的,从而,这样一个系统就有别于允许提出其他不同问题的系统。[①] 48

换言之,试验“是一个在自然面前提出的问题”(伽利略)[②],科学的答案永远是人们对所提问题的回答;在“客观性”问题上的混乱是因为假设了可能存在着没有问题的答案和独立于提问题的人的结果。今天我们知道,物理学并不比历史研究更缺少以人为中心的探索。因而,在历史学的“主观性”与物理学的“客观性”之间古老的争吵已经丧失了其大部分的重要性。[③]

---

① W. 海森堡(W. Heisenberg),《核科学中的哲学问题》,纽约,1952,第24页。

② 转引自亚历山大·科耶夫（Alexandre Koyré),《美国哲学协会会刊》,“衡量的试验”,第97卷,第2期,1953。

③ 埃德加·文德(Edgar Wind)二十年前在他的论文“历史与自然科学的某些关联点”中(《历史哲学,献给恩斯特·卡西尔》,牛津,1939)给出过同样的论点。文德已经表明,科学的最新发展,使得科学家提出的“历史学家喜欢回顾他们自己”这个问题不那么确切了。似乎奇怪的是,如此重要和自明的论点,竟然对历史学随后的方法论及其他讨论毫无影响。

现代的历史学家普遍还没有意识到，自然科学家已自觉跟他们处于同一地位了(在这些自然科学家面前,他们曾用了几个世纪来捍卫自己的“科学标准”),他很可能要用一种新的,看起来更科学的方式来声明或重申自然科学和历史科学的古老区别。原因在于,历史科学中的客观性的问题不仅是个单纯技术的、科学的矛盾。客观性,以“取消自我”作为“纯粹观看”的条件[对事物的纯粹观看——兰克(Ranke)],意味着历史学家要避免给予赞扬或谴责,同时以保持完美距离的态度,追踪从他的文献记录中显露出来的事件进程。对他来说,这种态度唯一的局限性在于德罗伊森(Droysen)谴责过的“被阉割的客观性”(eunuchic objectivity),[①]在于历史学家不得不从一大堆事实中挑选材料，而这些事实与人类精神的有限能力和人类生命的有限时间相比,显得是那么无穷无尽。客观性,换句话说,意味着没有干扰,没有偏见。在这二者当中,没有偏见,不赞扬或谴责,显然比没有干扰更容易达到;每一次对材料的筛选在一定
49 程度上都干涉了历史，所有筛选标准都将事件的历史进程置于特定的人为条件之下,这种人为条件,与自然科学家在实验中为自然过程预先确定的条件极为相似。

我们在这里用现代术语叙述了客观性问题，当客观性问题在现代被提出的时候,现代相信它在历史学中发现了一门“新科学”,这门新科学将会遵从“更古老的”自然科学的标准。然而,这只是一种自我误解而已。现代自然科学迅速地发展为甚至比历史学“更新”的科学,正像我们将看到的那样，两者都是从现代开端之时因探索宇宙而出现的同一套“新”经验中突然冒出来的。历史科学中令人好奇且仍令人困惑的要点在于,历史科学并没有从自身时代的自然科学中拿来它们的标准,而是回到了现代刚刚开始清除的态度，即科学的和在终极意义上哲学的态

---

① 转引自弗里德里希·梅尼克(Friedrich Meinecke)《关于历史意义和历史的意义》,斯图加特,1951年。

度。它们在“自我的消除”中达到顶峰的科学标准,根源于亚里士多德的和中世纪的自然科学,后两者都致力于观察事实和把观察到的事实分类。在现代兴起之前,对存在的奇迹或神创造的奇观做无为无我的静静沉思,也理所当然是科学家的正当态度,因为他们对于特殊事物的惊奇并不自外于人在整体面前的惊奇。而按照古人的说法,哲学正是从这种一般的惊奇中产生的。

随着现代的来临,这种客观性丧失了基础,因此需要不停地为它寻找新的辩护。对于历史科学来说,只有在历史学家相信,历史要么在整体上是一种可以通过沉思进行全面把握的循环现象(追随古代晚期理论的维科仍然持这样的意见),要么是受某种救赎人类的神圣天意所引导,客观性的古老标准才是有意义的。(救赎人类的计划已经被启示,其开端与终结已为人所知,因此可以再次在沉思中整体把握。)然而,这两个概念事实上是与现代新的历史意识背道而驰的;它们只是一些古老的传统框架,当中被硬塞进了某些新的经验和产生了新的科学。十九世 50
纪提出的科学客观性问题,很大程度上是由于历史的自我误解和哲学混乱,以至于真正危险的问题,中立性(impartiality)的问题——不仅对历史“科学”来说是决定性的,而且对发源于诗歌和讲故事的史学来说也是决定性的——变得难以认识了。

当荷马决定不但咏唱亚该亚人的事迹,还要像咏唱亚该亚人的事迹一样咏唱特洛伊人的事迹,颂扬赫克托耳的光荣丝毫不逊于颂扬阿喀琉斯的伟大时,中立性就诞生了,随之而来的,是所有真正的史学方法的建立。这种荷马式的中立,正如我们在希罗多德的回应中看到的那样——希罗多德宣布,他要避免使“希腊人和野蛮人伟大的、令人惊叹的事迹丧失其应得的光荣”——仍然是我们所知道的最高类型的客观性。不仅因为这种态度将自己这一方和自己人民的普遍兴趣放在一边——这是直到我们时代的几乎所有民族历史编撰的特征,且抛开了在胜利或失败之间的选择,而现代人却觉得在胜利或失败之间作选择是表达历史自身的"客观"判断——他们甚至不允许让胜利或失败来干扰被判断的对象应得的不朽颂扬。晚些时候,修昔底德极为了不起地表明了,在希腊史学中有另一种强有力的要素,对历史客观性的意义重大。这种要素只有当人们在城邦政治生活(在极大程度上是公民之间的相互交谈)中积累了足够经验之后,才能走到前台。在不停的谈话当中,希腊人发现我们共同拥有的世界通常来自无数不同的立场,这些立场对应着彼此之间最为迥异的观点。正如智者们向雅典公民表明的那样,在无穷无尽的争辩洪流中,希腊人学会了和他的同邦公民交换自己的观点,自己的"意见"——世界向他显现和敞开的方式(δοκεῖμοι,"向我显现的",从中派生出δόξα,或者"意见")。希腊人学会了理解,不仅把彼此理解为单个的人,而且也从彼此的立场上来看待同一个世界,从非常
51 不同的,经常相左的角度来看待同一个事物。修昔底德的讲话说出了战争双方的立场及兴趣,迄今为止仍是这种客观性达到卓越程度的一个生动见证。

遮蔽了现代历史科学中客观性讨论,并且妨碍了它甚至触及根本问题的关键,似乎在于这样一个事实,就是无论是荷马式的中立性条件,还是修昔底德的客观性条件,都不再存在于现代之中了。荷马式的中立建立在这样一个假定之上,即伟大的事物是不证自明的,自身就能发出耀眼的光芒;诗人(或者晚些时候的史学家)只需保存它们的荣光就够了,因为这种荣光本质上是易逝的,如果他忘记了那荣光是属于赫克托耳的话,他就不仅没保存,反而毁灭了这种荣光。因为,伟大言行的存在虽然短暂,它们的伟大也是真实的,跟石头或房子一样真实,在那里被所有在场的人看见和听见。伟大就像那些本身渴望成为不朽的事物一样容易被辨认;从否定的角度来讲,这是一种英雄式的对所有来去倏忽的东西的蔑视,对所有个人生活,包括自身生活在内的蔑视。出于一个非常简单的原因,这种伟大的含义不可能在基督教时期完好无缺地保留下来:基督教关于生活与世界之关系的教导恰恰与希腊和拉丁

古典时期的教导相反:在基督教义中,不仅世界,而且那永恒轮回的生命也不是不朽的,唯一不朽的,是一个个有生命的人。世界终归要逝去,而人会获得永生。基督教义对前一种伟大信念的颠覆,建立在与希腊和拉丁传统完全不同的希伯来传统之上,后者认为生命本身是神圣的,比世界上任何事物都神圣,并且人是地球上的至高存在。

与生命自身神圣性的这样一种内在信念——在基督教关于死后生活的信仰已经确定无疑地丧失了之后,这个信念仍然保留在我们当中——相联系的,是对自我利益(self-interest)极端重要性的强调,这一点在所有现代政治哲学中都最为显著。而在我们这里所谈的背景中,对自我利益的重视就意味着,无论修昔底德式的客观性受到多大的仰慕,它在真实的政治生活中都没有任何基础了。既然我们已经把生命当成最高、最重要的关注对象,就不会给这样的客观性留下任何空间了,因 52
为后者建立在对个人自身生命利益的蔑视之上。虽然无私可能仍然是一种宗教的或道德的德性;但它很难是一种政治德性了。在这些条件下,客观性丧失了它在经验中的有效性,脱离了真实生活,就成了德罗伊森正确地谴责为被阉割的、"无生命的"学术问题。

另外,现代对于外部世界的实在作为不变的和不可改变的对象,能否"客观地"给予人类知觉的怀疑,也不仅与现代历史观念相应,而且强有力地激发了现代历史观念。在这里,这种怀疑最重要的后果是,对知觉作为(qua)知觉比"被知觉的"对象更为真实的强调,以及无论如何,对经验作为唯一可靠地基的强调。这种主观化(subjectivization)只是仍在增长中的人在现代的世界异化(world-alienation)的一个方面,任何判断都无一例外地被还原到知觉的层次,并最终还原到所有知觉的最低层次——品味(taste)的直觉。我们的词汇就是这一堕落过程的有力见证。所有并非由道德原则(人们认为是过时的了)激发的判断,或者不是由自我利益裁定的判断,都被看成是"品味"的问题,很难说跟我们更喜欢蛤蜊浓汤而不是豌豆汤有什么不同。这一信念,且不论其拥护者在理论层面上的粗鄙，更深地困扰着历史学家的良心，因为它深植于现代的普遍精神中，而不仅是来自他在自然科学界的同行们那些所谓的更高科学标准。

不幸的是，方法论问题易于遮蔽更为基本的问题，正是学术争吵的本质。关于现代历史概念的一个基本事实是，它出现在同时引领了自然科学巨大发展的十六和十七世纪。从那个时代起一直到我们自己当今世界的特征，首要的就是人的世界异化，之前我曾提到过，而且人们也很难理解到它是我们整个生活的一个基本条件，因为我们今天居留于
53 其中的人造物（human artifice）的庞大结构，都是从它来的，至少部分地是从它的绝望中来的。而且在这个结构框架内，我们甚至发明了将人造物与地球上所有非人造物一起毁灭的手段。

对世界异化的最简短、最基本表达包含在笛卡儿著名的“一切都要怀疑”（de omnibus dubitandum est）的命令中，因为这个规则所意味的，完全不是在一切真正思想的自我怀疑中内含的怀疑主义。笛卡儿之所以得出这个规则，是因为当时自然科学的最新发现使他确信，人如果要追求真理与知识，就既不能相信感官所给予的证据，也不能相信精神的“天赋真理”（innate truth），也不能相信“理性的内在之光”。这种对人的能力的不信任，从此以后就成了现代和现代世界最基本的条件之一；但是它并不像人们通常以为的那样，是从对上帝信仰突然、神秘的萎缩中一下子蹦出来的，它的起因甚至也不是一种对理性本身的怀疑。它的起源很简单，不过是人对感官揭示真理的能力丧失了信心，而且这种信心的丧失也是相当有合理性的。现实不再被揭示为人类知觉的外部现象，而是，这么说吧，撤回到知觉本身的感知活动当中。现在已经很清楚了，没有了对感官的信任，不管是对于上帝的信仰，还是对于理性的信心，就都不再稳固了，因为一直以来，神圣真理和理性真理的揭示，都不言自明地被理解为遵从人与世界关系的令人敬畏的简单性：我睁开眼睛就看到影像，我听就听到了声音，我移动身体就触摸到世界的有

(tangibility)。一旦我们开始怀疑这种关系的根本真实性和可靠性(这种关系当然不排除错误与幻觉,但是,从反面说,它也是错误或幻觉最终能被修正的条件),就再没有任何关于超感性真理的传统隐喻——无论是注视理念天空的心灵之眼,还是人心听到的良知之音——能够负载其意义。

作为笛卡儿怀疑之基础的一个根本经验是,人们发现,与所有直接感官经验相反,地球围绕着太阳转。现代开始于人借着望远镜的帮助, 54
将他身体的眼睛转向他沉思了很久的宇宙的时候——过去他用精神的眼睛来看,用他心灵的耳朵来听,靠着理性的内在之光来引导他对宇宙的沉思——然后他认识到,他的感官并不适于认识宇宙,而他的日常经验不但不能建构接受真理和探求知识的模式,反而是错误和错觉的经常性来源。我们发觉很难估量这一欺骗的巨大影响,因为过了好几个世纪,它的影响才无处不在地暴露出来而不仅仅局限于学者和哲学家圈子。但自这个欺骗之后,怀疑就开始在所有方面困扰着现代人。但是,它最直接的后果是自然科学的异军突起:自然科学的崛起,在很长一个时期内都似乎是由我们的感官自身不能发现真理这一发现所释放出来的。自此以后,由于确信感觉不可靠和随之相信纯粹观察不足以发现真相,自然科学转向了实验。实验以直接干预自然的方式,确保了自然科学的发展,从此以后,自然科学的发展就仿佛是无限的了。

笛卡儿之所以成为现代哲学之父,是因为他总结了前人与他自己同时代人的经验,发展出一种新的思考方法,并由此成了首位在那所"怀疑学校"经受过彻底训练的思想家,按照尼采的说法,现代哲学就是由这个怀疑学校建成的。对感官的怀疑一直是科学引以为傲的中心,直到在我们的时代变成了某种不安的源泉。问题在于,"我们发现自然的行为与我们在周围可见可触的物体上观察到的行为是如此之不同,以至于从我们的大量经验中形成的认知模式甚至都不是'真实'的";在这里,我们的思考与感知之间不可分割的联系就会施加它的报复,因为一种为了在实验中透彻了解自然而将所有感觉经验排除在考虑之外的模式，不仅在“实践上难以获得，而且甚至是不可思想的”。①换句话说，问题不在于人类不能想象现代物质宇宙的图景，因为在假定自然本身不
55 把自己启示给人类感官的前提下，不能想象这样的图景就是当然之事；而是当自然变得不可想象，即也不能根据纯粹推理来思想的时候，我们的不安就开始了。

现代思想依赖于自然科学对事实的发现，这一点在十七世纪表现得最为显著。人们并不总是像霍布斯那样情愿承认这个事实，霍布斯把自己的哲学完全归于哥白尼、伽利略、开普勒、伽桑狄和梅森著作的影响，并谴责所有过去的哲学是胡说八道，他的狂暴态度也许唯有路德对“愚蠢哲学”(stulti philosophi)的攻击可与之相比。人们不需要接受霍布斯结论中激进的极端主义，没必要像他一样认为，虽然人不一定在本质上就是邪恶的，但是善良与邪恶之间的区别没有意义，理性远远不是什么揭示真理的内在之光，而仅仅是“根据结果来计算的能力”；因为对人受困于地球(earthbound)经验的基本怀疑所提供的一幅真理的讽刺画，也同样表现在笛卡儿关于邪恶精灵的恐惧中。他设想有一个邪恶精灵统治着世界，并永远将真理置于人的意识之外，让其如此鲜明地臣服于谬误。这种思想也渗入了英国经验主义，虽然是以最无害的形式。在英国经验主义中，感官所予的意义被消解为感性知觉材料，其意义只能通过习惯和重复的经验来彰显，于是，在一种极端的主观主义中，人最后被囚禁在一个由无意义的知觉所组成的非—世界(non-world)里，这个世界没有现实，也没有真理能够穿透。经验主义只不过是看起来好像在为感觉辩护；事实上它建立在这一假定之上，即只有常识的论证才能赋予感觉以意义，并且它总是从宣告对真理的不信任或对感官揭示现实的

① 爱尔温·薛定谔(Erwin Schroedinger)，《科学与人文主义》，剑桥，1951，第25—26页。

能力不信任出发的。清教主义与经验主义，事实上是同一枚硬币的两面。最后，同样的根本怀疑激发康德付出巨大努力去重新检验人类的能力，以那样的方式，物自体（Ding an sich）的问题，即经验在一种绝对意义上是否有揭示真理的能力的问题，又被暂时搁置了。

对我们的历史概念来说更直接的后果，是从同样困境中产生出来的主观主义的积极形式：虽然人似乎不能认识不由他自己制造的这个被给予的世界，但是他至少能够认识那些他自己所制造的东西。这种实用主义的态度已经完全可以说明为什么维科把注意力转向了历史，并由此成为了一位现代历史意识之父。他说："我们能证明数学问题，因为我们自己制造了这些问题；要证明物理的存在，我们就得能制造它们。"[①]（Geometrica demonstramus quia facimus; si physica demonstrare possemus, faceremus.）维科之所以转向历史领域，只是因为他仍然相信"制造自然"是不可能的。促使他从自然转向历史的，并不是什么所谓的人文主义思考，而只是这样一个信念，即历史是为人所"造"的，就像自然是上帝所"造"的一样；所以人可能认识历史的真理，因为他是历史的创造者，而自然的真理却是为宇宙的创造者所保留的。 56

人们经常说，现代科学诞生于人们的注意力从追寻"什么"转向考察"如何"的时候。如果人们假设了人只能认识他自己制造的东西的话，这一研究重点的转向几乎是理所当然的。就此而言，这一假设也反过来意味着，任何时候只要我知道了一个东西是如何产生的，我就"认识"了一个东西。出于同样的原因和基于同样的特征，研究重点从对事物的兴趣转向了对过程的兴趣，而事物几乎迅即成了偶然的副产品。维科丧失了对自然的兴趣，是因为他假定，要探知创世的秘密，就必须要明白创造的过程，而在这之前所有的时代，人们都自然而然地以为，即使不知

---

① 《论我们这个世代的研究方式》（*De nostri temporis studiorum ratione*），iv。引自奥托（W. F. Otto）的双语版本《关于精神教育的本质和方法》，哥德斯堡，1947，第41页。

道上帝如何创造宇宙，或按希腊人的说法，不知道事物本身是如何形成的，也可以很好地理解宇宙。自十七世纪以来，所有科学探索，无论是自然的，还是历史的，都主要关心过程；但是，只有现代技术（而不单纯是科学，无论科学怎样高度发达），即以机械过程替代人类活动（劳动与制造）为开始，以发动新的自然过程为终结的现代技术，才会完全符合维科关于知识的理想。维科虽被许多人视为现代历史之父，但在现代的条
57 件下，他恐怕很难转向历史；他会转向技术，因为我们的技术确实做出了维科所设想的，上帝在自然领域中的行为和人在历史领域中的行为。

在现代，历史显示为它从来都不曾是的东西。历史不再是由人的作为和苦难构成，不再讲述影响人生命的事件和故事；历史变成了一种人造的过程，独一的无所不包又专门由于人类种族而存在的过程。今天，这种使历史区别于自然的特性也同样是过去的事情了。现在我们知道，虽然我们不能在创世的意义上“制造”自然，我们却完全有能力发动新的自然过程，因此在一定意义上我们“制造自然”，也在同样程度上“制造历史”。确实，只是由于原子能的发现，我们才达到了这个阶段。在这个阶段，原子能的发现使得自然力量毫无约束地被释放出来了，也可以说，没有人类行为的直接干预，这样的自然过程就不会发生。这一阶段不仅远远超出了前现代阶段，那时风力和水力还被用来替代和加增人力，而且也超出了工业时代，那时借助蒸汽机和内燃机的使用，自然力量被模仿和用作人为的生产手段。

当代在人文科学，特别是历史研究上的兴趣的衰退，似乎在所有完全现代化了的国家里都不可避免，而这种趋势与最初导向现代历史科学的冲动是完全一致的；那个曾经把维科引入历史研究的，已完全不合时宜了。今天，我们能在自然物理领域内做出维科认为只能在历史领域内做的事情。正像我们过去惯于以行动进入历史一样，我们已经开始以行动进入自然。如果这只是一个过程问题的话，那么业已证明，人有能力发动没有人类的干预根本就不会发生的自然过程，同样，人也能在人

类事务领域发动某个新的过程。

自二十世纪初以来,技术显现为自然科学和历史科学相遇的场所,尽管几乎没有哪一个伟大的科学发现是为实用的、技术的或实践的目 58
的(通俗意义上的实用主义一词在科学发展的事实记录面前一败涂地)而作出的,最后的结果却完美地符合了现代科学最内在的意图。较新的社会科学之于历史也很快变得像技术之于物理学一样,也采用了实验的方法,虽然更粗陋和更不严谨,但方法是一样的:它们都预先设定条件,社会科学为人类行为设定条件,就像现代物理学设定自然过程的条件一样。如果它们的用语令人厌恶,它们企图消除所谓自然科学和社会科学的差距(即我们在科学上成了自然的主人,而在"管理"人类事务上依然很无能)的希望听起来令人惊恐,那也只是因为它们已经决定了把人当成一种彻底的自然存在来对待,像处理其他所有过程一样来处理人的生命过程。

不过,在这里,重要的是意识到,我们生活于其中的,或者说我们开始生活于其中的技术世界与随着工业革命兴起的机械化世界仍有着决定性的差异。这一差异本质上反映了行动与制造的差异。工业化仍然首先在于工作过程的机械化,产品制作工艺的提高,那时人们对于自然的态度仍然是技艺人(homo faber)的态度,对技艺人来说,自然提供了构造人工物品的物质材料。可是,我们此刻即将生活于其中的世界却更多地取决于人加入自然,创造自然过程,并把它引入人工物品和人类事务领域的行动,而不是取决于把人工物品作为一种相对恒定的实体来建造和保存的活动。

制造与行动的不同之处在于,制造有一个明确的开端和一个可预见的结果:它终结于终端产品被制造出来的时刻,而终端产品的寿命不仅比制造活动长久,而且从它被造出来以后就有了自己的一种"生命"。相反,行动,正像希腊人首先发现的那样,在自身中或凭自身来说完全是徒劳的;它在身后留不下一件最终产品。如果说它能造成任何后果的

59 话，那么就是这些行动组成了从原则上说无穷无尽的事件链条，其最后可能的结果是行动者事先完全无法知晓，也完全无法控制的。他最有可能做的事情就是努力使事情朝着一个特定的方向去发展，但他甚至不能肯定能够做到这一点。而上述这些特征在制造活动中一个也不存在。与人类行动的徒劳和脆弱相比，制造建立的世界具有持久的永恒性和惊人的坚固性。只有在制造的终端产品被并入人类世界，在那里，对它的使用和它最终的“历史”都无法全部预知的意义上，才可以说制造也发动了一个过程，其后果无法预见，因而也超出了其始作俑者的控制。而这只不过意味着，人绝不单单只是一个技艺人，制造者也同时是一个行动者，无论他走到哪里，无论他做什么，他都要发动过程。

到了我们自己的时代，人类行动及其人造过程都发生在人的世界里面，而人对待自然的头等大事则是把自然的物质材料用于制造，用它来构造人工物品和以之来抵挡自然因素那不可抗拒的力量。在发动我们自己的自然过程——分裂原子正是这样一种人造的自然过程——的那一刻，我们不仅增强了控制自然的力量，也在与地球的原生力量打交道时变得更有侵略性，而且首次把自然带入了人的世界之内，使得自然物与人造物之间的分界线消除了，而之前所有的文明都受到这个分界线的保护。[①]

如果我们假定前面所提人的行动的特征是人的条件的一部分，那么以行动进入自然的危险就是显而易见的。危险的不可预见性并非是由于缺乏远见，而且威胁也无法以任何对人类事务的工程学管理来消除，正如没有任何审慎上的训练可以使人变得有智慧，能够知道自己在

---

① 没有人会在看到古代或中世纪遗迹的小镇时不为最后将他们从自然环境中分离出来的城墙所打动。现代的城市建筑，正相反，关注的是整个区域的规划以及城市化，使得城镇与乡村的区别变得越来越模糊了。这一趋势可能会导致城市的消失，尽管我们今天明明知道城市的所在。

做什么一样。只有完全对行动加以控制(conditioning),也就是说,完全放弃行动,才有望克服行动的不可预见性。虽然政治恐怖可以在相对较长的时期以强力来使人的行为有可预见性，但不可能一劳永逸地改变人类事务的本质;人类事务的本质就是它自身的未来是不确定的。人的行 60
动,像所有严格意义上的政治现象一样,密切关联着人的复数性(human plurality)。就人的复数性建立在诞生性(natality)事实上而言,它是人类生活的基本条件之一(正是由于诞生性,人类世界才不断地受到陌生人的入侵,那些新来者的行动和反应,是那些已经在那里的和暂居一段就要离开的人所无法预见到的)。因此,如果我们通过发动自然过程,以行动进入自然,就显然开始将我们自身的不可预见性,带入了我们过去一直以为受无情规律支配的领域中。历史的“铁律”一直都只是一个从自然中借来的比喻;事实上,我们已不再相信这个比喻,因为业已证明,只要人们——科学家和技术家，或者只是人工物的建造者——决定干预自然,不再听任自然摆布的话,自然科学就不再能发现任何确定不移的自然规律了。

在我们的时代,历史领域与自然领域在技术这个场所中相遇,并相互渗透,也回过来指示了这两个概念在十六、十七世纪随着现代的兴起而出现的联系。它们之间的联系在于过程概念:两者都意味着,我们以过程的术语来思想和考虑一切事物，而不考虑单个的实体或个人事件以及它们特殊、独立的原因。现代历史学的关键词,“发展”与“过程”,在十九世纪,也同样是当时自然科学新兴分支的关键词,尤其是生物学和地质学的关键词,前者研究动物生命,后者甚至以历史过程来研究无机物质。现代意义上的技术,则是以自然历史的各种科学,生物生命史、地球史、宇宙史为先导的。在自然科学和历史科学的争吵占据了学术界以至于让人们搞不清基本问题所在之前，科学研究的这两个分支在术语上所做的相互适应已经发生了。

似乎没有什么比自然科学中的最新发展更能驱散上述迷雾了。这 61

些最新发展把我们带回到现代自然与历史的共同起源，并证明了它们确实共同分享着过程的概念，就如同在古代，自然与历史共同分享了不朽的概念一样。但是，不同于隐藏在古代不朽概念之下的经验，作为现代过程概念之基础的经验，它并非首先是一种人在他周围世界的经验；相反，它来自人们对于他们无法充分经验或了解不是由自己制造的，而是被给予的东西的绝望。现代人竭尽全力去反抗这种绝望；绝望于通过纯粹的沉思去寻找真理，他开始尝试他的行动能力，而在这样的尝试中，他又不可免地意识到，无论何时何地，只要人一行动，就发动了一个过程。过程概念并不指示历史和自然的客观性质；它是人类行动不可避免的结果。人类以行动进入历史的第一个结果就是，历史变成了一个过程，而对人们在科学探究的假面下以行动进入自然的最强有力辩护，则是怀特海的表述，“自然是一个过程”。

以行动进入自然，把人类活动的不可预见性带入到一个我们从来不能可靠控制的自然力量面前，这一切已经够危险的了。但更危险的可能是，在我们的历史上第一次，人的行动能力开始统治了所有其他能力：惊奇的能力、沉思的能力，以及技艺人的能力、劳动动物的能力，而我们对此视而不见。当然，这并不意味着，从现在开始，人不再能制造东西，或不再能沉思了，不再能劳动了。不是人的能力改变了，而是决定这些能力间关系的格局改变了，而且确实历史性地改变了。这样的改变可以从贯穿了整个历史的，人不断变化的自我理解中清楚地观察到。尽管这些理解和人的本性最终是“什么”毫不相干，它们也仍然是整个时代
62 精神最简明扼要的见证。概略地说，希腊古典时代一致认为人生活的最高形态是在城邦中的生活，人的最高能力是言说，在亚里士多德著名的对人的双重定义中，就是ζῶον πολιτικόν和ζῶον λόγο νἔχον；罗马和中世纪哲学将人定义为理性动物（animal rationale）；在现代的初级阶段，人首先被设想为技艺人（homo faber），直到十九世纪被理解为劳动动物

(animal laborans)，他随着自然的新陈代谢实现了人类生活所能达到的最高生产力。在关于人的概略定义的背景下，很有理由在我们当今生活于其中的世界上把人定义为一种行动的存在；因为这种能力似乎已变成了所有其他人类能力的中心。

毫无疑问，行动的能力是所有人类能力和可能性中最危险的，同样毫无疑问的是，人们今天面对的危险是人们从未遇到过的、自己造成的危险。我的这些思考丝毫不打算提供解决方案或者给出建议。这些思考最多可以激励人们持续深入地反思自然，反思行动的内在潜质，后者的伟大和危险还从未如此敞亮地被揭示出来过。

二、历史与世俗的不朽性

渗透到历史和自然中的现代的过程概念，也同样比任何其他一个理念更为深刻地将现代与过去区分开来。对我们现代的思想方式来说，没有什么东西是本身就有意义的，无论历史或自然，都不把自身看作一个整体，更不用说物理秩序中或特定历史事件中个别发生的事情了。在这种事态下，存在着一种致命的恶：不可见的过程吞没了每一个真实有形的事物和我们能看到的每一个单个实体，并将之贬低为一个无所不在的过程中的某个功能。如果我们任凭自己被世界的祛魅(disenchantment)或人的异化之类的笼统概念所误导的话（这类笼统概念经常包含着一种关于过去的浪漫主义观念），这种变易的恶很容易 63
被我们忽略。而过程概念意味着，具体和一般之间，单个的事物或事件与普遍意义之间，不再有任何关系了。过程自己就能让任何发生的事情，无论什么事情，有意义，由此垄断了普遍性和意义。

确实没有什么比它更能让现代历史概念与古代历史概念区分开来的了。因为这两者的区别并不在于古代是否有一种世界历史的概念或者将人类看作一个整体的观念。与它们的区别更相关的是,希腊人和罗马人的史学无论有何不同，他们都视意义为理所当然，或如罗马人所说，每一个事件、作为或遭遇的教训都是从自身中和凭自身揭示出来的。当然,这样一种认识并不意味着把因果性和事件发生的背景排除在外;古人和我们一样了解因果性和背景。但是因果性和背景是从事件本身提供的意义中被审视的,事件本身照亮了人类事务的一个特定片段;因此因果性和背景并不被设想为独立的存在，仿佛事件对它们的表述虽恰当,却或多或少有些偶然。任何做过的事情、发生了的事情,都在它独一无二的形式范围内包含着、透露着它分有的“普遍”意义,不需要一个发展的、无所不包的过程来变得有意义。希罗多德想要“说出事情是什么”(λέγειν τὰ ἐόντα)，因为说和写稳固了那脆弱易逝的东西，为之“制造了一个记忆”,在希腊谚语中就是:μνήμην ποιεῖσθαι;而他永远不会怀疑每个今在昔在的东西是自身就有意义的，只需要用词语来把它展现出来（λόγοις δηλοῦν,“以言语来揭示”),“公开展示伟大业绩”,ἀπόδειξις ἔργων μεγάλων。希罗多德叙事风格的多变为许多故事留下了空间,但也没有一处暗示说,是普遍为特殊赋予了意义和内涵。

现代历史概念强调的不再是传统历史概念强调的东西了。就强调的重点转移来说,希腊诗歌和史学是否在值得后代记忆的、超乎寻常的伟大中看到事件的意义,罗马人是否将历史理解为储存范例的宝库(这
64 些范例取自实际政治行为，用来展示传统和祖先的权威向每一代人所要求的东西,和过去为了现在的益处积累下来的东西),都已不再重要了。我们的历史过程概念已经推翻了前面两种概念,为单纯的时间序列赋予了前所未有的重要性与价值。

由于现代对时间与时间序列的重视,于是人们经常说,我们的历史意识起源于希伯来—基督教传统。不仅因为它的线性时间概念,还因为它的神圣天意观为人类的整个历史时间赋予了一种统一性，这种统一

性通过救赎计划而实现(这个理念确实与经典古代对单个事件的重视和晚期古代的循环论时间观非常不同)。现代历史意识起源于基督教宗教传统,并通过原初神学范畴的世俗化而形成这一命题,人们已经引了大量用以支持它的证据。据说，只有我们的宗教传统知道太初(the beginning),和基督教说法中的世界的终点;如果人在地上的生活遵循一个神圣的救赎计划，那么它的单纯时间序列就必定有一种独立于和超越于所有单个事件的意义。因此,人们论证说,一个“世界历史清晰可辨的轮廓”在基督教世界之前没有出现过,第一部历史哲学出现在奥古斯丁的《上帝之城》中。的确,在奥古斯丁那里,我们找到了这样一个观念:历史本身,即有意义的,创造意义的历史,可以从按年代顺序叙述的单个历史事件中分离开来；奥古斯丁明确宣布,“虽然过去的人类机制都是在历史叙述中被解说的,但历史本身不是人类机制的一部分”。[①]

然而，基督教的历史概念与现代的历史概念之间的相似是有欺骗性的。这种相似性建立在与古代晚期循环史观相比较的基础之上,而忽略了希腊和罗马的古典历史概念。并且这样的比较也受到如下事实的支持:奥古斯丁本人拒绝异教的时间观念的时候,他首先想到是自己所处时代的循环时间理论,而循环时间确实是基督徒无法接受的,因为基督在世间的生和死具有绝对的独特性:“基督曾因着我们的罪而死;并 65
从死亡中复活,获得了永生。”[②]现代的阐释者倾向于忘记的是,奥古斯丁宣称的仅仅是这一事件的独特性，在我们的耳里听来是如此熟悉的独特性:基督之死是人类历史上最伟大的事件,因为永恒(eternity)打破了世俗的死亡进程;奥古斯丁绝不会像我们一样,把这样的独特性赋予普通的世俗事件。基督教思想中的历史问题只是随着奥古斯丁才产生

① 见《论基督教教义》,2,第28页,第44页。

② 《上帝之城》,XII,第13页。

这一简单事实就应当使我们怀疑它的基督教起源。而更值得怀疑的是，就奥古斯丁自己的哲学和神学来讲，历史问题的产生也是由于一个偶然事件。在他生平年代里发生的罗马的陷落,被基督徒和异教徒都解释为一桩有决定性意义的事件,而正是为了驳斥这个看法,奥古斯丁才花了十三年的时间与之论战。正如他所看到的,关键在于,没有任何一桩纯粹世俗的事件能够或应该成为人们关注的中心。他对于我们称之为历史的东西是如此缺乏兴趣,以至于只以《上帝之城》中的一章来谈论世俗事件;当他指派他的朋友和学生奥罗休斯(Orosius)写一部“世界历史”时,他脑子里想的只不过是一部“真实的世界罪恶汇编”。[①]

奥古斯丁对于世俗历史的态度和罗马人的态度并没有本质上的不同,虽然他所强调的恰恰颠倒了罗马人所说。历史仍然是一个储存范例的宝库,时间中的事件在世俗历史进程中的位置仍然是无足轻重的。世俗历史重复自身，在其中唯一不会重复的故事开始于亚当和终结于基督的降生和复活。因此,世俗权力在过去交迭更替,在将来也会交迭更替，直至世界末日，但这些世俗事件再也不会揭示任何根本上新的真理,基督徒也不应该给它们附加什么特殊的意义。在所有真正的基督教哲学中,人都是“世间的朝圣者”,而单单这个事实就使基督教历史意识和我们自身的历史意识区分开了。对于基督徒来说,就像对于罗马人来说一样,世俗事件的重要性在于它们有重复自身的范例性质,从而行为可以遵从某些特定的标准化程式。[顺便提一下,这一点也和希腊人关

① 见特奥多尔·蒙森(Theodor Mommsen),《理念历史期刊》1951年6月,“圣奥古斯丁与基督教的进步理念”,细读之下,这篇优秀论文的内容与标题表达出来的命题之间的差异着实令人吃惊。关于基督教的历史概念起源最好的辩护可以在C.N.科兰克恩,前引书目第474页中找到。他认为,古代历史编撰学走向终结的原因在于,因为它没能建立“历史的可理解性原则”,而奥古斯丁通过用“基督之道(logos of Christ)代替古人之道作为理解的原则”解决了这个问题。

于英雄业绩的观念差别极大，从诗人和史学家的讲述来看，英雄行为充 66
当了人用来衡量自身获致伟大能力的准绳。忠实地追随一个可辨别范例与试着把自己的行为参照英雄业绩进行评估的区别，就是罗马—基督教道德与所谓的希腊争胜精神(agonal spirit)之间的区别，后者不看重任何"道德"考虑，而只是一种ἀεί ἀριστεύιν，一种总是要成为最好的不懈努力。]而另一方面，对我们来说，历史建立在这样一个假设之上并依赖于这样一个假设：过程恰恰是在其自身世俗性中讲述了一个自己的故事，严格来讲，重复不可能发生。

基督教观念与现代历史观念更为相异的地方还在于，基督教观念认为，人类有一个开端和终结，世界在时间之内被创造出来，并最终会消亡，如同所有时间内的事物一样。历史意识的产生，不是在创世被中世纪的犹太人当成年代计算的起点的时候；也不是在六世纪小狄奥尼西(Dionysus Exiguus)开始将人类纪年从基督诞生之时算起的时候。我们知道在东方文明中有类似的纪年方式，而基督教历法仿效了罗马人从罗马建国那一年开始纪年的惯例。现代历史纪年的方式与之相比差异巨大，后者从十八世纪末开始才被采用，它将基督诞生作为一个转折点，然后向前和向后计算。这一纪年方式最初只是作为一种单纯的技术革新出现在教科书中，以便学术上易于确定古代历史事件的确切时间点，而毋须再陷入不同时间算法的迷宫。到了更近代的时候，黑格尔引发了一种在现代历史时间系统内理解基督教纪年的阐释路径，因为基督的诞生现在似乎成为世界历史的转折点了。[①]

这些解释没有一个是令人满意的。出于学术目的的纪年改革在过去已经出现过多次了，却从来没有被日常生活接受过。这主要是因为，

① 尤其有意思的是奥斯卡·卡尔曼(Oscar Cullman)的《基督与时间》，伦敦，1951。还有埃里希·弗兰克(Erich Frank)，《知识、意志与信仰合集》，苏黎世，1955，"历史在基督教思想中的作用"。

这些改革都是为了学术上的便利而发明的，总体而言并不与社会上任
67 何变化了的时间概念相应。在我们现代的时间系统中，基督的诞生此时成为世界历史的转折点并非是决定性的，因为人们一直以来就这么认为，而且它对我们现代纪年的影响也没有它对从前许多个世代的影响强烈。决定性的改变其实是，人类历史上第一次可以追溯到无限的过去，也可以延伸入无限的未来，我们既可以随心所欲地增添过去，也可以随心所欲地探查未来。在现代这种观念中，过去和未来的双重无限性消除了所有开始与终结的观念，而建立起一种潜在的、世俗不朽的观念。乍看上去这像是将世界历史基督教化了的东西，实际上从世俗历史中取消了所有宗教性的时间猜测。就世俗历史而言，我们生活在一个既不知道开端，也不知道终结的过程中，这个过程也不允许我们保有一种末世论的期望。没有什么比这种人类在世不朽的观念更与基督教思想背道而驰的了。

历史观念对于现代历史意识的重大影响来得相对晚些，它的出现不早于十八世纪的后三十年间，并很快在黑格尔哲学中达到了它的顶点。黑格尔形而上学的中心概念是历史。仅此一点就足以使它处于与所有从前形而上学成最尖锐对立的位置上了，因为，所有之前的形而上学，自柏拉图起，就一直在寻找真理和永恒存在的显露，他们到处寻找，除了在人类事务领域内——τὰ τῶν ἀνθρώπων πράγματα——柏拉图如此轻蔑地谈到人类事务领域，正是因为在那里没有永恒的东西，从而也不能指望在那里发现真理。如果我们与黑格尔一起思考的话，就会说，真理存在于时间过程中并在时间过程中揭示自身，而这是所有现代历史意识的特征，无论它们的表达方式如何，无论是否用黑格尔的术语。十九世纪人文主义的兴起也是为同一种历史感所激发，从而明确地与发生在之前时代的古典文化的重新复兴区别开来。正像梅尼克指出的那样，人们现在开始阅读古典作品，就像之前从未有人读过一样。他们

“阅读,为了迫使历史说出它从前向寻求上帝的人提供的终极真理”;但是这种终极真理不再被认为包含在单独一本书中,无论是《圣经》还是别的什么替代品。历史自身就被认为是这样一本书,如赫尔德定义的, 68
它包含着“在时间和民族中的人类灵魂”。[①]

近来的历史研究为人们认识中世纪到现代之间的过渡提供了大量的新线索,结果,现代的起点从前被认为是文艺复兴,现在人们已经将之上溯到了中世纪的中间年代。这种对于不曾中断的连续性越来越强烈的坚持虽然是有价值的,却有一个缺点,那就是,在它试图弥合宗教文化和我们生活的世俗世界之间的鸿沟时,却绕开了,而不是解决了世俗世界突如其来兴起的巨大秘密。如果“世俗化”这个词指的仅仅是世俗世界的兴起和随之而来的超验世界的衰落,那么无可否认的是,现代历史意识确实与之紧密相关。然而,世俗化绝不意味着宗教和超验范畴向内在世俗目标与标准的可疑转化,就像近来的观念史学家坚持的那样。恰恰相反,世俗化首先简单地意味着宗教与政治的分离,而这对于双方的影响都是如此根本,使得没有什么比历史连续论捍卫者尝试确立的宗教范畴向世俗概念的缓慢转化更不可能发生的了。而他们之所以能在一定程度上成功地说服我们,原因在于理念的一般性质而不在于他们所处理的那个时期的特殊性质;任何时候只要人们把一个理念完全从它真实的经验基础中分离出来,就能轻而易举地建立这个理念和几乎其他任何理念的联系。换言之,如果我们假定有某种纯粹理念的独立领域存在的话,那么所有观念和概念都能不可免地相互关联,因为它们就出身而言都来自同一个根源:一种在其极端的主体性中观看的人类精神,它永远玩弄着自身的映像,既不为经验所影响,也不和世界发生任何关联,无论世界被理解为自然还是被理解为历史。

① 见《历史主义的兴起》,慕尼黑,柏林,1936,第394页。

然而，如果我们将世俗化理解为一个可以在历史时间中得到确定
69 的事件，而不是理念的改变，那么问题就不在于此：是否黑格尔的“理性
的狡黠”是神圣天意的世俗化，或者是否马克思的无阶级社会代表着弥
赛亚时代的世俗化。真相是教会与国家的分离，宗教从公共生活中的消
失，所有的宗教裁决从政治中的移除，宗教丧失了自罗马天主教会扮演
起罗马帝国的继承者开始就获得的政治因素。（这并不是说，政教分离
使宗教完全变成了“私人事务”。这种宗教类型的私人性，通常出现在某
个独裁政府禁止教会公开活动，禁止信徒出现在公共场合，以信徒身份
与他人在一起并进入他人视野内的时候。确切地说，世俗公共领域或政
治领域包括了宗教的公共领域，并为之留下了空间。一个信徒可以是一
个教会的成员，同时又作为一个公民，在一个更大的、所有人归属其中
的城市共同体内行动。）这种世俗化经常是那些丝毫也不怀疑传统宗教
教诲真理性的人提出来的（甚至霍布斯也死于凡人对于“地狱之火”的
恐惧，而笛卡儿则向圣母祷告），但这也不能让我们有理由以为，所有这
些准备或帮助建立了一个新的、独立的世俗领域的人是隐蔽的或无意
识的无神论者。我们能说的只是，无论他们信仰什么或者无信仰，都对
世俗领域毫无影响。这样，十七世纪的政治理论家们通过把政治思想从
神学中分离出来，通过坚持即使上帝不存在，自然法也可以为政治实体
（body politic）提供基础，而实现了世俗化。正是同样的思想让格老修斯
说“甚至上帝也不能让二乘以二不等于四”。关键不是要否认上帝的存
在，而是要在世俗领域内发现一种独立的、内在的，即使上帝也不能变
更的意义。

之前我们指出了，现代世俗领域兴起的最重要的后果是，个人不朽
的信仰丧失了它在政治上的约束力，无论个人不朽指的是灵魂不朽，抑
或更重要的，肉身的复活。现在，确实“不可免地，希望的主要内容当再
70 次寄托于在世的子孙后代身上”，但并不能由此推断出，一种关于来世
信仰的世俗化过程发生了，或者说这种新的态度实质上不过是“尝试替

代旧信仰的一种基督教理念的重置”。[①]实际发生的事情是，政治问题重新获得了对于人的存在而言严肃的、决定性的关系，自古代终结以来，这种关系就丧失了，因为它和基督教对于世俗世界的理解格格不入。如果暂不考虑希腊人和罗马人的不同，那么对他们来说共通的一点是，政治实体的基础建立在克服人类生活的有死性和人类作为的徒劳性这一需要之上。在政治实体之外，人类生活不仅是不安全的，即暴露在他人暴力之下，甚至主要也不是不安全的，而是没有意义和尊严，因为它无论如何都在身后留不下任何印迹。这正是希腊思想诅咒整个私人生活领域的原因，这种生活的“愚蠢”在于，它的存在单单为了生存，也正是出于同一理由，西塞罗争辩说，只有通过建立和保存政治共同体，人类德性才能通往众神之路。[②]换言之，现代的世俗化再一次将亚里士多德从前称之为ἀθανατίζειν的活动带到了台前（在我们现在使用的语言中已找不到跟这个术语对应的词）。我再次提到这个词是因为，它指一种“成为不朽”(immortalizing)的活动，而不是指将要成为不朽的对象。争取不朽可能意味着，一个人通过做出著名业绩来成为不朽或赢得不朽声名，如早期希腊人实实在在做过的那样；也可能意味着，为人造物增添某种比我们自身更持久的东西；还可能意味着，用毕生的时间来跟不朽的事物打交道，如哲学家们做过的那样。无论是哪一种情况，这个词指的都是一种活动，而不是一种信仰，并且这个活动需要一个持久的空间来保证“成为不朽”不会转眼成空。[③]

---

① 约翰·拜耶(John Baillie)，《对进步的信仰》，伦敦，1950。

② 《国家篇》，1，第7页。

③ 这个词似乎在古代希腊也很少被使用。在希罗多德那里（第四部，第93页，第94页），这个词在积极的意义上被使用，意指一个不相信死亡的部落举行的仪式。关键是，这个词并不意味着“相信不朽”，而意味着“为了确保从死亡中逃离，以特定的方式行动”。在波利比乌斯(Polybius)那里（第六部，第54页，第2页），这个词也在消极的意义（ἀθανατίζεσθαι，“使之不朽”）上被使用；它被用于描述罗马人的葬礼，意指葬礼中的演说，演说通过“使有德的人的名声持续地新”来使人不朽。拉丁语中同义词为aeternare，也是用来指不朽

我们已经习惯了单凭艺术作品的经久魅力来理解不朽，或许还凭着在我们眼里属于所有伟大文明的相对持久性来理解不朽，因而这一
71 点对我们来说似乎已不大可信了：追求不朽的动力存在于政治共同体的基础中。[①]可是对希腊人来说，后者比前者更为理所当然。难道不是伯里克利认为他能赋予雅典人的最高荣誉就是宣称雅典不再需要“一个荷马或其他诗人的技艺”，因为城邦的存在，雅典人将在他们身后到处留下“不朽的丰碑”吗？[②]荷马做的工作是使人的业绩成为不朽，[③]而城邦

的名声。[贺拉斯(Horace),《诗篇》(*Carmines*),第4部,第14页,第5页。]

十分清楚的是,亚里士多德是第一个,或许也是最后一个用这个词来特指哲学沉思的“活动”的学者。原文如下:οὐ χρὴ δὲ κατὰ τοὺς παραινοῦντας ἀνθρώπινα φρονεῖν, ἄνθρωπον ὄντα οὐδὲ θνητὰ τὸν θνητόν, ἀλλ' ἐφ' ὅσον ἐνδέχεται ἀθανατίζειν. ...(《尼各马可伦理学》,1177b31)。“人们不应该这样思考,就像做那些为凡人建议的事情一样,而是尽可能地使之不朽(immortalize)……”中世纪拉丁语的翻译(Eth.X, Lectio XI)并没有采用古老的拉丁词aeternare,而是用immortalem facere,即造就不朽来翻译“immortalize”,而且假定是自己来造就自己的不朽。(Oportet autem non secundum suadentes humana hominem entem, neque mortalia mortalem; sed inquantum contingit immortalem facere ....)现代的标准翻译犯了同样的错误。[例如,可以参见罗斯(W.D. Ross)的翻译,他的译文是:“我们一定要……让我们自己不朽。”]在古希腊文本中,ἀθανατίζειν,就像φρονεῖν这个词一样,是一个不及物动词,不带直接的宾语。[我要为希腊文及拉丁文的注释感谢哥伦比亚大学的约翰·赫尔曼·小兰道尔(John Herman Randall, Jr.)以及保罗·奥斯卡·克里斯特勒(Paul Oscar Kristeler)教授。不用说,他们两位不用为我的翻译和解释负责。]

① 很有意思的是,注意尼采,他曾经使用过“使之永恒”(eternize)这个术语——或许是因为想起了亚里士多德的那个段落的缘故,并将这个术语用于艺术和宗教领域。在《论历史对于人生的利弊》中,尼采谈到“艺术与宗教那使之不朽的(aeternisierenden)力量”。

② 修昔底德,II,第41页。

③ 诗人,尤其是荷马如何赋予有死的人及其易朽的作为以不朽性,还可以从品达(Pindar)的诗篇中读到,里奇蒙·拉提摩尔(Richmond Lattimore)现在翻译成了英文,芝加哥,1955。例如,可参见“伊斯米亚”(Isthmia),IV,第60行以下;“涅米亚”(Nemea),IV,第10行,即VI:50—55。

不再需要“其他诗人的技艺”,因为城邦为其公民提供的公共政治的空间确保了它可以为他的行动赠予不朽。苏格拉底死后,在哲学家们中间日益盛行的非政治主义(apolitism)要求从政治活动中摆脱出来,坚持在政治生活领域之外寻求一种非实践性的、纯粹理论性的ἀθανατίζειν,既有哲学的原因,也有政治的原因,但在政治原因中,城邦政治生活的日益衰亡无疑是主要原因,因为它使得城邦这种特殊政治实体的持久性(更不要说不朽)变得越来越可疑了。

古代哲学的非政治主义预示了早期基督教更为激烈的反政治态度,不过它的最极端形式只存续到罗马帝国为所有民族和宗教提供了一个稳固政治实体为止。在我们时代的最初那几个世纪,地上的事物终要朽坏的信念还是一个宗教问题,也是那些不想和政治事务打交道的人的信仰。这种状况随着罗马覆灭的残酷现实而根本地改变了,对永恒之城的洗劫,使得以后的世纪再没有人相信人的任何产品能够永远存在,更不要说一个政治机构了。对基督教思想来说,这只不过再次确证了它的信念而已。就像奥古斯丁所指出的,罗马的倾覆并没有什么了不起的意义。对于基督徒而言,只有个人是不朽的,除了人以外,这个世界上没有任何东西能永生不朽,无论是作为整体的人类还是地球本身,遑论所有的人造物了。只有超越此世才能成就不朽,而在世俗领域内唯一有理由存在的机构是教会,即地上的上帝之城(Civitas Dei)。教会并不负政治责任,所有真实的政治冲动都将在其中消失于无形。有可能使基督 72
教及其早期的反政治冲动转化为一种伟大政治制度而完全无须曲解福音书,差不多要全部归功于奥古斯丁,他虽然不能算作我们的历史概念之父,却几乎是基督教政治的属灵作家,而且肯定是基督教政治最伟大的理论家。在这方面,最关键的是奥古斯丁仍深深扎根于罗马传统之中,因而他能够给基督教的永生观念加上一个未来之城的理念,一个上帝之城,在那里,人们甚至在死后也过一种共同体的生活。没有奥古斯丁对基督教思想的重塑,基督教政治也许还保持着它在较早时代的形态，一种语词上矛盾的状态。奥古斯丁能够解决这个困境是因为得到了语言本身的帮助：在拉丁语中，“生活”这个词总是等于说“和人们在一起”（inter hominess esse），从而，永生在罗马人的理解中也必然意味着，即使一个人死后离开人世，他也不会从人群中被放逐。这样，人的复数性的事实，作为政治生活的一个基本前提条件，甚至将人的“本性”置于个人不朽的条件下，这个本性不属于人在亚当堕落之后获得的特性，即不包括在那些使政治在纯粹世俗意义上成为人在地上罪恶生活所必需的特性当中。奥古斯丁的信念是，即使在无罪的、完全圣洁的情况下，也必须有某种程度的政治生活，他一言以蔽之：甚至圣徒的生活也是与他人在一起的生活（Socialis est vita sanctorum）。①

如果关于所有人类造物易朽性的洞见对基督教思想没有什么重要影响，并且在基督教伟大思想家那里甚至与一种超世俗领域的政治概念相吻合的话，那么在现代当人类生活的世俗领域将自身从宗教中解放出来以后，这个洞见就变得十分棘手了。政教分离意味着，一个人无论信仰什么，是哪个教会的成员，作为公民，他的行动和行为都建立在
73 人终有一死的假设之上。霍布斯对于地狱之火的恐惧丝毫没有影响他把政府构想为利维坦，一个令所有人惧怕的有死的神。从政治的角度说，世俗化不多不少正好意味着人在世俗领域内再次变成了有死的凡人。如果世俗化引导他们重新发现了古代，即产生了我们所谓的人文主义，在其中希腊和罗马的源头再次说出我们耳熟能详的话语，与他们自身经验达到高度契合，那也不可能让他们在实践中依照希腊或罗马的范例来塑造他们的行为。古人关于世界的存在比个人更恒久的信念，以及古人把政治结构看作死后仍能在人间存续之保证的信念，已经一去不复返了，因此在古代而言关于凡人生活与一种或多或少不朽的世界

①《上帝之城》，XIX，第5页。

的对立，对他们来说都失效了。现在，生活与世界都变成易朽坏的、有死的、脆弱的了。

今天我们感到难以把握的是，这种绝对有死性的处境可能让人无法忍受了。然而，回顾从近代直到我们自己的现代世界之初这一阶段的发展，我们看到，在我们习惯于绝对有死性之前，已经过去了好几个世纪，因此这个想法已不再令我们不安了，而古人要做的选择：在一个易朽的世界里过个人的不朽生活，或在一个不朽的世界里过有死的生活，对我们来说都不再有意义了。在这一点上，就像在许多其他方面一样，我们的时代不同于所有从前的时代。虽然我们的历史概念本质上是一个现代的概念，但它的存在仍要归功于那样一个过渡时期，即关于不朽生命的宗教信念已经丧失了对世俗世界的影响，而新的、对于不朽问题漠不关心的态度还没出现的时候。

如果我们把这种新出现的，对于不朽问题不关心的态度放在一边，仍然停留在传统的选择范围内，即要么将不朽给予人的生活，要么将不朽给予世界的话，那么显然，成为不朽，ἀθανατίζειν，作为有死者的一种活动，只有在没有来世生活保证的条件下才有意义。在那样的情形下，成为不朽就几乎成了必需的活动，只要人们还有对于不朽之类的任何关切的话。因此，也正是在追寻一个永恒存在的严格世俗领域的过程 74
中，现代发现了人类的潜在不朽。这也是我们的历法当中清楚表达出来的东西；是我们历史概念的实际内容。向过去和未来的双向无限伸展的历史，能保证人在地球上的不朽，就如同希腊城邦或罗马共和国曾经保证了人的生活和人的作为的不朽，就像它们揭示出了某种本质的、伟大的东西，在这个世界上获得了严格属人的、尘世的永恒性一样。这一历史概念的最大优点一直在于，历史过程的双向无限性建立了一种时间—空间，在其中，终结的观念根本是无法想象的；而同时，它的最大缺点在于，与古代政治理论相比，似乎永久性被赋予给一个流动的过程，而非一个稳定的结构。同时，成为不朽的过程变得独立于城邦、国家、民族了；它把人类整体都包括在内，由此黑格尔才能够将人类历史看作是大写的精神（Spirit）无间断的发展过程。于是，人类不再只是自然的一个物种了，使人区别于动物的不再只是人会言说（λόγον ἔχων），如亚里士多德所定义的，也不再是人有理性，如中世纪所定义的（animal rationale）；现在，正是他的生命本身使他与动物相区别，而这在传统定义中则被认为是人和动物相通的部分。用德罗伊森，这位也许是十九世纪最有思想的历史学家的话来说："动植物的物种类型……也就是人类的历史。"①

三、历史与政治

显然，如果不是世俗领域兴起并获得一种新尊严的话，我们的历史意识就根本不可能形成，但同时不那么显而易见的是，最终历史过程被
75 要求来赋予人在世间的作为和苦难以必要的新意义和内涵。的确，现代之初的一切都指向了对政治行为和政治生活的提升，十六和十七世纪在新政治哲学上如此繁荣，却几乎没有意识到要对历史本身的重要性做出任何特殊的强调。相反，新政治哲学关心的是摆脱过去，而不是恢复历史过程。霍布斯哲学独一无二的特征是，他一心一意地关注未来，坚持对思想和行动作以结果为导向的目的论解释。人只能认识他自己制造的东西这种现代信念，似乎与对行动的崇扬相一致，而不是与历史学家的基本沉思态度和一般的历史意识相一致。

由此，霍布斯与传统哲学决裂的原因之一就是，所有先前的形而上

① 德罗伊森（Johannes Gustav Droysen），《历史学》（1882），慕尼黑与柏林，1937，第82段："就动物、植物而言的物种概念——因为物种是，ἵνα τοῦ ἀεὶ καὶ τοῦ θείου μετέχωσιν——对于人来说，这就是历史。"德罗伊森没有提到希腊文引文的出处或作者。听起来像是亚里士多德的话。

学都追随亚里士多德，主张追问万物的第一因乃哲学的第一要务，而霍布斯争辩说，相反，哲学的任务应该是指导人们的意图和目标，建立一套合乎理性的行动的目的论。这一点对霍布斯来说是如此重要，以至于他坚持认为动物也能够发现原因，从而发现原因的能力并不是人与动物之间的真正区别；他发现，人和动物的区别毋宁说是在这样一种能力上，即人能够计算“某些现在的或过去的原因导致的结果……而这一迹象我从来不曾在人之外的生物身上看到过”。[①]现代不仅一开始就带来了一种新的、激进的政治哲学——霍布斯只是一个范例，尽管是最有意思的范例——现代还第一次产生了愿意以政治领域的需求来引导自己探索的哲学家；这种新的政治指向不仅出现在霍布斯身上，而且也出现在洛克和休谟身上。可以说，在黑格尔将形而上学转化为一种历史哲学 76
之前，就已经有了这样的为了政治哲学而摆脱形而上学的尝试。

在任何对现代历史概念的思考中，一个很困难的问题就是如何解释为什么历史概念在十八世纪的后三分之一的时间里突然兴起，接踵而至的则是人们对纯粹政治思考之兴趣的衰退。（必须得说，维科是一位先行者，他的影响直到他身后两代人之后才为人所察觉。）即使有人还残存着对政治理论的本真兴趣，最后也以绝望告终，就像在托克维尔那里一样；或者以将政治混同于历史而告终，就像在马克思那里一样。因为，除了绝望之外，还有什么能促使托克维尔断言“由于过去不再将光亮照向未来，人类心灵在晦暗中徘徊”？而这实际上是他“描绘现代世界社会蓝图”的伟大著作的结论，在这部著作的前言中，他还为此宣告说，“新世界需要一种新的政治科学”。[②]而除了混淆之外——对马克思本人来说仁慈的混淆，对他的追随者来说却是灾难性的——还有什么能使马克思将行动等同于“历史的创造”（the making of history）？

---

① 《利维坦》，第I部，第3章。

② 《美国的民主》，分别见第二部分，最后一章，以及第一部分，“作者引言”。

马克思“创造历史”观念的影响大大超出了深信不疑的马克思主义者们和坚定的革命者们的圈子。虽然这一观念与维科的历史是人创造（区别于“自然”，后者是上帝创造的）的看法有密切关系，但他们两人之间的区别仍然是决定性的。对于维科，就像对于后来的黑格尔来说一样，历史概念的重要性首先是理论上的。他们两人中的任何一个都从未想过直接将这个概念用作行动的原则。他们理解的真理只对历史学家沉思的、向后回顾的眼光揭示出来，因为历史学家能够将过程看作一个整体，从而能够忽略行动者的“狭隘目的”，全神贯注地考虑那些在行动者背后实现自身的“更高目的”（维科）。但在另一方面，马克思将这一历史观念与现代早期的目的论政治哲学相结合，于是，按照历史哲学家的说法，“更高目的”是只对历史学家和哲学家向后回顾的眼光揭示出来的东西，在他的思考中，就能变成政治行动有意图的目的。关键是，马克思的政治哲学不是建立在对行动和行动的人的分析之上，而是相反，建
77 立在黑格尔式的历史思考之上。他考虑的是政治化了的历史学家和历史哲学家。同理，通过将历史学家沉思的凝视等同于指导手艺人和引导一切制作的对模型的观照（即εἶδος或“形相”，柏拉图从中得出了他的“理念”），将行动等同于制作和制造的古老范式也再次得到了补充和完善。这一类结合的危险并不像人们常常声称的那样，在于将从前超验的东西变成了内在的东西，仿佛马克思想要在地上建立一个以前只存在于死后的天堂。将未知、不可知的“更高目的”转化为有计划、有意志的意图的危险在于，意义和意义性（meaningfulness）被转化成了目的。这就是当马克思把黑格尔式的全部历史意义——自由理念的逐步展开和实现——转化为人类行动的目的，并且为了和传统一致，他进而把这个最终“目的”视作一个制造过程的最终产品时发生的事情。一张桌子毫无疑问是木匠活动的最终产品，但无论是自由还是任何其他什么意义，都永远不能像桌子一样成为一项人类活动的产品。

现代世界不断增长的无意义性，大概没有什么地方比在意义和目

的的等同中预示得更清楚的了。意义永远不可能是行动的目的,而在行动终止之后,意义就不可避免地从人类的所作所为中产生了。但是现在,人们对待意义就像对待具体行动的特殊直接目的一样,用意向机制和有组织手段的机制来追求它,结果是,似乎意义本身从人的世界中分离出来了,人什么也没剩下,除了一条无休止的目的链条之外,在其过程中,所有过去成就的意义都不断地被未来目标和意图取消了。仿佛人在突然击打之下失明了,不再能甄别意义与目的、普遍与特殊的区分。或者从语法上来说,不再能区分"为着……的缘故"(for the sake of ...)和"为了……目的"(in order to ...)(举例来说,就像木匠忘记了,虽然他制 78
作桌子的具体行为是以"为了……目的"的模式进行的,但是他作为木匠的整个生活则是被某种完全不同的东西规定的,即一种首先"为着"他成为一个木匠之"缘故"的更宽广概念)。当这类根本区别被忘记,意义被降格为目的的时候,目的自身也就不再安全了,因为手段和目的之间的区分不再为人所理解,于是最后所有的目的都变成了手段,被贬低为手段。

在这种从历史推衍出政治,或者不如说,从历史意识(historical consciousness)推出政治良知(political conscience)的形式中——这一形式绝不特别地仅限于马克思,或一般地仅限于实用主义——我们可以轻易地发现为了逃避人类行动的挫折及其脆弱性,以制造的形象来建构行动的古老尝试。马克思自己的理论与所有那些让"创造历史"的概念在其中占一席之地的理论不同的地方,仅仅在于唯独他认识到了,如果把历史当成一个制造或创造过程的对象,那么必然有这个"对象"完成的时刻,因此如果有人想象他可以"创造历史",他就逃避不了这样一个推论,即历史将会终结。无论何时,只要我们听到政治上的宏伟目标,例如建立一个公正将永远得到保证的新社会,或为一场终结一切战争的战争而战,或者使全世界都沐浴在民主的保护之下,我们就是在这类思考范围内打转。

在本文中，重要的是要看到，历史过程（就像它在我们的历法中显示为向过去和未来的无限延伸一样）在此已经为着另一个完全不同类型的过程而被抛弃了。后者就是创造某物的有始有终的过程，其运动规律因而是可确定的（比如辩证运动的过程），它的最深层内容也是可以被发现的（比如阶级斗争）。然而，后一过程不能为人们提供任何类型的不朽的保证，因为它的终结取消了一切，使得之前无论发生什么都无关
79 紧要了：在无阶级社会中，人类对待历史的最好方式就是忘记所有不愉快的事情，因为历史的唯一目的就是消解自身。人们也无法将意义赋予个别发生的事情，因为历史已经将所有个别消解为手段，其意义在最终产品完成的那一刻就结束了。单个的事件、作为或苦难在这里不比锤子和钉子相对于一张完成了的桌子来说更有意义。

我们知道，从所有严格的功利主义哲学中产生的奇特的、根本的无意义性，在现代工业化早期阶段之所以是如此普遍，如此特征鲜明，是因为人们受到生产制造的新可能性的强烈吸引，倾向于以目的和手段的观点来思考一切，也就是说，人们在思考中运用的范畴，其有效性的来源和根据都在生产使用对象（use-objects）的经验中。问题不在于生产使用对象的经验，而在于手段—目的的范畴框架的本质，这一范畴框架将每一个已达到的目的都立刻变成一个新目的的手段，因此，凡在它所用之处都无一例外地摧毁意义，直至陷入仿佛没完没了的功利主义追问：某某的用处是什么？在这个似乎无穷尽的过程中，今天的目标变成了一个更美好明天的手段，于是，正如莱辛（Lessing）一针见血地指出的，产生了一个功利主义思考永远无法回答的问题：“用处的用处是什么？”

所有真正的功利主义哲学中包含这种无意义性之所以能够逃避马克思的注意，是因为他认为，自黑格尔在其辩证法中发现了一切运动，无论自然运动还是历史运动的规律之后，他自己又在历史领域中找到了这一规律的根源及内容，从而历史不得不讲出故事的具体意义。阶级

斗争,对马克思来说,这个公式似乎是解开所有历史之谜的钥匙,正如引力法则业已表明是解开所有自然之谜的钥匙一样。今天,在我们被一个接一个的历史建构(history-construction)和一个接一个的公式处置过之后,对我们来说,问题已不再是这个或那个特殊公式是正确还是错误的了。在所有这些尝试当中,被认为有意义的东西事实上只不过是这个模式(pattern),在功利主义思想的界限内,除了模式之外没有什么是有意义的,因为只有模式能够被"制造",而意义不能。意义像真理一样,只 80
能揭示或彰显自身。马克思仅仅是第一个,而且仍然是最伟大的一个误将模式当作意义的历史学家,也的确不能期望他认识到,几乎没有哪个模式能像他自己的模式那样,能把所有过去的事件干净利落、前后一贯地装进去。马克思的模式至少还建立在一个重要的历史洞见之上;而自他以后,我们看到历史学家几乎随心所欲地把他们想要的模式强加在过去事实的迷宫上,结果是,用仿佛具有更高有效性的普遍"意义"摧毁了事实与特殊,甚至损坏了年代学这个所有历史过程的基本事实结构。

另外,马克思对他的模式做这样的解释,也是由于他关心行动而对历史没有耐心。在现代早期关心政治与现代后期痴迷历史之间有条分界线,他是最后一位站立其上的思想家。我们可以标志出现代遗弃了它早先为世俗世界的重新发现而尝试建立一种新政治哲学的时刻,这一时刻可以追溯到法国大革命的历法被放弃的时候。十年之后,大革命可以说被再度整合进了向两头延伸至无限远的历史进程。似乎人们一度承认了,不仅大革命,而且包括美国宪法的颁布,都仍然是现代政治史上的最伟大事件,在自身内包含了充分、独立的意义,足以开启新的历史进程。因为共和历的取消不仅是因为拿破仑想要统治一个帝国,想成为欧洲头戴王冠的君主中的一员,它还意味着尽管世俗世界被重建了,人们却拒绝接受古人的信念,即政治行动无论其历史地位如何都是有意义的,特别是拒绝了罗马人关于建国神圣性的信念,以及罗马人从建国时期开始纪年的风俗。的确,法国大革命是为罗马精神所鼓舞的,而 81

且像马克思喜欢说的那样，穿着罗马人的服装登上世界舞台，然而这场革命在不只一种意义上颠覆了自身。

还有一个同等重要的标志表明了从现代早期关注政治到晚期关注历史之间的转变，那就是康德的政治哲学。将卢梭尊称为“道德世界的牛顿”的康德，被他自己同时代人推崇为人权理论家[①]，但康德在处理新历史理念的问题上仍遇到极大困难（这个问题很可能是通过赫尔德的著作引起他的注意的）。康德是最后一位真诚地抱怨“人类事务的无意义进程”，历史事件和历史发展的“可悲偶发性”的哲学家，如同歌德一度把历史定义为一种无望的、无意义的、“错误和暴力的混合物”。然而康德也认识到了其他人在他之前就认识到的东西，即一旦你从整体（im Grossen）去看历史，而不是只看个别事件以及人类行动者永远受挫的意图，一切就突然间有了意义，因为至少总有一个故事可讲。作为一个整体的过程看起来似乎总是被一个不为行动之人所知的“自然目的”引导，但这个“自然目的”能被后来的人所把握。在人们没有计划或理性地追求自身目的的同时，却又似乎为“理性的引线”所指引[②]。

一定程度上重要的是，要注意到康德，正如他之前的维科一样，已经注意到黑格尔后来称之为“理性的狡黠”的东西[康德有时称之为“自然的计谋”（the ruse of nature）]。他甚至有了对历史辩证法的初步洞见，当他指出，自然追求它自身的整体目的，是通过“人在社会中的对抗……没有这种对抗，天性良好的人就像他们所照管的羊一样，将很难知道如何给予他们自身的存在以比他们所驯养的家畜更高的价值”。这段话表明，历史作为过程的理念在何种程度上暗示了人们在行动中是为他们不一定意识到，而且在他们的行动本身中也没有直接表达出来的东西所引导的。或者，换一种说法，这段话表明了，现代历史概念证明

① 第一个将康德看作法国大革命理论家的学者，是弗里德里希·根茨（Friedrich Gentz）。见《柏林月刊》，“对康德教授关于理论与实践关系的思考的补充”，1793年12月。

② 《世界公民观点之下的普遍历史观念》，导论。

在赋予世俗政治领域以意义方面是极其有用的，否则的话，世俗政治领域似乎就是缺乏意义的。在康德那里，与黑格尔相比，现代式的从政治 82
逃入历史的动机仍然是十分清楚的。这是一种进入"整体"的逃避，是为个别的无意义性所激发的逃避。因为康德首要的兴趣还是在自然以及政治行动（或者，他会说，道德行动）的原则上，所以他才能够看穿这种新径路的关键缺陷，这是一块任何历史哲学或任何过程概念都无法移动的巨大绊脚石。用康德自己的话来说："始终都令人困惑的是……早期的几代人似乎只是为着后来的人肩负沉重的事业……而只有最后一代人才有幸入住[完工的]大厦。"[①]

带着充满困惑的遗憾以及巨大的折衷，康德放弃了把一个历史概念引入他的政治哲学，这一事件以罕见的准确性表明了，导致现代思想从政治理论转向一种本质上沉思性的历史哲学的悖谬（因为显然政治理论更切合现代的行动高于沉思的信念），其实质究竟是什么。因为，康德或许是唯一一位这样的伟大思想家，对他来说"我应该做什么？"的问题不仅和其他两个形而上学问题，即"我能认识什么？"和"我能希望什么？"同样重要，而且"我应该做什么"的问题还是他整个哲学的中心。因此，甚至在马克思和尼采还在为沉思高于行动，沉思生活（vita contemplativa）优于积极生活（vita activa）的传统等级而感到困扰时，康德都已不再为之所困；他的问题不如说是另一个传统的等级问题，这个问题因其隐蔽性而甚少被提及，但业已证明是更难克服的，这就是在积极生活内部的等级问题，在那里，政治家的行动占据着最高的位置，工匠和艺术家的制造占据着中间位置，而为人的机体运转提供必需品的劳动处在最低位置。（后来马克思也颠倒了这个等级，虽然他只是明确地写道要把行动提升到沉思之上，改变世界而不是解释世界。在这个翻转传统等级的过程中，他也不得不翻转积极生活内部的传统等级秩序，将

① 见前引书目，第三个命题。

83 最低级的人类活动——劳动——置于最高位置。而行动在他那里却仿佛只是劳动造成的一种人类“生产关系”的功能。)确实,传统哲学将行动评价为最高级人类活动,经常不过是空口说说而已,其实倾向的是更可靠的制造活动,于是,积极生活内部的等级问题几乎从未得到清晰阐述。让行动内在的困惑再次走上台前,正是康德哲学在政治上占有一席之地的标志。

然而,无论实情如何,康德不可能不意识到这个事实,即行动满足不了现代寄予它的两个希望。如果我们世界的世俗化意味着对某种尘世不朽的古老渴望的复活,那么人类的行动,特别是在政治层面上的行动,必定显得非常不适合新时代的要求。从动机的立场看,行动似乎是所有人类追求中最无趣、最徒劳的:“激情,个人的目标,以及自私欲望的满足,都是……行动最有力的源泉”,[①]而“已知的历史事实”,就本身来看,“既没有一个共同基础,也没有连续性和一致性”(维科)。另一方面,从成就的立场看,行动似乎是比劳动和生产更徒劳和更令人沮丧的活动。人类的作为,除非能被记住,否则就是这世上最脆弱、最易朽的东西;它们不比活动本身存在得更久,而且仅凭自身的话肯定也不及普通用品存在得久(这些用品存在的时间就比它们制造者的生命还长,更不用说存在了数世纪之久的艺术品了)。人类的行动构成了一个关系网络,在这个网络中,许多人追求着相互冲突的目标,几乎没有一个人能实现他的原初意图;一个创造者能愉快地确认某个作品是他创作的,而一个行动者却无法确认哪个行动是他的。无论是谁一开始行动,就必须意识到他发动了某种他永远不能预知其结局的事情,只因为他自己的
84 作为就已经改变了一切,并使之变得更不可测。这就是康德在感叹“可悲的偶发性”(trostlose Ungefähr)时所想到的,在政治历史的记载中这种东西太让人震惊了。“行动:人们既不知其由来,也不知其结果,那么,行

① 黑格尔,《历史哲学》,伦敦,1905,第21页。

动到底有什么价值?”[①]难道古代哲学家们不是正确的吗?期望从人类事务领域中得到什么意义难道不是在发疯吗?

长久以来,积极生活内部的这种不充分和混乱,似乎能够以忽略行动的特殊性以及坚持历史过程整体上的“有意义性”来解决,后者似乎能给政治领域以尊严,并且最终把政治领域从“可悲的偶发性”中拯救出来(这样的救赎显然正是政治领域所要求的)。历史建立在这样一个明确的假设之上,就是无论偶然、单个的行动在当前如何显现,如何有其独一无二性,它们都不可避免地导致一个事件序列,在事件进入过去的时刻形成了一个通过可理解叙述讲出来的故事。历史因此变成了一个人们在其中能够与现实“和解”的重要维度(黑格尔),这里的现实,指的是人类事务的现实,亦即那些单单由于人才存在的现实。此外,由于历史在其现代版本中首先被理解为过程,它更表现出一种特殊的,令人振奋的对于行动的亲和力,因为确实,与所有其他人类活动相比,行动最重要的是开启了一个过程。这是人们一直都自然而然意识到的一个事实,尽管专注于制作和将制作奉为人类活动模式的哲学未能对此做出准确描述和建立一套清晰话语。过程的概念,作为现代科学最标志性的概念(无论是自然科学还是历史科学),或许就根源于行动的这一基本经验,世俗化给予了这种经验自希腊文化最初几个世纪之后就再未得到过的重视,甚至是在城邦兴起之前,确切地说在苏格拉底学派获胜之前都未得到过的重视。现代版本中的历史与这种经验达成一致了;虽然它还没有将政治本身从古老耻辱中挽救出来,虽然一直构成了政治领域的个别作为和行动,恰当地说,被历史忘却了,但至少,历史为过往事件记载赋予的那部分世俗不朽性,是现代人必然渴望的,是行动的人 85
不再指望能从他们子孙后代那里得到的东西。

① 尼采,《权力意志》,第291条。

结 语

今天，我们的经验似乎拒斥康德式和黑格尔式的，通过理解整个历史过程最深层意义来同现实和解的方式，就如同我们的经验同时拒斥实用主义和功利主义的“创造历史”，把头脑中预先设想的意义和人类法则强加于现实之上的企图一样。同时，贯穿了整个现代的困境虽然照例是从自然科学开始的，并且始终是从人们认识宇宙的尝试中获致经验的结果，但这一次，这种拒斥同时来自物理领域和政治领域。这个困境就是，几乎每个公理都能仅凭自身首尾一贯地演绎下去，以至于人们几乎能够证明他们打算采取的任何假设，不仅在纯精神建构的领域中是如此，比如各种整全的历史阐释都能得到事实同等完美的支持，而且在自然科学领域中也是一样。[①]

谈到自然科学，就让我们回想起之前引用过的海森堡的话(参见边码第48—49页)，他在另一篇文章中把原子物理学的后果表述为悖论，即无论何时，只要人试图了解既非他自己，又非由于他而存在的事物，他最后遭遇到的就只可能是他自身，即他自己的构造和他自己的行为模式。[②]这已经不再是学术客观性的问题了。要解决它，也不能靠着反思说，人作为一个提问的存在者，自然能得到与他的问题相匹配的答案。如果没有更多考虑的话，我们可以满足于这样一个回答：就“同一物理

---

① 海德格尔曾经在苏黎世的一个公开讨论会上指出这个可怕的事实(该文以“和马丁·海德格尔在1951年11月6日的谈话”发表，苏黎世，法律出版社影印，1952)，即“……这句话：人们能证明所有的一切，不是一个宣言，而是指出了一种可能性，即当人们在从公理推论的意义上进行证明时，这一证明在一定意义上任何时候都是可能的。这一方法在现代自然科学中有效，真是一个怪诞的谜，其中的秘密我至今都一点儿没弄明白”。

② 海森堡在最近发表的著作中以不同的方式一再提及了同样的思想。如可参见《当代物理学中的自然形象》，汉堡，1956。

事件”提出的不同问题,揭示了同一现象不同的,然而同样客观“真实”的方面,就像一张桌子被围桌而坐的人们从不同角度观看,桌子并不因此就不再是对所有观看的人共同的客观对象一样。人们甚至能够想象一种理论的理论,就像古老的普遍数学(mathesis universalis)一样,它或许最终可以决定有多少这样的问题是可能的,或者有多少个“不同类型的自然法则”能够用于同一个自然宇宙而不引起矛盾。 86

如果业已表明不导向一套融贯的答案,任何问题都根本不可能存在的话——在先前我们讨论模式(pattern)和意义(meaning)的区别的时候就提到过这一困惑——事情就变得更加严重了。在此情形下,有意义问题和无意义问题的区别将随着绝对真理一起消失,而我们还残留的融贯性(consistency)也不过是作为偏执狂避难所的融贯性,或通常用来证明上帝存在的融贯性。不管怎样,对意义包含在过程之中,个别事件从作为整体的过程中获得可理解性的整个现代观念来说,真正具有破坏性的是,不仅我们可以在融贯演绎的意义上证明它,而且我们几乎能采取任何一种假设,并根据这个假设行动(act),在现实中造成不仅有意义而且有用(work)的一系列结果。仅从字面上来说,这就意味着,任何事都是可能的,不仅在理念的领域中如此,而且在现实本身的领域中也一样。

在我对于极权主义的研究中,我试图表明,极权主义现象,虽然具有令人震惊的反功利主义特征和不可思议的对现实的漠视,但分析到最后,它建立在这样的信念基础上:任何事都是可能的,不仅仅是可允许的,不论在道德上还是在其他方面,就像早期虚无主义的情形一样。极权主义体系想要证明,行动可以以任何假设为基础,在融贯一致的行动推演中,特殊的假设会变成真的,会变成实际实在的现实。作为融贯行动之出发点的假定可以要多疯狂有多疯狂;行动总是以制造事实为结束,而事实到那时总是“客观”真实的。于是,最初仅仅是个假设,可以 87
被实际的事情证实或证伪的东西,在融贯行动的推演中变成了一个永远无法反驳的事实。换句话说,作为演绎出发点的公理并不需要像传统形而上学和逻辑学认为的那样,是一个自明真理;它也根本不需要符合在行动一开始被给定的客观世界内的事实;行动的过程如果是融贯一致的,它就会发展下去,直至创造出一个世界,在这个世界内,假设变成了公理性的和自明的。

任何时候只要我们决定着手这类行动就会遭遇到令人恐惧的任意性(arbitrariness),而这种任意性恰恰是融贯一致的逻辑过程的反面,这一点在政治领域中甚至比在自然领域中更明显。但更为困难的是说服人们相信,过去的历史就是这样的。历史学家在回顾历史过程时,已经十分习惯于发现“客观的”,独立于行动者目的和意图的意义,而在他试图洞悉某些客观趋势的过程中很容易对实际发生的事情视而不见。例如,他赞同苏维埃帝国的工业化或传统俄国外交政策的国家主义目标,就忽视了斯大林极权主义独裁统治的具体特征。

在自然科学中,事情并没有本质上的不同,但它们通常显得更令人信服一些,因为它们已经发展到了一个外行人不够资格了解,同时他健康、固执的常识也拒绝理解的地步。在自然科学中同样,一方面,人们根据过程来思考,另一方面,相信我只能认识我自己制造的东西的信念,导致了彻底的无意义性。因为,从意识到我能选择做我想做的任何事情和某种“意义”总会产生出发,无意义性就是不可避免的后果。在两种情形下困惑都在于,特殊事件、可观察事实或单个的自然现象,或有据可查的历史事迹和事件,如果没有一个普遍的、假定它们根植于其中的过程的话,就都不再有意义了;一旦人们靠通达这个过程来逃避特殊事项
88 的偶发性质,来寻找意义、秩序和必然性,从所有方面获得的答案都会否定他的努力:因为他想要的任何秩序,任何必然性,任何意义都行得通。这可能是一个在此类处境下既无必然性也无意义的最清晰明证。似乎现在特殊的“可悲偶发性”抓住了我们,把我们驱赶到前几代人为了逃避它而逃入的那个领域。不论在自然还是历史中,这个实验里的关键

因素不是我们试图“解释”的模式，这类模式在社会和历史科学中比在自然科学中还要更快地相互抵消，因为在前者中它们能得到融贯一致的证明，而在后者中要处理的问题则复杂得多，技术理性也更不容易接受不负责任的意见和不相干的任意性。这些不负责任的意见，虽然确实有着完全不同的来源，但是都倾向于遮蔽偶然性（contingency），这个我们今日到处都遭遇到的极重要主题。决定性的问题在于，我们的科技，没有人能指责它不运行的科技，建立在这些原则之上，而我们的社会技术，其真正的试验基地建在极权主义国家中，要克服相当长的时滞，方可作用于人际关系和人类事务的世界，就像它一直以来作用于人造物的世界一样。

随着世界异化的不断加深，现代导向了这样一种境况，就是人不论往何处去，遇到的都只是他自己。所有地球和宇宙过程都把自身揭示为人造过程，或潜在的人造过程。这些过程在一如既往地吞没了给定事物稳固的客观性之后，最终让整体的那个无所不包的过程变成了无意义的，而它原本被人们构想出来，是为了赋予所有过程以意义的，为了去行动的，因此也可以说，是用作让所有单个过程都能涌入的永恒时空，从而去除它们相互之间的对立和排斥。这个发生在我们的自然概念当中的事情，也同样发生在我们的历史概念当中。在世界极端异化的条件下，无论是历史，还是自然，都不再是可理解的了。这种世界的双重失落，即在最广义上的自然世界失落和人造世界的失落（后者亦包括全部历史），在其后留下了一个无共同世界的人的社会。本来，这个共同世界使人们之间既联系又分别，但现在，人们只能要么生活在绝望的孤独分隔状态下，要么被挤压成一团。一个大众社会无非就是这样一种在人们 89
当中自动确立起来的组织生活形态，在其中，人们虽彼此联系，但已丧
失了曾经对所有人来说是共同的世界。 90

第三篇
何为权威?

一

为避免误解,在标题中这样发问也许更为明智:权威曾经是,而现在不是什么?我的看法是我们之所以想提这个问题或有资格提这个问题,是因为权威已经从现代世界中绝迹了。由于我们不再能求助于那些人人都有的真实而无可辩驳的经验,这个词已经充满了争议和混乱。权威的本性不再是不言自明或人人都可理解的,现在除了政治科学家还依稀记得这个概念曾在政治理论中有基础地位之外,大多数人都会同意,现代世界在我们这一百年里的发展,伴随着一种持续的,在深度和广度上不断加重的权威危机。

这个自本世纪初以来就显露出的危机,在起源上和本质上都是政治性的。企图取代政党制的政治运动的蓬勃兴起,和一种新极权主义政府形式的发展,都是在这个一切传统权威都几乎普遍地、戏剧化地倾覆
91 的背景下发生的。不管在哪里,传统的倾覆都不是政体或政治运动本身造成的直接后果,看上去反倒是,作为一种运动形式以及政体形式的极

权主义,最恰当地利用了这种普遍的社会政治气氛:政党制丧失声望,政府权威没有公认的效力。

这个危机最意味深长的征兆(同时也显明了危机的深重)是,它已经扩展到儿童的培养和教育这样的前政治领域中,而过去在那里,权威在最宽泛的意义上一直被看作是一种自然必要性,出于孩童的无助要有人看护的自然需求;权威也被看作是一种政治必要性,因为任何建制化的文明要确保它的延续,就必须引导那些作为新来者出生到这个世界上的人,穿过前建制的世界(a pre-established world),进入到这个对他们来说实属陌生的文明世界。这种前政治领域的权威类型,因其简单性和基本性,在政治思想史上一度被各种各样的权威政府形式所效法;因此,这个用来规定成年人和子女的关系、教师和学生的关系的前政治权威都已岌岌可危的事实,最清楚不过地体现出历史上所有用来表示权威关系的悠久模式和隐喻都丧失了它们的可信度。从实践上和理论上来说,我们都处在一个不知权威真正为何的处境下。

在下面的反思中,我假定对这个问题的回答不在于给出一个关于"一般权威"的性质或本质的定义,因为我们在现代世界丧失的权威不是什么"一般权威",而是一种十分特定的,很长时期以来在整个西方世界都有效的权威形式。因此我建议重新考虑在历史上权威是什么,其力量和意义的来源是什么。不过,鉴于目前在这个问题上的混乱,即使这样一个有限的、尝试性的径路,似乎也必须先开始做几个有关权威根本不是什么的评论,以避免一些极常见的误解,并确保我们关注和思考的是同一类现象,而不是其他任何相干和不相干的问题。

既然权威总是要求服从,它就常常被误解为权力(power)或暴力 92
(violence)的某种形式。可是权威排除外在强制手段的使用,在使用强力(force)的地方,权威本身就失败了。另一方面,权威也与说服不相容,说服以平等为预设并通过论辩的程序来进行。而在运用论辩的地方,权威就不起作用了。与说服的平等主义秩序相反,权威秩序总是等级制的。

如果权威根本上可定义的话,它必定既和暴力的强迫对立,也和经由论辩的说服对立(一方面命令,另一方面服从的权威关系,既不是基于共同理性,也不是基于命令者的权力;等级制本身是命令者和服从者共享的,双方都认同等级制的正当性和合法性,在等级制中他们彼此都有预先规定好的牢固地位)。这一点具有历史的重要性,因为我们的权威概念在一个面向上有着柏拉图主义的起源,在柏拉图开始考虑引入权威来处理城邦事务时,他就知道他要寻求的不是希腊通行的处理国内事务的方式,即说服(πείθειν),也不是希腊通常处理国外事务的方式,即强力和暴力(βία)。

从历史上看,我们可以说权威的失落只不过是几个世纪来首先侵蚀了宗教和传统的发展历程的最后一个阶段,尽管是一个决定性的阶段。在传统、宗教和权威这三者中(他们之间的联系我们后面将会讨论),权威业已被证明是最稳固的要素。实际上,随着权威的丧失,现代的普遍怀疑也侵入到政治领域(在那里,事物不仅表现得更激烈,而且被赋予了一种政治领域独有的实在性),以至于到此前为止只对少数人有精神意义的东西,现在变成了所有人的关切。并且只有到此时,在传统和宗教的失落已是既成事实之后,才变成了首要的政治事件。

当我说我不打算讨论"一般权威",只打算讨论在我们历史上占主导地位的特定权威概念时,我想暗示的是一些在我们笼统地谈我们时
93 代的危机时易于忽略的区分,以及一些在我把传统和宗教概念联系起来考虑时才更易于说明的区分。传统在现代世界无可否认的失落并不必然意味着过去的失落,因为传统和过去不是一回事(可是无论是传统的信徒也好,还是进步的信徒也好,都要我们相信它们是一回事。由此说来,前者哀叹传统的失落与后者为之欢呼的态度并无分别)。随着传统的失落,我们失去了那条带领我们安全地穿越过去之广袤空间的引线,但是这条线也曾把一代代人束缚在过去的预设角度上。只有在此刻,过去才向我们敞开它出乎意料的新鲜面容,告诉我们一些前人有耳

也不曾聆听的事情。但是不可否认,没有一个可以安全停靠的传统(这种安全性的丧失在几百年前就发生了),整个过去的向度都变得岌岌可危。我们处在忘记过去的危险中,而且这样一种遗忘,更别说忘却的内容本身,意味着我们丧失了自身的一个向度,一个在人类存在方面纵深的向度。因为记忆和纵深是同一的,或者说,除非经由记忆之路,人不能达到纵深。

宗教的失落也是同样的情形。自十七、十八世纪宗教信仰受到激烈批判以来,对宗教真理的怀疑就成了现代的典型特征,信徒和非信徒都不例外。从帕斯卡尔开始,甚至更准确地说,从克尔恺郭尔开始,怀疑就潜入了信仰,现代的信徒必须抗拒怀疑来保卫自己的信仰;在现代,不仅基督信仰本身被打上荒谬的标记,而且基督教(当然还有犹太教)也被打上了矛盾百出和荒谬十足的标记。其他任何东西也许都可以在荒谬中存在,哲学或许也可以,唯独宗教不能。不过,丧失对体制化宗教教义的信任,并不必然意味着一种信仰失落或信仰危机,因为宗教和信仰,或信念(belief)和信仰(faith)并不是一回事。只有信念(而非信仰)与怀疑有内在的联系,并常常被暴露在怀疑之下。但是谁能否认,诸多世 94
纪以来得到了宗教、宗教信念及其教义严密保护的信仰,却由于实际上只是一场体制化宗教的危机,已经到了濒危的程度?

就权威在现代的失落而论,我必须对同样一些限制条件做出说明。权威,以过去的一次奠基(foundation)作为它不可动摇的磐石,为世界带来了永恒性和持久性。世界的永恒性和持久性正是人类所需要的,因为他们是有死之人,是我们已知的最无常、最脆弱的存在者。权威的失落等于这个世界地基的塌陷,的确从那以后,世界就开始摇晃、变动,以越来越快的速度从一种形象变成另一种形象;仿佛我们活着,并跟一个普罗透斯式[①]的宇宙对抗,在其间一切事物都瞬息万变。但是世界持久性

① 普罗透斯(Proteas),希腊海神,能变换多种外形。——译注

和可依赖性的丧失（在政治上等同于权威的丧失）并不意味着，至少不必然意味着人类丧失了一种能力，即建造、保存和照料世界，这个在我们死后依然存在，对在我们后面到来的人来说仍不失为一个安居之所的地方的能力。

显然这些反思和描述都基于我们认识到了做区分的重要性。强调这一认识似乎是没必要的老生常谈，因为至少就我所知而言，事实上没有人公开宣称过做区分是无谓之举。但实际上在大部分政治科学家和社会科学家的讨论中，都存在着这样一个默认的规则，即我们可以无视区分，可以假定每样东西最终都可以叫做其他任何东西，并从这个假定出发来讨论，区分之所以有意义，仅仅在于我们每个人有权利“给他自己的术语下个定义”。难道不正是这样一种在处理任何重要问题上我们都给予认可的奇特权利（仿佛就等于是每个人都有坚持自己意见的权利），暗示了“暴政”（tyranny）、“权威”（authority）、“极权主义”（totalitarianism）这类词已经失去了共同意义，或者显示出，我们已不再生活在一个共同世界上了（在那样的世界里，我们的共有词汇都有明确的意义）？不正是因为我们被罚生活在一个语词彻底丧失了意义的世
95 界，我们才认为每个人都有权利退回到自己的意义世界，并且只要求每个人在用词上只和他自己的私人用法保持一致吗？如果在以上情况下我们还假定能彼此理解的话，我们的意思就不是说我们理解了一个对我们所有人来说共同的世界，而是说理解了论证和推理的连续性、纯形式化论证过程的融贯性。

无论如何，从认为区分不重要这个隐含的假定出发（或稍好一点的，从认为区分在社会—政治—历史领域，即在人类事务领域中不重要的假定出发），事物就不再具有传统形而上学用来称谓其“他异性”（otherness, alteritas）的鲜明特点，而这一点已经成了社会、政治和历史科学中多数理论的标志。其中有两个理论在我看来特别值得一提，因为它

们以一种意味深长的方式接触到我们讨论的主题。

首先我们要关注的是自十九世纪以来，自由主义和保守主义作家对待权威问题的方式,以及隐含着的,他们对待政治领域内与自由相关的问题的方式。总的来说,自由主义理论的典型特点是假定“在组织化的和得到确保的自由方面……的持续进步,是现代历史的特有事实”[①],并且将在这个进程上的任何偏离都视为朝着反方向的倒退。这种看法让他们忽略了各种自由之间的区别:权威体制对自由的限制,暴政和独裁体制对政治自由的消灭，以及只有极权主义体制才会通过各种制裁手段实现的、对自发性本身的彻底消除,即对人类自由的最一般、最基本体现的彻底毁灭。关心自由的历史和进步而不关心政府形式的自由主义作家,在这里只注意到了自由程度的区别,而忽略了致力于限制自由权(liberty)的权威政府,仍以自由(freedom)为念,如果它对自由的限制达到了完全取消自由的程度，它就丧失了权威政府的本质而演变成暴政。对于作为一切权威政府之中枢的权力,也同样有合法权力和不合 96
法权力之分。但自由主义作家却易于忽略这类区别,因为他认定所有权力都导致腐败,相信持续进步需要的是不断剥夺权力,无论权力的来源是什么。

在自由主义者把极权主义等同于权威主义(authoritarianism),和接下来的企图在每一种权威主义对自由的限制背后寻找“极权主义”倾向的做法中,隐藏着一种更古老的,把权威混同于暴政,把合法权力混同于暴力的认识。暴政和权威政府之间的区别从来都是暴君根据他自己的意志和利益来统治,而最冷酷的权威政府也受法律的约束。后者的行为受根本非由人制定的法则(比如自然法、上帝律令或柏拉图式理念)检验,或者至少受那些并非由实际掌权者制定的法律检验。在权威政府中,权威总是来源于一个外在的、优于它自身权力的力量;正是缘于这

① 这个表述出自阿克顿勋爵的“‘历史研究’就职演讲”,重印于《自由和权力评论》,纽约,1955,第35页。

个超越政治领域的外在力量，权威政府获得了它的“权威”及合法性，并且它的权力也始终受这个外在力量的制衡。

在公众意见为新保守主义提供了有利气候的短暂间歇期间，现代的权威发言人尽管清楚地认识到他们所从事的是一个差不多失败的事业，也急于指出暴政和权威两者之间的分别。在自由主义者从自由的方向上看到的是已实质上得到确保的进步（除了被某些过去的黑暗势力暂时中断以外）之处，保守主义者看到的却是一个从权威的萎缩开始的倒退过程，因为自由失去了保护其边界的限制而变得无助、脆弱，更容易受害。（说只有自由主义思想家才首先关心自由是不公平的；在我们历史上几乎没有一派政治思想不以自由理念为核心，虽然自由概念随
97 着不同作家和不同政治形势而变。在我看来，托马斯·霍布斯的政治哲学是唯一的例外，当然他无论如何都不是一个保守主义者。）暴政和极权主义再次被等同起来，只不过现在极权主义政府（如果不是将其等同于民主的话）被当成前者几乎不可避免的后果，即一切传统认可的权威消失后不可避免的后果。然而，一面是暴政和独裁，另一面是极权主义统治，其间的差别并不亚于权威主义和极权主义之间的差别。

一旦我们把所有理论抛在脑后而集中考虑统治工具、管理的技术形式以及政治体（the body politic）的组织方式，那么这些政体之间的结构性差异就会清楚地显示出来。为了简化起见，请允许我用三种不同的代表性模型来概括权威政府、暴政和极权主义政府之间的技术性—结构性差异。我提议用金字塔形来代表权威政府的形象，这个形象在传统政治思想中声名显要。金字塔形的确是一个非常合于这样一种政府结构的形象：其权威的来源在它自身之外，但它的权力位置在顶部，权威和权力自上而下渗透，以至于每一层都拥有一些权威，但比上一层的少；由于这种严密的渗透过程，从上到下的每一层都不仅紧紧结合为一个整体，而且像射线一样，以金字塔顶部及位于顶部上方的权威的超越来源作为共同交点。真正说来，这个形象只适合于权威统治的基督教形

态,在整个中世纪,由于权威统治的发展受教会的持续影响,其处在世俗金字塔结构之外和之上的顶点为平等化的基督教形态提供了必要参照点,虽然在世俗社会中的生活依然是严格的等级结构。罗马人对政治权威的理解,即权威的来源仅在于过去,在于罗马的奠基和祖先的伟大业绩导致了另外一种制度结构,在形式上也采取了另一种不同形象,我 98
们后面会谈到(边码第 124 页)。无论如何,采取等级结构的权威政府是所有政府形式中最少平等主义的,它吸收了不平等和差异作为其渗透一切的原则。

所有政治理论都同意,暴政严格来说属于平等主义的政府形式;暴君是一人统治所有人,受他压迫的"所有人"都是平等的,即同等无权。如果我们还延用金字塔形象的话,它仿佛就是顶部和底部之间的所有中间阶层都被毁掉,以至于顶部悬空了,只是被一些箴言式的卡栓支撑着,坐落在大量被仔细分割、孤立开来,从而彻底平等的个人之上。古典政治理论通常把暴君彻底排除在人类之外,称之为"披着人皮的狼"(柏拉图),因为他使自己置于一人反对所有人的境地,也使他的统治,一人统治(柏拉图不加区分地称之为 μον-αχία 或暴政)与各种形式的王制或 βασιλεία 区别开来。

与暴君和权威政体形成鲜明对照的是,极权主义的统治和组织形式在我看来恰好是个洋葱结构,在其中心的中空地带是领袖的位置;无论领袖做什么,无论是以权威的等级形式来整合政治有机体,还是像一个暴君那样压迫他的臣民,他都是从内部,而不是从外部或顶部运作的。在他的外部层层包裹着极权主义运动种类繁多、千奇百怪的组成部分:先锋队、各类专业协会、党员组织、政党科层、精英队伍和警察队伍。它们以如下的方式相互联系:每一个都在某一方向上形成了围绕中心的一个面,每一个都在某一层面上扮演着正常外部世界的角色,彼此之间又扮演着激进的极端主义分子的角色。这个体系的最大优点是,即便在极权主义统治条件下,运动也为它的每一层提供了一个正常世界的

假象，并为它们提供了一种自己有别于其他组织，比其他组织更激进的
99 意识。这样，只在信仰强度上有别于党员组织的先锋组织内的同情者，就包围了整个运动，为外部世界提供了一种带有欺骗性的常态外观，因为他们没有党员组织那样狂热和极端；同时，对极权主义运动来说他们也代表着正常世界，让党员们相信他们的信仰只是在程度上有别于这个世界中的其他人，从而使他们不会意识到横亘在他们自己的世界与实际的周围世界之间的深渊。洋葱结构有组织地使这个系统抵御了真实世界的事实性带来的震荡。①

不管怎样，一旦我们把自由主义和保守主义的理论用于实际存在的政治形式和制度，它们就会令我们大失所望，以至于我们禁不住要怀疑它们的全部断言到底在多大程度上是可信的。在现今我们看到，自由主义衡量的是自由的倒退过程，保守主义衡量的是权威的倒退过程；他们不论从哪一方都发现了极权主义倾向，都把极权主义视为可预见的最终结果。无疑，双方都能拿出出色的证据来证明他们的发现。谁能否认自本世纪初以来，自由受到了来自方方面面的严重威胁，并否认至少自第一次世界大战以来，种种暴政纷纷崛起？另一方面，谁能否认所有传统上根深蒂固的权威在现实中的消失，已经成了现代世界的一个鲜明特征？似乎一个人无论盯住这些现象中的哪一个，都可以根据他自己的趣味，或者按照他自己所谓的“价值尺度”，来为一种进步理论或一种倒退理论辩护。如果我们以中立的眼光来看待保守主义者和自由主义者这些相互冲突的主张，我们就很容易发现，真理同等分配在他们中间，我们事实上在现代世界同时面临着自由和权威的衰落。一个半世纪以来，公众意见在进步和倒退之间经历了无数次起伏，有规则地从一个

① 只有详细地分析和描述了极权主义运动的原始组织构造和极权主义政府体制，才能证明使用洋葱形象是有道理的，因此必须参照我的《极权主义起源》（纽约，1958，第2版）一书的“极权主义组织”一章。

极端摆到另一个极端,从自由主义情绪摆到保守主义情绪,又再摆回到自由主义,有时试图重申权威,有时试图重申自由。这样的来来回回只 100
会进一步削弱两者,混淆论题,模糊权威和自由的分别,并最终破坏权威和自由的政治意义。

自由主义和保守主义都是在激烈摇摆的公众意见氛围中出生的,它们紧紧联系在一起,不仅是因为它们如果没有彼此作为在理论和意识形态领域上的对手,就丧失了它们的本质,而且是因为它们都首要关心恢复,恢复自由或权威,或恢复二者的关系,使之回归其传统地位。正是在这个意义上,它们构成了同一枚硬币的两面,正如进步或倒退的意识形态对应着历史过程本身的两个可能方向一样;如果有人,像自由主义者和保守主义者那样,认定存在着一个有明确方向和可预测终点的历史过程,那么显然我们最后要么着陆在天堂,要么着陆在地狱。

另外,当历史总是被设想为过程、潮流或进步一类的形象时,包含在历史中的每个东西就都可以变成任何其他东西,区分不再有任何意义,因为过程、潮流或进步这一类形象的本质,恰恰是每个东西一出现,就会被历史潮流所淘汰、淹没。站在这个立场上看,自由主义和保守主义正显示出它们是和十九世纪更一般的、无所不包的历史哲学相对应的政治哲学。在形式和内容上,它们乃是现代最后阶段之历史意识的政治表达。它们在做区分上的无能(理论上得到了历史和过程概念、进步或倒退观念的辩护),恰恰见证了这样一个时代:在这个时代,从前所有世纪里判然有别的概念,开始丧失了它们的明晰性和可信度,因为它们失去了在公共--政治现实中的意义,即使还不是全然丧失了内涵的话。

对做区分的重要性提出隐然挑战的第二个理论,也是更新近的理论,是对所有概念和观点几乎普遍加以功能化的思想,在社会科学中尤为如此。这里,就跟我们在前面的例证中表明的那样,自由主义和保守主义的区别不在于方法、观点和路径,仅在于强调重点和评价尺度的差 101
异。一个唾手可得的例子就是,共产主义是一种新"宗教"成了当今自由世界的一个广为流传的看法，即便共产主义公开声称自己是无神论的。因为在自由世界里，共产主义在社会上、心理上和“情感上”，都发挥了或仍然发挥着与传统宗教相同的功能。社会科学不关心作为意识形态或政府形式的布尔什维克主义到底是什么，也不关心其代言人必将为他们自身作何种辩护；那都不是社会科学的兴趣所在，而且许多社会科学家相信他们的工作无需借助历史科学关于布尔什维克主义起源的研究。他们关心的只是功能，按照这种看法，任何东西只要实现了同样的功能，就可以有同样的称谓。似乎我有权把我的鞋跟叫做锤子，因为我像许多女人一样，有时用它往墙上敲钉子。

显然，一个人可以从这类等式中得出完全相反的结论。一个典型的保守主义者会坚持说，毕竟鞋跟不是锤子，用鞋跟来代替锤子证明了锤子是必不可少的。换言之，他发现无神论可以和宗教起相同作用这个事实，为宗教的必要性提供了最佳证据，从而建议说回到真正的宗教是抵抗“异端邪说”的唯一出路。这个论辩当然是站不住脚的，因为如果只是功能的问题和一个东西怎样起作用的问题的话，“伪宗教”的支持者也可以说他们的伪宗教跟真宗教一样有用，就如同说用我的鞋跟来当锤子也不错一样。相反，自由主义者用同样的现象来证明背离世俗主义事业是糟糕的，并相信只有“真正的世俗主义”能防止我们在政治上受到伪宗教和真宗教的有害影响。但是在自由社会地基上，这些相互冲突的建议，如返回真宗教和变得更虔诚，或摆脱体制化的宗教（特别是和世俗主义持续冲突的罗马天主教），都难以掩盖对立双方在一点上的一致，就是任何与宗教起同样作用的东西就是一种宗教。

同样的论证也常常被用于权威概念：如果暴力起着和权威同样的
102 作用，即让人民服从的作用，那么暴力就是权威。这里我们再次发现，那些主张返回权威，认为只有重新引入一种命令—服从关系才能解决大众社会问题的人，和那些持相反意见，即认为大众社会可以像其他社团一样自我统治的人，双方再次在一个基本点上达成了一致：无论何种东西,只要能使人民服从,就是权威。所有把现代独裁制(dictatorship)称为“权威主义”的人,或误把极权主义当作一种权威结构的人,都暗地里把暴力等同于权威，包括那些把本世纪独裁制的兴起解释为人们需要一种权威替代品的保守主义者们。这类论证的核心总是相同的:每样东西都关联到一个功能背景,以及暴力的使用就证明了,任何社会在缺乏一个权威主义架构的情况下都无法存在。

这些等式的危险,在我看来,不仅是造成了政治议题的混乱,而且抹煞了使极权主义区别于所有其他政府形式的明确界限。我不相信无神论是一种宗教替代品或能实现跟宗教同样的功能，同样我也不相信暴力是权威的一种替代品。但是如果我们接受了保守派的建议(他们的话在这个特殊时刻很容易被人们听得进),那么我完全肯定,我们不难找到那样的替代品,从而使用暴力却假装恢复了权威,或者从对宗教功能性用途的重新发现中,造出一个宗教替代物,仿佛我们的文明里充斥的各样赝品和胡说八道还不够多似的。

与以上这些理论相比,我将要提出的暴政、权威和极权体系之间的区分,可以说是非历史的,如果不是把历史理解为历史空间(特定的政府形式作为可辨认的实体在其中显现),而是理解为历史过程(任何事物在其中总是能够变成其他事物)的话;同时,就我认为政治体的现象内容决定了它们的性质和在社会中的功能,而不是相反而言,我将要提出的区分也是反功能主义的。从政治上来说,这些区分也倾向于认为,权威在现代社会已经消失到接近临界点了，不管是在所谓的权威体系 103
内还是在自由世界里;自由,即人类的活动自由,也处处受到了威胁,即便在自由社会中也是如此,虽然只是在极权主义体制下(而不是在暴政和独裁体制下)才被彻底取消。

根据当前形势,我打算提出以下问题:与权威概念相应的和作为其发生源头的政治经验是什么？一个由权威构成的公共—政治世界有着什么样的性质？柏拉图到亚里士多德一线的观点认为每一个组织良好的共同体都由统治者和被统治者组成，这样的看法是否在现代之前一直有效？或者，换言之，在现代不仅使不同生活领域内的一种或另一种权威形式受到质疑，而且导致权威概念的有效性彻底丧失之后，到底意味着一个什么样的世界终结了？

二

权威，作为人类共同体的一个要素（如果不是决定性要素的话），虽然可以回溯至一个绵长的历史，但并不是从来就有的，并且作为这个概念之基础的经验也并不必然出现在所有政治体当中。希腊语言和希腊历史上的种种政治经验就没有显示出对权威的任何了解，也没有建立权威所包含的那种统治。[①]这一点最清楚不过地体现在柏拉图和亚里士多德的哲学中，他们两人曾以不同方式，从同样的政治经验出发，试图为希腊城邦的公共生活引入某种类似权威的东西。

有两种统治类型是他们可以求助的，这两种统治类型也是他们政治哲学的基础，一种是从公共—政治领域中可知的类型，另一种是从希腊家族和家庭生活的私人领域中可知的类型。对城邦来说，绝对统治就
104 是暴政，暴君的主要特征是他以纯粹暴力来统治，因此不得不靠卫士来保护自己不受人民的攻击，而且他坚持认为臣民只要关心他们自己的私事就够了，公共领域应当留给他来照管。但按照希腊人的公共舆论，这最后一个特征意味着他完全破坏了城邦的公共领域——“为一人所

① 希腊史学家卡西乌斯（Dio Cassius）就已经注意到这一点，他在撰写罗马史时发现 auctoritas 这个词无法翻译（引自 Theodor Mommsen, *Römisches Staatsrecht*, 第 3 版, 1888, 第 3 卷, 第 952 页, 注释 4）。另外，只需要把罗马共和国特有的权威机构，即罗马元老院和柏拉图在《法律篇》中提到的夜间议事会（由十个最老的护国者组成的城邦常备监管机构）比较一下，就可以看出不可能在希腊政治经验框架下找到一个真正的权威机构，来替代其强制和说服的形式。

有的城邦不是城邦”[1]——并由此剥夺了公民的政治职能(在他们看来那恰恰是自由的本质)。另一种提供了命令和服从的政治经验大概是从战争经验中来的,在战争中,危险无处不在和必须迅速做决定并贯彻决定的经验,似乎为权威的树立提供了一个内在理由。不过,这些政治模式中没有哪一个有助于权威的确立。对柏拉图以及亚里士多德来说,专制君主始终是“披着人皮的狼”,军事将领则过于明显地联系到某个临时的紧急状况,也不能成为一种持久建制的榜样。

因为缺乏有效的政治经验作为建立一种权威统治的基础,柏拉图和亚里士多德都不得不诉诸希腊家族和家庭生活内的人际关系模式,虽然他们采取了不同的路径。在希腊家庭生活中,家长就像一个“专制君主”,对他的家庭成员和奴隶拥有无可争辩的统治权。但专制君主和王(βασιλεύς)不一样,王从前作为家族首领本来是“众家之长”(primus inter pares),专制君主则从定义上就被赋予了强制的权力。不过也正是这种特性使专制君主不适合服务于政治目标;他的强制权力不仅与他人的自由不相容,而且也与他自己的自由不相容。凡在他统治之处,就只存在着一种关系,即主人和奴隶的关系。按照希腊人的通行意见(值得庆幸的是他们还不知道黑格尔的辩证法),处在一群奴隶中的主人是不自由的,自由在于他能够完全离开家庭领域,和与他平等的自由人在一起。因此,无论是专制君主还是暴君,都不能被称为自由人,他们或活
在奴隶中间,或活在臣民中间。 105

权威意味着人们在服从的同时保持他们的自由,柏拉图希望找到这样一种既服从又自由的方式,到他年老时,他将这样的性质赋予给了法律,让法律成为整个公共领域的统治者。因为人在服从法律时至少有一种不必依赖他人的自由幻觉。不过柏拉图的法律统治显然仍是以专制而不是以权威的方式来解释的,最明显的迹象是柏拉图仍以私人家

① 即 πόλις γὰρ οὐκ ἔσθ' ἥτις ἀνδρὸς ἐσθ' ἑνός。索福克勒斯,《安提戈涅》,737。

庭生活的术语来谈论法律，而不是以政治术语来谈论它们，他说“法律是统治者的专制主，统治者是法律的奴隶”，这句话大概是对品达的“法律是万物之王”的改写。[1]至于源自家庭的专制统治如何进入古代人所理解的政治领域，并随后毁灭了政治领域，对柏拉图来说还近于空想。不过有趣的是注意到，当这种毁灭在罗马帝国末期成为现实时，统治者(dominus)这个词也被引入用来指一种公共统治，而过去在罗马，这个词和希腊的“专制主”意思相同(罗马的家庭也是“以一人统治的形式组织的”)。[2]卡里古拉是第一个同意自己被称为统治者的罗马皇帝，即他被赋予了一个“奥古斯都(Augustus)和提比略(Tiberius)都视其为用词不当和侮辱而加以拒绝”的称呼，[3]因为这个词暗示着一种人们在政治领域中不了解的专制统治，虽然他们在私人的家庭领域中对之已习以为常。

柏拉图和亚里士多德的政治哲学主导了接下来所有的政治思想，即使在他们的政治概念被叠加了完全迥异的政治经验，例如罗马政治经验的时候。如果我们不仅希望理解权威概念背后的实际政治经验(至少其积极面向是罗马独具的)，而且希望像罗马人那样理解它——罗马人对这个概念已经做出理论化理解并使之成为了西方政治传统的一部分——我们就有必要简单考虑一下那些对它的形成有决定性影响的希
106 腊政治哲学的特征。

希腊思考中最接近权威概念的地方莫过于柏拉图的《国家篇》，在《国家篇》中，柏拉图以乌托邦式的、体现在哲学王身上的理性统治，来

① 《法律篇》，715。

② 蒙森(Theodor Mommsen)，*Römische Geschichte,* 第一部，第5章。

③ 沃伦(H. Wallon)，*Histoire de l'Esclavage dans l'Antiquité*，巴黎，1847，第3卷，本书提供了有关在帝国统治下，因为皇室权力的不断上升导致罗马自由日渐衰落的最佳描述。由于掌权的是皇室而不是帝王，原本是私人家族和家庭生活特征的“专制统治”就开始支配公共领域。

应对城邦现实。他把理性树立为政治领域内的统治者的动机,是希望理性演变成一种强制工具,虽然这一点对西方哲学传统造成的关键影响不亚于它对西方政治传统的影响,但他的出发点却完全是政治性的。柏拉图的哲学王和希腊暴君之间的致命相似性,以及哲学王的统治对于政治领域的潜在危害,似乎已经被亚里士多德认识到了;[①]理性和统治相结合对于哲学的危险,据我所知,也在康德对柏拉图的回应中指出了:"君王研究哲学或哲学家成为君王既不可能,也不可欲,因为拥有权力不可避免地会败坏理性的自由判断"[②]——虽然这个回应仍未触及问

---

① 已佚失的对话《论王制》的一个残篇声称:"一个国王成为哲学家既无必要,对他的事业也是实际的妨碍;实际上,[一个好的国王]没必要听取哲学家的意见和赞同他们的建议。"见弗里茨(Kurt von Fritz),《希腊政制及相关文本》,1950。按照亚里士多德的看法,柏拉图的哲学王和希腊暴君的统治都是为了他们自身的利益,这对亚里士多德(而非柏拉图)来说是暴君的典型特征。柏拉图没有意识到以上两者的相似性,因为按他的理解,也按希腊人通常的理解,暴君的主要特征是他剥夺了公民进入公共领域,进入"市场"的机会,在那里他们可以显示自己,看和被看,听和被听,而暴君禁止了 ἀγορεύειν 和 πολιτεύεσθαι,把公民限制在家庭的私人场所,认为只需要一个人负责公共事务就够了。所以即使他把权力都用于保卫其臣民的利益(一些暴君确实是这样做的),他仍然是一个暴君。按照希腊人的理解,一个人被限制在私人家庭生活中等于是被剥夺了人的生活特有的潜能。换句话说,在我们眼里,柏拉图的理想国所具有的如此明显的暴政性质,即几乎完全取消了私人生活以及政治组织和机构的无所不在,恰恰使他意识不到其暴政特征。对他来说,把这样一种政体称作暴政将是一种术语上的矛盾:这个政体不仅没有把公民限制在家庭中,而且相反,不给他们留下一点私人生活的空间。另外,柏拉图通过把法律的统治称作"专制",也强调了它的非暴政性质。因为古代认为暴君是这样的统治者,他统治着已经懂得城邦自由,却被剥夺了自由的人们,而专制君主被认为是统治着根本不知自由为何物,也在本性上不具备自由能力的人们。柏拉图仿佛说的是:我的法律,即你的新专制君主,不会剥夺你任何从前正当享有的东西;它们最适合于人类事务本性,你没有权利反抗法律,正如奴隶没有权利反抗他的主人。

② "永久和平",《康德哲学》,C. J. Friedrich 编译, Modern Libery Edition, 1949, 第456页。

题的实质。

柏拉图想让哲学家变成城邦统治者的原因在于哲学家和城邦之间的冲突,或城邦对哲学家的敌视。在苏格拉底的受审和死亡凸显出城邦对哲学家生命的直接威胁之前，这个原因一直是隐而不显的。在政治上，柏拉图哲学表现出哲学家对城邦的反叛，哲学家宣布他的统治愿望,与其说是为了城邦和政治的缘故(虽然在柏拉图身上有不可否认的爱国动机,从而使他有别于他的古代追随者),不如说是为了哲学和哲学家自身安全的缘故。

苏格拉底之死让柏拉图不再相信说服足以引导众人，他要寻找某种既能强迫他们,又不借助外在暴力手段的东西。他必定是在他研究的早期发现了真理,即我们所谓的自明真理,能强迫心智,这种强制的力
107 量比说服和论辩更强大,也不需要借助暴力手段来起作用。但经由理性来强迫的问题是只有少数人会听从,从而产生了如何确保多数人,组成政治体的大多数成员服从于同一真理的问题。如果不破坏希腊人对政治生活的理解的话,[①]这里就必须找到其他强制手段,同时避免暴力。这是柏拉图政治哲学要面对的一个核心困境，也是所有建立理性暴政的尝试要面对的困境。在《国家篇》中,这个问题最终是通过一个死后赏罚的神话来解决的,一个柏拉图自己显然不相信,也不希望哲学家们相信的神话。《国家篇》中间部分的洞穴比喻是给少数人看的,末尾的地狱神话是给不能理解哲学真理的多数人看的。在《法律篇》中柏拉图应付了同样的困难,不过是以相反的方式;在那里他引入法律来代替说服,在法律当中,意图和目的是可以向公民解释的。

在柏拉图寻找一种合法强制原则的尝试过程中，他一开始就受到了大量现成关系模式的引导,比如牧羊人和羊群的关系、水手和船上乘

---

① 弗里茨,前引书,第54页,他正确地坚持认为柏拉图反对暴力,“从以下事实中也可以看出,即每当他试图让政治体制按照他的政治理念做出变革时,他都求助于已经当权的在位者”。

客的关系、医生和病人的关系，或者主人和奴隶的关系。在所有这些关
系模式中，要么是专家知识引起人们的信任，从而不需要强力或说服就
能达到服从；要么是统治者和被统治者属于完全不同类的存在范畴，一
方从本质上就要服从于另一方，例如牧羊人和羊群的关系或主人和奴
隶的关系。所有这些例子都取材于希腊人眼中的私人生活领域，但它们
却时不时地出现在柏拉图的全部伟大政治对话，如《国家篇》、《政治家》
和《法律篇》中。在以上这些关系当中，显然主奴关系还有一层特殊的含
义。按照《政治家》的讨论，主人一方知道应该如何做并发号施令，奴隶
一方服从和执行命令，如此一来，知道做什么和实际去做就成了相互分 108
离和彼此排斥的能力。在《国家篇》中，它们则是两类不同阶级的政治特
征。这些范例之所以貌似有理，是因为在统治者和被统治者之间本身存
在着自然的不平等，这种自然不平等性最明显地表现在牧羊人的例子
中，在那里柏拉图自己也嘲讽地得出结论说，没有一个人和其他人的关
系能像牧羊人和羊的关系一样，除了神。尽管柏拉图自己也明显不满意
这些模式，但为了达到他的目标，即建立哲学家对城邦的“权威”，他仍
然时不时地返回这些模式，因此不借助权力的攫取和暴力手段的掌握，
统治只能施加在这些明显不平等的关系中间。他在这些模式中寻求的
是一种自身就蕴含着强制因素（先于实际的命令发布）的关系，如病人
生病时要服从医生的权威，奴隶作为奴要听从主人的命令。

从这些例子中重要的是要记取为了实现何种强制，柏拉图才希冀理性掌握在哲学王的手里。这里，强制力并非存在于人身上或不平等本身中，而存在于哲学家观看到的理念当中。这些理念之所以可用作人类行为的尺度，是因为它们超越了人类事务领域，如同一个在万物之外、之上的尺度一样，超出了它所衡量的万物。在《国家篇》的洞穴比喻中，理念的天空是人类存在洞穴之上的苍穹，从而成了人类存在的标准。但是向往理念的纯粹高空而离开洞穴的哲学家最初并不是为了获得这些

标准和为了学习“衡量的技艺”[①]，而是为了沉思存在的真实本质，即βλέπιν εἰς τὸ ἀληἑστατον。因而理念基本的权威因素，即，使它们能够统治和强制的因素，绝非一个理所当然的事实。只有在哲学家离开理念的明亮天空，返回到人类存在的黑暗洞穴之后，理念才变成了标准。在
109 故事的这部分中柏拉图触及到哲学家和城邦冲突的最深层原因。[②]他讲述了哲学家返回洞穴后在人类事务中的迷失，他的眼睛因不适应黑暗而盲，他无法跟众人交流他所见，以及由此导致了他生命遭受威胁的艰难处境。在此困境中，哲学家求助于他所见的理念作为尺度和标准，以及最终，为了他的生命安全，他把它们用作统治工具。

在把理念转化为尺度的过程中，柏拉图从一个来自实际生活的类比中得到了帮助——所有的艺术和技艺都受“理念”，即事物“型”的引导，这个“型”被工匠内心的眼睛观看到，然后在现实中通过模仿把它们复制出来。[③]这个类比让柏拉图以理解模型超越存在的方式理解了理念的超越性：模型存在于他所引导的制造过程之外，并最终成了衡量制作成功或失败的标准。对于政治和道德行为及判断来说，理念则是不可动摇的“绝对”标准，正如一般的床的“理念”，是制作和判断所有特殊的床的合用性(fitness)标准一样。因为在把理念用作模型，和在某种较粗陋的意义上把它们用作行为的实际尺度之间，并没有多大的分别。亚里士多德在他直接受柏拉图影响的早期对话中，也把“最完美的法律”，即最大程度地接近于理念的法律，比作“线锤，矩尺和指南针……(它们)

---

① 雅格尔(Werner Jaeger)声称的(*Paideia*，纽约，1943，第二卷，第416页注释)：“有一种至高的衡量技艺和哲学家的价值知识(明智)就是衡量的能力，这一看法在柏拉图所有著作中贯穿始终”，其实只对柏拉图的政治哲学有效。“明智”(φρόνησις)这个词在柏拉图和亚里士多德那里都特指政治家的洞见而非哲学家的“智慧”。

② 《国家篇》，第七卷，516—517。

③ 特别见《蒂迈欧篇》，31，在那里神圣的造物主按照一个模型(παράδειγμα)造出宇宙，以及《国家篇》，第596页及以下各处。

是所有工具中最突出的”[①]。

正是在这一背景下,理念与多种具体事物之间的联系,被等同于尺度与多种可衡量事物之间的联系,或者被等同于理性规则或常识与可归摄(Subsume)在其下的多样具体事件之间的联系。柏拉图理念论的这个方面对西方传统产生了极大影响,甚至影响了康德,虽然康德对人的判断力有着十分不同而且相当深刻的见解,但他也偶尔把这种归摄的能力作为判断的主要功能。同样地,这样一种特定的权威政府类型—— 110
为权力的行使赋予合法性的权威必须来自一个在权力领域之外的东西,并且像自然法或上帝律令一样,必须不是人为的——的基本特征,也要追溯到理念论在柏拉图政治哲学中的运用。

同时,这个诉诸制作和技艺的类比,也为专家知识和专门技艺活动在政治上的可疑应用提供了受人欢迎的辩护。从此,专家的概念首次进入了政治行动领域,正像木匠擅长做家具或医生擅长治病一样,政治家被理解为擅长处理人类事务的人。与这类范例和类比的选择有密切关系的是暴力因素,暴力因素在柏拉图的乌托邦国家中是如此明显,以至于实际上常常破坏了他为确保自愿服从而进行的重要考虑,而自愿服从,为一个自罗马时代以来我们就称之为权威的东西确立了稳固基础。柏拉图以一个相当冗长的,关于死后赏罚的神话来解决他的困难,他希望这个神话能真正让大多数人相信,因而,他也在他许多政治对话的结尾都建议少数人关注这个神话的应用。从影响上来说,这类神话主要塑造了宗教思想中的地狱形象,但更重要的是要记住它们最初是为了单纯的政治目的而设计的。在柏拉图那里它们仅仅是一种巧妙的设计,迫使那些不愿服从理性强制的人服从,而又无需实际采用任何外在的暴力手段。

不过,与本文更为相关的是,在一切制作、制造和生产活动中,即在

① 见《劝诫》,引自弗里茨,前引书。

所有的人直接与自然打交道，从而区别于言谈行动之类首先直接与人打交道的活动中，都不可避免地内含着一种暴力因素。人造物的建造总是内含着对自然的某种暴力，如为了得到木料我们必须砍伐树木，为了
111 制一张桌子我们必须裁锯木料。在少数几个柏拉图表现出对专制政府形式有危险偏爱的场合，他都被他自己的类比引向了极端。显然他谈到建立新共同体的适当方式时，这些类比最有诱惑力，因为共同体的建立可以很容易地被当成一个"制作"过程。如果国家是被某个在政治上类似于工匠或技师的人，按照在特定"技艺"中有效的固定技术(τέχνη)、规则和尺度来建造的，那么暴君的确最适合于实现这个目标。①

在洞穴比喻中我们看到，离开洞穴寻求存在之真实本质的哲学家，最初并没有想到他要找的东西有什么实践有用性。只有到后来，当他发现自己再次陷入人类事务的黑暗和不确定境地，并遭到他同胞的敌视时，他才开始考虑把他的"真理"用作其他人行为的标准。理念作为静观到的真实本质与作为可应用尺度②之间的差异，清楚地体现在柏拉图用来表示最高理念，这一所有其他理念存在的根据的两种完全不同的观念当中。即，我们既在柏拉图那里发现了这个最高理念是美，例如在《会饮篇》中，美构成了通往真理阶梯的最高一层③，在《斐德罗篇》中，柏拉图谈到"爱美或爱智慧者"，似乎美和智慧这两者是同一的，因为美是"最光耀者"(ἐκφανέστατον)，照亮了其他事物；④又在柏拉图那里发现

① 《法律篇》，710—711。

② 这个看法受惠于海德格尔在《柏拉图的真理学说》(Bern, 1947)中对洞穴比喻的伟大阐释。海德格尔证明了柏拉图是如何改造真理概念(ἀλήθεια)，使之等同于正确陈述(ὀρθότης)的。如果哲学家的知识就是衡量的能力，正确性而非真理确实是必要的。虽然海德格尔明确提到哲学家被迫返回洞穴时面临的困境，但他没有意识到洞穴比喻显示的政治处境。按照他的观点，改造的发生是由于观看的主观行动(哲学家心灵中的ἰδεῖν和ἰδέα)主导了客观真理(ἀλήθεια)，对他来说后者意味着除蔽(Unverborgenheit)。

③ 《会饮篇》，211—212。

④ 《斐德罗篇》，248和250。

了这个最高理念是善的理念,如在《国家篇》中。[①]显然柏拉图对最高理念的选择,依据了理念是最耀眼者(καλὸν κἄγαθόυ)的通行观念,值得注意的是善的理念只出现在《国家篇》这一严格的政治文本中。如果我们试着分析理念论所潜存于其中的原初哲学经验(我在这里不打算做)的话,就会发现美的理念比善的理念,作为最高理念更充分反映了这些经验。即使在《国家篇》的前几章中,[②]哲学家仍把自己定义为一个爱美者,而不是一个爱善者。只有到第六卷,善的理念作为最高理念才被引 112
入。由于理念的原初功能不是去统辖人类事务或解决人类事务的混乱,而是在其“最耀眼的光明”中照亮人类事务的黑暗,因此,理念本身跟政治、政治经验以及行动问题无关,而只跟哲学、静观的经验和对“事物真实存在”的寻求有关。统治、衡量、归摄和规制等活动完全不在理念论所依据的原初经验范围内。似乎柏拉图最初就不满意他的新学说与政治的“不相关性”,并试图改造理念论,使之适合于一种政治理论。但是只有善的理念能为理念论带来政治的用途,因为在希腊词汇中,“善”总是意味着“有益于”或“适于”。如果最高理念(是所有其他理念为了成为理念必须分有的)是某种合用性的话,那么理念按定义就是可应用的,并在哲学家、理念的专家手里成为规则和标准,或按照晚期的《法律篇》的说法,成为法律。(两者间的差别是可忽略的:在《国家篇》中,理念仍然是哲学家、哲学王直接个人的统治诉求,而在《法律篇》中,变成了理性的非人格支配的诉求。)对理念论做政治阐释的实际结果是,万物的尺

① 在《国家篇》,518中,善也叫做φανότατον,最光耀者。显然正是这种性质表明在柏拉图思想中美总是优越于善的。

② 《国家篇》,475—476。在哲学传统上,柏拉图放弃美的结果是美从所谓的超越者、普遍者(即一切存在者都具有的性质,在中世纪哲学中被表示为unum, alter, ens, bonum)中被略掉了,马利坦(Jacques Maritain)在他的出色著作《艺术和诗歌中的创造性直觉》(Bollingen Series XXXV, I, 1953)中意识到这一忽略,并坚持美应当包括在超越者领域中,因为“美是所有超越者联合发出的光辉”(第162页)。

度既不是人，也不是神，而是善本身——一个由亚里士多德，而非柏拉图，在其一篇早期对话中得出的结论。[1]

就我们本文而言，更关键的是要记得，统治因素，正如反映在我们目前关于权威的概念（深受柏拉图影响）中那样，可以追溯到哲学和政治之间的冲突，但并不是说可以追溯到某些特有的政治经验，即直接来自人类事务领域的经验。柏拉图一方面反复强调这个领域与哲学的不相关性，从而一再警告说它不值得认真对待，另一方面，事实上他与几乎所有追随他的哲学家们不同的是，他又如此认真地对待人类事务，以至于他的核心思想改头换面来用于政治。如果我们不了解这一点，我们
113 就无法理解柏拉图。正是这种矛盾，而非他对他新学说的任何堂而皇之的表述，形成了《国家篇》中洞穴比喻的真正内容，《国家篇》最终是在一个以寻找最佳政体为目的的严格政治对话的背景下讲述的。在这一寻找过程中，柏拉图讲述了他的比喻，这个比喻揭示了哲学家在这个世界上的命运，仿佛他想以浓缩的形式写一部哲学家自传。从而，对最佳政府的寻求本身就证明是对适合于哲学家的最佳政府的寻求，并且证明了这样一个政府是哲学家成为统治者的政府——对于见证过苏格拉底的生活和死亡的人来说，这并不是一个十分出乎意料的结论。

不过，哲学家的统治还须得到辩护，只有在哲学家的真理对于人类事务领域（哲学家为了获得真理而不得不离开该领域）具有某种有效性，他的统治才能得到辩护。就哲学家仅仅作为哲学家而言，他的寻求终结于对最高真理的静观，这个最高真理照亮万物，因此同时也是最高的美。就哲学家作为一个人处在众人中间，作为一个有死者处在众多有死者中间，作为一个公民处在众多公民中间而言，他还必须把他的真理转化成一套规则，通过这种转化，他才有资格成为一个实际统治者——

[1] 在《政治家》对话中："因为衡量万物最准确的尺度是善"（引自弗里茨，前引书）。其看法必定是，只有通过善的概念，事物才是可比较的，从而是可衡量的。

哲学王。在哲学家在其上建立他的统治的洞穴中,众人的生活不是以静观,而是以言说(λέξις)和行动(πραξις)为特征的;可是在柏拉图的洞喻中,柏拉图描写的洞中居民似乎只对观看感兴趣:首先观看洞壁上的影像,然后观看洞中微弱火光照耀下的事物,最终渴望观看真理本身的人彻底离开了洞穴的共同世界,孤独地踏上他们的全新旅程。

换言之,整个人类事务领域都是从一种哲学的立场上被观照的,这种哲学假定了居住在人类事务洞穴中的人之所以是人,只因为他们是如此渴望观看,尽管一直被阴影和影像所蒙骗。而哲学王的统治,即以人类事务领域之外的某物来统治人类事务,不仅从看(seeing)之于做 114
(doing)的绝对优先性,从沉思之于言谈和行动的绝对优先性上得到了辩护,而且也从所有人都渴望观看的假定中得到了辩护。由此,哲学家的兴趣和人之为人的兴趣合二为一;两者都主张人类事务,即言谈和行动的产物,不需要获得自身的尊严,而只需要听从在它们领域之外的某物的统治。

三

在避世独居中观看真理,与陷入人类事务的关系和相对性之间的二元对立,对政治思想传统具有主导性的意义。这种二元对立最强有力地表达在柏拉图的洞穴比喻中,以至于人们不免要把柏拉图的理念论视为它的源头。其实从历史上来看,这个二元对立并不取决于对柏拉图理论的接受,而更多取决于柏拉图以随意的口吻,只是漫不经心地表示过一次的态度。亚里士多德后来在《形而上学》一个著名段落中几乎逐字逐句地引证了这一说法,即所有哲学都起源于 θανμάζειν,对万物如其所是的惊奇(wonder)。比起其他态度来说,希腊"理论"(theory)更像是这种最初惊奇的延伸,希腊哲学则是对惊奇态度的概念化。少数人不同于多数人的地方正是他们有惊奇的能力,而沉迷于惊奇则使他们在人类事务上显得格格不入。因此可以说，亚里士多德虽然拒绝了柏拉图的理念论，甚至拒斥了他的理想国，但仍然在主导方面追随了他的思想，即不仅把一种“理论的生活方式”（βίος θεωρητςκός）与一种投入人类事务的生活方式（βίος πολιτικός）区别开来，而且把隐含在这种区分中的等级秩序也当成事实接受下来（柏拉图在他的《斐德罗篇》中最早确立了生活方式的等级秩序）。在本文中重要的是，从此后思想不仅被认为是主宰着行动，为行动规定着法则，让后者的法则一成不变地来自前者
115 的经验，而且通过 βίος，即让行动等同于生活方式的途径，统治的原则也在人们当中确立了。从历史上看这一点已经成了苏格拉底学派政治哲学的标志，可讽刺的是，思想和行动在城邦中的分裂正是苏格拉底忧心忡忡和试图加以抵制的东西。

在亚里士多德的政治哲学中，我们发现了第二种根据统治者和被统治者的关系模式建立权威概念的尝试；它对于政治思想传统的发展来说同样重要，虽然亚里士多德采取了一个与柏拉图有着根本分歧的径路。对他来说理性的特征既不是独裁的也不是暴政的，没有哪个哲学王可以一劳永逸地规定人类事务。他坚持“每个政治体都由统治者和被统治者组成”的理由，不是因为专家比门外汉强，他也充分意识到了行动和制作的区别而没有从制作领域中援引范例。但据我所知，亚里士多德是第一个为了确立在人类事务领域中的统治而诉诸“自然”的人，他说“（自然）造成了老年人和年轻人……的差别，注定了一方统治和另一方被统治”。①

这个经过多少世纪的重复已变成老生常谈的简单论证很有欺骗性。这也许是导致我们通常忽略了它跟亚里士多德在《政治学》中给出的“城邦”定义，即“城邦是一个为着潜在的最佳生活而存在的，平等者

① 《政治学》，1332b12 和 1332b16。年轻人和老人的区分可以追溯到柏拉图，见《国家篇》，412 和《法律篇》，690 和 714。诉诸自然是亚里士多德式的。

的共同体”[①],处于鲜明对立中的原因。显然对亚里士多德本人来说,在城邦中施行统治的观念丝毫不可信,作为一个最少自相矛盾和最首尾一贯的伟大思想家,他并没有特别感到要受自己的这一论证的束缚。这样,当我们在《经济学》(一本伪亚里士多德著作,不过是他最亲近的一个门徒写的)的开头读到:一个政治共同体(πόλις)和一个私人家庭(οἰκία)的最本质区别在于后者构成了“君主制”(monarchy),即一人统治,反之,城邦“由众多统治者组成”的时候,[②]我们也不必感到惊讶。要
理解这个特征,我们必须知道,首先,“君主制”和“暴政”这两个词常常 116
被用作同义词,并且与王制一词截然相对;其次,作为“由众多统治者组成”的城邦,在性质上与通常由一人统治的各种政府形式(如寡头制、贵族制或民主制)无关。在《经济学》的语境中,“众多统治者”指的是众家之长,他们在集合起来构成城邦的公共—政治领域之前,已经确立了自己在家庭中的“君主”地位。统治本身以及统治和被统治的区别只在一个先于政治领域的空间内有效,政治领域不同于家庭之“经济”领域的就是,城邦建立在平等原则上,它根本不知道统治者和被统治者的分别。

在我们今天称为私人领域和公共领域的这一区分上,亚里士多德只是表述了希腊通行的公共意见,据此意见,“每个公民属于两种存在秩序”,因为“城邦给予每个人……在他私人生活之外的另一种生活,即他的政治生活(bios politicos)”。[③]亚里士多德把后者称为“优良生活”,并重新定义了其内容;只是这个定义内容与通行的希腊意见冲突,两种生活的区分本身并不与希腊意见冲突。两种秩序都是人类共同生活的形式,但家务领域只关心纯粹的活着,筹备为维持个人生命和种族延续的物质必需品(ἀναγκαῖα)。希腊人思考这一问题与现代人最显著的不同

① 《政治学》,1328b35。

② 《经济学》,1343a1—4。

③ 雅格尔,前引书,vol. I. p. 111。

是,他们认为对个人及种族生命维系的关心,只属于家务的私人领域范围,而只有在城邦中,人才显示为 κατἄριθμόν,我们现今所谓有个性的人。[①]作为有生命的存在,人要操心何以维生,面对必然性(necessity)[②]并受必然性的驱使。但必然性必须在政治的“优良生活”开始之前得到掌控,并只能通过征服的方式来掌控。因而,“优良生活”的自由,建立在对必然性的征服之上。

117 对必然性的掌控以掌握生活必需品为目的,因为这些东西强迫着人,把人牢牢地攥在它手里。但是这样的掌握只能通过对他人,即使自由人从必需性的强制下摆脱出来的奴隶的控制和暴力来实现。而自由人,即一个城邦的公民,既不受生命的物质必需品的强制,也不屈服于他人的人为支配。他不仅不是一个奴隶,而且必须拥有和统治奴隶。只有在基本生活必需品经由统治而得到掌控之后,政治领域的自由方才开始,这样,恰恰是因为支配和臣服、命令和遵从、统治和被统治不是政治领域的内容,所以才是政治领域的前提条件。

毫无疑问,亚里士多德像他之前的柏拉图一样,想引入一种权威来处理公共事务和城邦生活,他这样做无疑有着极佳的政治理由。可是他也急于找到一种一劳永逸之计,让统治者和被统治者、命令者和服从者的区分令人信服地被介绍进政治领域。而且他也从前政治领域,从家庭的私人领域和奴隶经济的经验中援引范例。这导致他做出了明显矛盾的陈述,即把统治和被统治的标准用于城邦内的活动和生活,而在其他地方,他指出这类标准只对家庭共同体内的活动和生活有效。即使我们只考虑前述的《政治学》中的著名例子,在那里统治者和被统治者之间

① 《经济学》,1343a1—4。

② 希腊的“自由”概念首先是一种自由人的身份,自由人不需要像奴隶那样劳动,从生活必需品的生产中摆脱出来。所以在这里,与“自由”相对的“必然”指的是受制于生存驱迫的奴役状态,而不是近代思想强调的,在逻辑和历史规律意义上的“必然”。但在阿伦特思考极权主义对自由的取消时,则着重指的是后一含义,因此统一译作“必然性”。——译注

的区分出自老年人和年轻人之间的自然区分，他理论事业的不一贯性就已经显而易见了。不过这个例子本身还显然不适合于佐证亚里士多德的论断。老年人和年轻人的关系本质上是教育性的,在这种教育中涉及到的只是当前统治者对未来统治者的训练。如果这里确实关涉到统治的话,它也完全不同于政治的统治形式,不仅因为这里的统治在时间和内容上都是有限的,而且因为它仍发生在潜在平等的人们中间。不过亚里士多德用教育对统治的替代仍然有十分深远的影响，在此基础上统治者被看成是教育者，教育者则被要求去统治。但无论过去还是现在,从教育领域中举例来说明政治的相关性都是很成问题的。在政治领 118
域中,我们总是在跟超出了受教育年龄的成年人打交道,准确地说,政治或参与公务管理的权利恰恰开始于教育结束之时。(成人教育,无论是个人的还是团体的,对于个性塑造、个人充分发展或完善也许大有裨益,但在政治上没什么用,除非其目标是提供一些年轻时没学到的,参与公务的技术性手段。)反之,在教育中,我们总是跟还没有获得政治平等资格,还在为进入政治做准备的人打交道。亚里士多德的范例仍有其重要意义,是因为“权威”的必要性在儿童培养和教育领域,比在其他任何领域都更清楚和有说服力。这也是为什么我们的时代极力想革除教育权威这一极其有限的,与政治最无涉的权威形式的原因。

从政治上看,只有我们像罗马人一样假定在任何情况下,祖先对一代又一代人来说都是代表伟大的模范,承认他们是 maiores, 在定义上即是最伟大者,权威才能获得一种教育意义。任何借助权威的教育模式如果没有这个基本信念做支撑,就只能依附在政治领域上面(这类事情随时可见,并已成保守论调的支柱),主要被用于掩盖真实的或隐秘的统治诉求,假装搞教育而在现实中达到统治的目的。

希腊哲学要找到一种权威概念来抵制城邦的堕落和保卫哲学家生活的宏大企图建立在这样的事实之上,那就是在希腊政治生活领域内,对权威的认识没有任何来自直接政治经验的基础。因此,此后每一代哲

学所理解的权威内容的原型，都要么来自特定的、源于“制作”和技艺领
119 域的经验，在那里必定以专家和适用性为最高标准，要么来自私人家庭共同体的经验，而这些经验都是非政治的。正是在政治的这个决定性面向上，苏格拉底学派的哲学最深刻地影响了我们的传统。至今我们都认为亚里士多德把人定义为一种政治存在，主要是因为人有言说或推理的能力，但实际上他只在一个政治文本中给出过这个定义；我们认为柏拉图在《国家篇》中揭示了他的理念论的原初意义，其实相反，他出于政治原因而改变了理念论的本意。尽管希腊政治哲学取得了辉煌成就，可是有理由怀疑，如果不是不懈地寻求他们自身传统和权威的罗马人接受了希腊哲学，并在思想和理论的一切方面都承认希腊哲学的最高权威，希腊政治哲学或许早就丧失了其内在的乌托邦性质。不过果真那样的话，罗马人也就会实现权威和传统的融合，因为权威和传统在罗马共和国政治生活中一直扮演着举足轻重的角色。

四

从罗马共和国初创一直到帝国时代的实际终结，坚信奠基之神圣性，即某物一旦奠基，就对未来世世代代有约束力的信念，始终是罗马政治的核心。投身于政治，首先的和最重要的是维护罗马城的奠基。这就是为什么罗马人不在建立殖民地时重复第一个城邦的创建，而是不断增添原初的创建，直至整个意大利，乃至最终整个西方世界都受罗马统一和管辖，似乎整个世界只不过是罗马的腹地的原因。自始至终，罗马人都紧紧依附于这一个城市的特定范围，不像希腊人，在危急或人口过多的时候就说，“去建立一个新城吧，因为无论你在何处，你始终是一个城邦人”。不像希腊人那样，罗马人真正在土地上扎根，patira(母邦)一
120 词从罗马历史中获得了它的充分意义。一个新政治体的创建，对希腊人

来说几乎是习以为常的经验,对罗马人来说却是他们整个历史核心的、决定性的、不可重复的开端,一个独一无二的事件。罗马最本土的神是雅努斯(Janus)和密涅瓦(Minerva),雅努斯是开始之神,我们的一年之始就来源于他[①],密涅瓦是记忆女神。

"罗马人艰苦卓绝的创建是如此伟大"(tànta molis erat Romanam condere gentem),如维吉尔在《埃涅阿斯纪》中反复吟咏的主题一样,所有的艰苦飘泊在"他一举建城"时到达了终点,实现了目标,这就是创建罗马,这一奠基及房屋和坛火神圣性的经验同样是非希腊的,仿佛荷马所描述的赫克托耳的精神在特洛伊城覆灭后幸存了下来,在意大利土地上重新复活了,并塑造了罗马宗教的深刻政治内容。与希腊虔诚地依赖于当即就揭示诸神在场相比,罗马的宗教(religion)实质上意味着re-ligare[②]:返回系于,受制于几乎超人般伟大的英雄,他们总是以传奇般的伟力建立城市,奠定基石,并为永恒而建。[③]成为宗教意味着系于过去,从而,李维(Livy),这位过往事件的伟大记录者说:"当我写下这些古老事迹时,我不知道经由何种纽带,我的心灵在变老,但宗教握着我。"(Mihi vetustas res scribenti nescio quo pacto antiquus fit animus et quaedam religio tenet.)[④]宗教和政治活动几乎可以认为是等同的,西塞罗说:"在其他任何地方,人的卓越都不会像建立新城和保护已建的共同体那样接近诸神(numen)的道路。"[⑤]奠基的约束力本身就是宗教的,因为这个城市也为人民的神提供了一个永恒家园。这一点再次与希腊不同,希腊

① Januarius(拉丁语"一月")一词起源于Janus,演变成西方各国的语言。——译注

② religio从religare中的派生出现在西塞罗那里。既然我们这里只涉及罗马人的政治自我解释,这个派生用法在词源学上是否正确的问题就无关紧要了。

③ 见西塞罗,《论共和国》, III, 23。因为罗马人相信他们城市的永恒性,见Viktor Poeechl, *Römischer Staat und griechisches Staatsdenken bei Cicero*, 柏林, 1936。

④ *Annals*, book 43, ch.13.

⑤ 《论共和国》,1, 7。

的神保护凡人的城市，但只偶尔居住在人类中间，他们有他们自己的家，在远离人的居所的奥林匹斯山上。

正是在这一背景下，权威的词语和概念最早出现了。auctoritas 一词
121 来源于动词“增添”(augere)，而权威和在权威中不断增添的东西就是罗马的奠基。拥有权威的人是老年人、元老或父辈(patres)，他们靠世系得到了它，又把它从祖先、从为所有未来之事奠基的人——因之罗马人称祖先为模范(maiores)——手里传递(即传统)下去。活人的权威总是派生的，依赖于普林尼（Pliny）所谓的罗马帝国创建者的权威(auctores imperii Romani conditoresque)，虽然建国者已不生活在活着的人们中间。与权力完全不同，权威植根于过去，但是这个过去在城邦现实生活中的在场，不亚于活人的权力和力量的在场。用恩尼乌斯(Ennius)[1]的话来说，罗马帝国的长存，全靠其风俗和人民（Moribus antiquis res stat Romana virisque)。

为了更具体地理解权威这个词的含义，有必要注意到 auctores 一词常被用作 artifices 的反义词，后者的意思是实际的制造者或制作者，这样用的时候，auctor 与我们的“作者”(author[2])一词同义。普林尼在一出新剧上演的时候问，谁应当受到尊崇，制作者还是创始人，创造者还是创造物？显然，他认为答案是后两者。在此，创始人不是实际建造者，而是其精神激励了整个事业的人，从而他的精神要比实际建造者的精神更多地体现在建造物当中。与仅仅制作的人(artifex)不同，他是建造物的实际“作者”，即创建者；由于建造，他成为城邦的一位“增添者”。

不过，auctor 与 artifex 之间的关系绝不是(柏拉图式的)发命令的主人和执行命令的奴隶之间的关系。权威者的最明显特征是他们没有权力。“权力居于人民，权威居于元老院。”(Cum potestas in populo auctoritas

---

① 恩尼乌斯(239—169BC)，古罗马诗人，剧作家。——译注

② author 兼有“作者”和“创始人”的意思。——译注

in senatu sit)[1]权威，即元老院对政治决议的增添，不是权力，对我们来说这是奇怪和令人费解的。在这方面它非常类似于孟德斯鸠所谈的政府的司法部门，孟德斯鸠说司法部门的权力“似乎什么都没有”（en quelque façon nulle），然而它又构成了宪政的最高权威。[2]蒙森说它“多提建议，少 122
下命令，给出的却是谁也无法忽视的建议”，由此它假定“人民就像孩子一样，他们的意志和行动常常失误，因而需要一个长者组成的委员会来‘增添’和认可”。[3]长者所做的“增添”，其权威性质在于它仅仅是一个建议，既不需要命令也不需要外在强制来使之被听取。[4]

这种权威的约束力量与预言（auspices）的宗教约束力有密切关系，与希腊的神谕不同，auspices 并不暗示未来事件的客观进程，而是仅仅表示神对人做出的决定是赞同还是反对。[5]诸神在人们当中有权威而不是有权力；他们“加固”和肯定人的行动，但并不支配他们。正如“所有的 auspices 都可追溯到神赋予罗穆卢斯（Romulus）建城之权威的伟大启示”[6]一样，所有的权威都来源于罗马之奠基，它让每个行为都返回到罗马历史的神圣开端，让每个时刻被加添了整个过去的力量。重力（Gravitas），承重的能力，成为罗马性格的杰出品质，正如元老院，即权威在共和国中的代表，用普鲁塔克的话说（在“来库古生平”中），能用作“一个主要砝码，就像船的压舱物一样，总是让事物保持公正平衡”。

---

① 西塞罗，《论法律》，3, 12, 38。

② 《论法的精神》，book XI，第 6 章。

③ C. J. 弗里德里希教授让我注意到蒙森在 *Römisches Staatsrecht* 中对权威的讨论的重要性。见第 1034 页，第 1038—1039 页。

④ 拉丁成语 alicui auctorem esse 表示“给某人建议”的用法，进一步支持了这种解释。

⑤ 见蒙森，前引书，第 2 版，第一卷，第 73 页及以下各处。拉丁词 numen 的意思是“神的命令”以及神的行动方式，这个几乎无法翻译的词源自 nuere，即肯定的赞许。因此神的命令和所有他们对人类事务的干预都仅限于对人类行为的赞成或反对。

⑥ 蒙森，同上，第 87 页。

因此，祖先的业绩和从其而来的先例的使用，总是有约束力的。[1]任何发生过的事情都被转化成一个范例，创始者的模范（auctoritas maioru）等于是实际行为中的权威模式，本身携带着道德政治标准。这也是为什么罗马人认为老年而非青年才是人生巅峰期的原因；不是因为老年人
123 有丰富的智慧和经验，而是因为他们离祖先和过去更近。如果谁想把这种态度联系到权威的等级秩序，并用熟悉的金字塔形象来看待这种等级的话，那么似乎金字塔的顶端就不是在高耸于大地之上（或者如基督教中的那样，超越于大地）的天空中，而是扎根在世俗过去的深渊里。

正是在这一首要的政治背景下，过去由于传统得到了神圣化。通过把祖先的证言一代代传递下去，过去在传统中得到了保存，因为祖先第一个见证和开创了神圣的奠基，又在数世纪以来通过他们的权威增益着它。只要传统不中断，权威就不可侵犯；去行动却缺乏权威和传统，缺乏公认的、历史悠久的标准和范式，缺乏建国之父的智慧的帮助，则是不可想象的。在罗马，对精神传统以及思想和观念之权威性的认识，都来源于政治领域，从而本质上是派生的，正如柏拉图关于理性和理念在政治中的作用的看法来源于哲学领域，其在人类事务领域中也是派生的一样。不过在历史中至关重要的一个事实是，罗马人感到他们在思想及观念的事情上也需要奠基之父和权威性榜样，因而接受了希腊伟大"祖先"作为他们在理论、哲学和诗歌上的权威。在罗马人手里，而不是在希腊人手里，伟大的希腊作家成了权威。柏拉图与在他前后的人对待荷马（"全希腊的教育者"）的方式，在罗马是不可想象的，即使一个罗马哲学家也不敢"对他的［精神］父亲下手"，像柏拉图说他自己打断巴门尼德的教导时所做的（在他的《智者篇》中）那样。

---

[1] 也见各种拉丁习语，如 auctores habere 的意思是有先例或榜样；actoritas maiorum 表示祖先的权威性榜样；usus et auctoritas 用在罗马法中，表示从使用中获得的财产权。这种罗马精神的出色展示以及更多重要材料来源的收集可以在维克多·普舍（Viktor Poeschl）前引书中找到，尤其在第 101 页及以下。

就像理念在政治应用中的派生性质未能阻止柏拉图政治思想演变成西方政治理论的源头一样,权威和传统在精神事务中的派生性质,也未能阻止它们在相当长的历史时期内成为西方哲学思想的主要特征。在这两种情形下,这些理论背后的政治根源和政治经验都被遗忘了,即 124
人们遗忘了政治和哲学之间、公民和哲学家之间的原初冲突,不亚于遗忘了罗马的宗教—权威—传统的三位一体在罗马奠基经验中的合法起源。这个三位一体的力量在于有一种权威性开端的约束力,"宗教"又借着传统使人们系于和回返于它。罗马的三位一体不仅在共和国转型为帝国之后幸存下来,而且渗透到罗马治下(pax Romana)的任何地区,在罗马奠基的基础上创造了西方文明。

这种罗马精神超常的力量和延续[或对于政治体的创造来说,奠基原则超常的可依赖性],在罗马帝国覆灭后,当罗马的政治和精神遗产传递给基督教会的时候,遭到了一次决定性的考验,又再次出色地证明了它的力量。面对政治事务这样一个彻底"尘世"任务的挑战,教会变得如此"罗马化",如此彻底地让自身适应罗马思想,以至于它把基督的死和复活变成了一个新创建的基石,在它上面树立起一个新的、千古长存的人类机构。这样,在君士坦丁大帝号召教会为衰落的帝国获得"全能上帝"的保护之后,教会最终得以克服基督教信仰的反政治和反体制倾向(这种倾向在新约和早期基督教文献中是如此突出,看起来简直无法克服,而且在前面几个世纪里也引起了相当多的麻烦)。罗马精神的胜利真的几乎是个奇迹;无论如何,唯有它,让教会"为教会成员提供了罗马和市政厅都不再能提供给他们的公民归属感"。[①] 然而,正如柏拉图对理念的政治化改变了西方哲学并决定了哲学的理性概念一样,教会的政治化也改变了基督教。教会作为一个信仰者共同体和一个公共机构的基础,不再是对于复活的基督信仰(尽管这个信仰始终保留着)或希

① 巴洛(R. H. Barrow),《罗马人》,1949,第194页。

125 伯来人对上帝律令的遵守，而是生命的见证，是出生、死亡和复活的见证，是对拿撒勒的耶稣作为历史上一个有凭有据事件的见证[①]。作为这个事件的见证人，使徒们成了教会的“奠基之父”，通过他们，教会就能把她自己的权威传下去，只要她[②]借助传统把使徒们的证言一代代传下去。只有到了这个时候，人们才可以说，基督信仰不仅是在后基督的意义上，而且也在古代的意义上，变成了一种“宗教”；只有在那以后，整个世界（有别于纯粹信仰者团体的世界，不论信仰者团体有多大）才变成了基督教的世界。罗马精神能在罗马帝国的灾难后幸存下来，是因为它最强有力的敌人——那些对整个世俗公共事务领域下了一个咒诅并发誓要生活在暗处的人——在其信仰中发现了某种同样能被理解为一个俗世事件，并能将之转变为一个新的俗世起点的东西，从而世界以一种新旧宗教崇拜混合的奇特方式，再次回返于、系于（religare）罗马精神。这一转变在很大程度上要归功于奥古斯丁，罗马人拥有过的唯一的一位伟大哲学家。因为他主要的哲学思想——“心灵的位置在记忆中”（Sedis animi est in memoria），正是对罗马人特有经验的概念化表述，而罗马人自己由于被希腊哲学及其概念所支配，从来未能把他们的经验加以概念化。

多亏罗马城市的奠基被天主教教会的奠基所重复，这一事实使罗马的宗教、权威和传统的三位一体能被基督教时代所继承，尽管（当然）有着完全不同的内容。这种延续性的最鲜明标志也许是，当教会在五世纪着手她的政治事业时，立刻采取了权威和权力的罗马式区分，为她自

① 关于罗马帝国政治态度与基督教的相似及融合的讨论，见 Erik Peterson, *Der Monotheismus als politisches Problem*, 莱比锡，1935，与奥罗休斯一致，他把罗马皇帝奥古斯都和基督联系起来。“清楚的是，奥古斯丁以这种方式基督教化了，而基督也以这种方式罗马化了，成了罗马公民”。

② 《圣经》把教会比喻为基督的新妇。——译注

身要求元老院的权威，而把权力留给了世界的君王（在罗马帝国，权力已不在人民手中，而被皇室家族所垄断）。这样，教皇杰拉西乌斯一世（Gelasius I）才可以在五世纪末叶写信给皇帝阿那塔修斯一世（Anastasius I）说："这世界主要受两个东西的统治，即教皇的神圣权威和 126
皇帝的权力。"①罗马精神在西方历史上延续的后果是两方面的，一方面，永久性（permanence）的奇迹再一次重复自身；因为在我们的历史框架内，教会作为一个公共机构的持久绵长，只有古罗马的千年历史堪与之相比。另一方面，教会和国家的分离，并非毫不含糊地意味着政治领域的世俗化，反而是，教会上升至古典时期的崇高地位，实际上暗示了自罗马时代以来政治领域首次失去了它的权威，相应地也失去了它（至少在西方历史上）赋予政治架构以持存、延续和永恒的那些要素。

罗马政治思想的确从一开始就使用柏拉图的概念来理解和阐释罗马特有的政治经验，不过看来只有在基督教时代，柏拉图那不可见的精神尺度（yardsticks）——可见的、具体的人类事物都要以它来衡量和判断——才得以充分展露了它们的政治效力。基督教教义中那些难以适应和融入罗马政治架构的部分，即启示的戒律以及一种带有真实超越性权威的真理（它的超越性不像柏拉图的超越性，从尘世中奋力向上，而是站在世俗领域之外），经由柏拉图哲学而整合到罗马奠基的传奇当中。上帝的启示此时能够在政治上加以阐释，仿佛柏拉图凭直觉预言的、人类行动的标准和政治共同体的法则，终于直接启示出来了。用一个现代柏拉图主义者的话来说，柏拉图早先"追求的不可见尺度，此时通过尺度本身的启示得到了证实"。②就天主教会将希腊哲学融入到它

① Duo quippe sunt ... quibus principaliter mundus hic regitur, : auctoritas sacra pontificum et regalis potestas. In Minge, PL, vol. 59, p.42a.

② 埃里克·沃格林（Eric Voegelin），《一种新政治科学》，芝加哥，1952，第 78 页。

的教义学说和信仰中而言,它整合了罗马的政治权威概念(必须以一个开端,以过去中的一个奠基事件为基础)和希腊的超越尺度及统治的观
127 念。现在任何政治秩序都需要普遍的和超越的标准,以便把特殊和内在的东西归入其下,需要道德法则来调整人际行为,需要理性尺度来引导所有个人判断。最终几乎没有任何东西能宣称自身比这种整合有更大的权威或更深远的影响了。

从那时起就已表明(整合的稳定性事实也说明了),罗马式宗教、权威和传统的三位一体中的任何一个要素遭到质疑或毁灭,其他两个也不能幸免。因此,路德的错误在于,他以为挑战现实的教会权威和诉诸不受指导的个人判断,就不会触动传统和宗教。霍布斯和十七世纪政治理论家的错误在于,他们希望权威和宗教能在没有传统的情况下得到挽救。同样,人道主义者的错误在于以为没有宗教和权威,仍能保持西方文明传统于不堕。

五

从政治上看,罗马政治机构和希腊哲学理念相整合的最重大后果,是让教会能按照柏拉图的政治神话,来阐释早期基督教颇为模糊和矛盾的关于来世生活的观念,从而把教义的可信程度提升到一个全面综合的赏罚体系内,说明在尘世未得正义报偿的善行和恶行会在来世得到奖惩。这种学说在五世纪前还不存在,早期教义关于所有罪人的救赎,甚至包括撒旦本人的救赎(俄里根所教导,并仍为尼撒的格里高利[①]所主张的),以及将地狱里的折磨精神化地阐释为良心的折磨(也是俄

① 俄里根(Origen,约 185—254)和尼撒的格里高利(Gregory of Nyssa,335—395 年)都是基督教早期希腊教父。——译注

里根所教导的)的学说,统统被宣布为异端;但是这类学说随着罗马的覆灭,随着一种被视为万世基业的世俗秩序的消亡,再次浮现了,同时也出现了有关教会对世俗事务的责任,和教廷作为现世权力机构的假 128
定。关于来世赏罚的大众及文学观念自古代就广为流传了,但这类信念的原始基督教版本,与“好消息”(glad tidings[1])和脱离原罪的救赎观念一致,并不是一种永恒惩罚和永恒受难的威胁,而是相反,说的是基督下到地狱(descensus ad inferos)。基督在他死后到复活的三天中间下到地狱去的使命是为了涤除地狱,打败撒旦,不仅把活人的灵魂,而且把已死罪人的灵魂从死亡和惩罚中解救出来。

我们发现要正确挖掘地狱学说的政治及非宗教含义颇为困难,因为教会很早就根据其柏拉图版本,把地狱学说吸收到它的教义信仰体系当中了。这种吸收反过来抹杀了柏拉图本人在他对地狱的哲学理解和他关于来世赏罚的政治教导之间建立的分别,就是十分自然的了。因为严格来说,柏拉图关于灵魂不朽的哲学教导是讲给少数人听的,而他明示的关于来世赏罚的教导,则是讲给大多数人听的。哲学家关心的是灵魂所见的不可见者(ἀειδές),在死亡让人身上的不可见部分摆脱了身体,即感性知觉器官的束缚之后,[2]他就去了冥府,不可见之地(Ἅιδης)。这就是哲学家为什么看起来总是“追求死亡”的原因,以及为什么哲学也被称为“死亡研究”[3]的原因。对超出感性知觉范围的哲学真理没有过体验的人,当然不可能被说服去相信一个无身体的灵魂的不朽;对于他们,柏拉图编造许多神话故事来结束他的政治对话,通常是在他的论辩失败的时候,如在《国家篇》中,或者在发现苏格拉底的反对

① 指耶稣复活所传达的得救喜讯。——译注

② 见《斐多篇》,80中,不可见的灵魂与传统上不可见之地,即冥府的联系。柏拉图从词源上把冥府解释为“不可见者”。

③ 同上,64—66。

者不能被说服的时候，如在《高尔吉亚篇》中。[1]在所有这些故事中，《国家篇》中的地狱神话（Er-myth）编造得最为精心，也最有影响。从柏拉图一直到五世纪基督教赢得世俗胜利的这段时期，几乎没有一个重要政治问题的讨论，不是在对柏拉图神话的模仿中结束的（亚里士多德除外）[2]。基督教的世俗胜利则为地狱学说赋予了宗教权威的认可（从那时
129 起，它就成了基督教世界的一个最一般特征，以至于政治著作无需专门提及）。仍是柏拉图，他的来世学说不同于希伯来和早期基督教对来世

① 除了《法律篇》的例外，柏拉图政治对话的特点就是在某处中断，然后严格的论辩程序被抛弃。在《国家篇》中，苏格拉底几次暗示他的提问者们，难题是如果一个行动对于人和神来说都是不可见的，正义是否还可能。何为正义的讨论在372a中断了，在427d又接上，不过得到定义的不是正义，而是智慧和勇敢。苏格拉底在403d回到主要问题，但是讨论的是节制而非正义。他在433b又再次开始，又立刻转向445d及以下对政府形式的讨论。直到第七卷的洞穴比喻把整个论辩带向了一个完全不同的、非政治的层次。为什么格劳孔没有得到满意的答案在这里就很清楚了：正义是一个理念却不能被看见；也没有其他可能的证明。

另一方面，地狱神话作为对整个论辩的逆转被引入。任务始终是找到正义本身，即使它对神和人的眼睛来说都是不可见的。此时（612），苏格拉底想回到他最初对格劳孔的让步，即至少为了辩论的缘故，一个人也不得不假定“正义的人会显得不正义而不正义的人显得正义”，以至于无论神还是人都不能明确知道谁是真正正义的。代之，他做出假定说“正义和非正义的性质都是神真正不知道的”。接着，整个论辩进入了一个完全不同的层次，这次是在大众的层次上，并完全越出了论辩的范围。

《高尔吉亚篇》的例子也完全一样。苏格拉底再次没有能力说服对手。讨论转向苏格拉底的信念：宁可忍受不义也不做不义之事。当卡利克利斯明显没有被论辩说服时，柏拉图告诉他一个地狱神话作为一种终极理由。他这次讲述的地狱神话与《国家篇》中的大为不同，说明故事的讲述者，苏格拉底并未认真对待这个神话。

② 通常在外在死亡的主题出现时，毫无疑问会出现对柏拉图的模仿。如在西塞罗和普鲁塔克那里。对于西塞罗的Somnium Scipionis，他的《论国家》结尾对神话的出色讨论，见 Richard Harder, “Ueber Ciceros Somnium Scipionis”（Kleine Schriften, München,1960）。他也令人信服地表明了柏拉图和西塞罗都没有沿袭毕达哥拉斯学说。

生活的思辨,成为后来详细描绘了地狱景象的但丁的真正先驱;因为在柏拉图那里,我们不仅首次发现了有关永生或永死、有关赏罚的末日审判的概念,而且发现了地狱、炼狱和天堂之间的地理划分,并且对不断升级的骇人的身体惩罚有了具体印象。[①]

在《国家篇》的最后一章,以及在《斐多篇》和《高尔吉亚篇》的结尾部分,柏拉图神话的纯粹政治含义看起来已是不容置疑的了。灵魂不朽的哲学信念和有政治抱负的来世信仰之间的区别,与以美的理念作为哲学家的最高理念还是以善的理念作为政治家的最高理念之区别是一致的。柏拉图在把他的理念论用于政治领域时,似乎抹除了美的理念与善的理念之间的关键区别,在政治讨论中偷偷用后者代替了前者,不过他并没有同样抹除不朽的、不可见的、无身体的灵魂,与肉体遭受痛苦、遭受惩罚的来世生活之间的区别。这些神话带有政治属性的一个最鲜明标志就是,因为它们都暗示了肉体惩罚,从而与他关于肉体消亡的学说明显矛盾,这个矛盾是柏拉图本人绝不会意识不到的。[②]另外,在开始讲述这个神话的时候,他就有意做了一个预先说明,让人们明白他下面要讲的不是真理,而是一个能更好地说服大众的可能性意见,"好像它是真的一样"[③]。最后,对于那些真正理解了柏拉图的洞穴故事,明白我们活在世上才真正是处在冥府当中的人来说,来世生活的整个概念不是显然没有意义吗,特别是在《国家篇》当中? 130

柏拉图无疑诉诸了当时的大众信仰,也许是奥菲七教义和毕达哥拉斯传统,因为就像差不多千年后的教会一样,他在描绘来世的时候,可以自由地在当时流行的信仰和思辨理论中做选择,决定把哪一个当

① 这一点特别在道斯(Marcus Dods)的《但丁的先驱们》(爱丁堡,1903)中得到了强调。

② 见《高尔吉亚篇》,524。

③ 见《高尔吉亚篇》,522/3 和《斐多篇》,110。在《国家篇》,614 中,柏拉图甚至暗示了尤利西斯给阿尔基努斯讲的一个故事。

成教义接受下来,把哪一个宣布为异端。柏拉图和他的先驱们(不论是谁)的区别在于,他第一个意识到这些信仰内在潜伏着巨大的、严肃的政治力量;正如奥古斯丁关于地狱、炼狱和天堂的全面教导,与俄里根或亚历山大的克雷芒(Clement of Alexandria)对地狱的思辨之间的区别是,奥古斯丁(或许还有在他之前的德奥尔图良)理解到这些学说除了有一种对于未来生活的思辨价值外,还在多大程度上可用作对这个世界的威胁。在这里没有什么比柏拉图创造的"神学"(theology)一词更有暗示性的了,因为这个新词被再次使用的时候是在一段严肃的政治讨论,即《国家篇》中,当对话涉及到城邦的创建时。[1]这个新的神学意义上的神既不是一个活生生的上帝,也不是哲学家的神或异教神祇,而是一个政治的设计,是"一切尺度的尺度"[2],也就是建立城邦和制定适合大多数人的行为规则所依据的标准。另外,神学教导了如何绝对地实现这些标准,特别是在人类的正义看来无能为力的时候,即在罪行逃脱惩罚以及在死刑也不足以抵消某些人所犯下的滔天大罪的时候。因为地狱的"主旨",如柏拉图所明言的,是"每个坏人对他人做了恶,都要受到十倍的惩罚"。[3]确切地说,柏拉图并没有暗示我们所理解的那种神学,即对上帝话语的阐释并以《圣经》作为上帝话语不容亵渎的文本;对他来说,神学是"政治科学"的主要组成部分,并且特别是教导少数人如何统治多数人的那部分。

无论其他历史影响如何有助于地狱学说的完善,地狱学说在古代
131 一直都被用作少数人对多数人施行道德和政治控制的政治目的。它面对的问题始终是同样的:真理按其本质是自明的,从而不能令人满意地

---

① 《国家篇》,615a。

② 雅格尔在《早期希腊哲学家的神学》(牛津,1947,第194页注释)中这样称谓柏拉图的神。

③ 《国家篇》,615a。

辩论和证明给众人看。[1]因此，对于那些看不到自明的，同时也是不可见的、超出论辩之外的真理的大众来说，信仰就是必要的了。用柏拉图的话说，少数人无法说服多数人相信真理，因为真理不是说服的对象，虽然说服是和多数人打交道的唯一途径。但是只要受到诗人和讲故事者所讲的不负责任的故事蛊惑，多数人就会被劝说去相信几乎任何事；所以适宜少数人讲给多数人听的故事是死后赏罚的故事，它们包含着真理；说服公民相信地狱的存在，就会让他们像认识了真理的人那样行事。

只要基督教还不具备世俗兴趣和责任，它就不会干预关于来世的信仰和思辨，使其仍像在古代那样处于随意的状态。然而当教义的纯宗教发展达到终点，教会开始认识到并愿意承担政治责任的时候，她就发现她要面对一个在柏拉图的政治哲学中同样出现过的困境。这个困境又一次变成了如何为由人类事务和关系组成的领域施加一个绝对标准的问题，因为人类事务和关系领域本质上是相对性的；与其相对性对应的是如下事实：人对人所能做的最坏的事是杀死一个人，即提前促成总有一天要降临到这个人身上的死亡。而地狱形象对这个限度的“提升”，恰恰在于在地狱里，惩罚要比“永死”还多一点（在早期基督教看来，永死是对原罪，即永远受苦的适当报偿，因为与永恒受苦相比，“永死”倒是解脱）。

基督教把柏拉图的地狱学说引入基督教信仰体系，增强了宗教权威，让宗教权威在和一切世俗权力的斗争中更有望得胜。但为这个附加力量所付出的代价则是，罗马的权威概念淡化了，一种暴力因素悄无声息地潜入到西方宗教思想结构本身和教阶制度当中。这个代价到底有 132
多大，从一个不仅仅是令人尴尬的事实中就可见一斑：教会中一些地位不可动摇的人物，包括德奥尔图良，甚至包括托马斯·阿奎那都相信，在天国中的快乐之一就是有观看地狱中各种无以名状之惨象的特权。在

① 特别见《第七封信》，在其中柏拉图坚定了真理无法言说和论辩的信念。

整个基督教数世纪的发展中，也许没有什么比详列关于来世惩罚的条目，和描述以恐惧来施加强迫的巨大效力，更背离拿撒勒的耶稣教导的了，虽然到了现代的最后阶段，这类惩罚和恐惧早已失去了它公认的政治内涵。就宗教思想本身而言，福音书的“福音”，“永生”的喜讯，最终导致的不是在世间喜乐的增加，而是恐惧的增加，不是让死亡对人们来说变得更容易，而是变得更艰难，这不能不说是一个可怕的讽刺。

不管怎样，事实上，现代世俗化最重要的后果就是传统宗教中唯一的政治要素，即对地狱的恐惧，从公共生活以及宗教中祛除了。我们这些不得不亲眼目睹一种新型的、前所未有的犯罪在希特勒和斯大林(他们在他们各自的国家里都几乎未遭抵抗)时代如何横扫了政治领域的人，最不应该低估这一要素对良心机制的“煽动性”影响。而且当我们回忆起，正是在启蒙时代，法国革命者和美国建国之父坚持认为，对一个“嫉邪的上帝”的恐惧应当成为新政体的重要组成部分，从而对“一个未来状态”的信仰应当成为新政体的重要组成部分，那么，这些经验的影响力就更不可低估了。为什么一切革命时代的人们在信仰方面会奇怪地与他们的时代氛围脱节，显而易见的原因就是，正是由于新出现的教会和国家的分离，让他们发觉自己置身于一个古老的柏拉图式困境中。
133 当他们警告不要从公共生活中消除对地狱的恐惧，否则会让“谋杀变得像射鸟一样无所谓，灭绝罗希拉(Rohilla)族就像吞掉奶酪上的螨虫一样无辜”[1]时，他们的话几乎像预言一样回响在我们耳边；然而这些话显然不是出自任何对“嫉邪的上帝”的教义信仰，而是出自对人性的不信任。

被柏拉图有意识地作为一个政治设计采取的(同样也被格里高利一世有意识地以其奥古斯丁形式采取的)来世赏罚的信仰，比所有其他与之一道在西方历史上铸就了权威形态的宗教和世俗因素存续的时间更长久。而且关于宗教对世俗权威有用性的重新发现，不是出现在世俗

① 约翰·亚当斯，《论戴维拉》，Works，波士顿，1851，第四卷，第280页。

生活已变成宗教性的,以至于宗教无需用作政治工具的中世纪,而是出现在现代。这一重新发现的真正动机在某种程度上被各种臭名昭著的“王权与教权”的结盟所掩盖了,那个时候正是国王们畏惧于革命的前景,相信“绝不能允许人民失去宗教”的时候,因为,用海涅的话说,“谁让自己背叛了上帝,谁也就完蛋了,因为抛弃了他的在世权威”(Wer sich von seinem Gotte resisst, / wird endlich auch abtr ü nnig werden/ von seinen irdischen Behörden)。但问题的关键在于,革命者本人传播对一个未来状态的信仰,甚至罗伯斯庇尔最终吁请“一个不朽的立法者”来赋予革命神圣性;早期的美国宪法也毫不缺乏关于未来赏罚的适当条款,并且像约翰·亚当斯这样的人也将宗教视为“道德的唯一真实基础”。[1]

一点都不令人惊讶的是,所有这些企图从摇摇欲坠的宗教、权威和传统的大厦中保留其唯一的暴力因素,并把它用作新世俗秩序的安全阀的尝试,都是徒劳的。而且断送它们的,丝毫不是社会主义或马克思主义所谓“宗教是人民的鸦片”的信念。(广而言之的真正宗教和特殊的基督教信仰,虽喋喋不休地强调个体及其自身在救赎中的作用,并制定 134
了比任何其他宗教都详尽的原罪目录,但从未被用作麻醉剂。实际上,现代意识形态,不论是政治的、心理学的还是社会的,都比我们已知的任何宗教更适于抚慰人的心灵和抵挡现实的冲击。与二十世纪的各类迷信相比,对上帝旨意的虔诚服从就像拿出孩子口袋里的小刀与原子弹一拼高下一样幼稚。)相信公民社会的“良好道德”最终要依靠对来世生活的恐惧和希望,而非良好常识的看法,仍然萦绕在十八世纪政治人的头脑中;例如英国法庭理所当然地认为,“不信来世的人的誓言不足为凭”,这样做不是出于政治原因,而是因为“只有信的人……出于对地狱的恐惧,才不会撒谎”。[2]但对十九世纪的政治人来说,这样的想法简直令人愤慨。

---

① 从法案序言起草到马萨诸塞州宪法,*Works*,第四卷,第221页。

② 约翰·斯图尔特·密尔:《论自由》,第2章。

简单来说,对来世信仰的丧失是从政治上(虽然的确不是从精神上)使我们现时代与前现代区分开来的最重要标志。因为无论我们的世界可以变得多么富有宗教性,或还有多少真正的信仰存在于其中,或我们的道德价值多么深地根植于我们的宗教体系,对地狱的恐惧都不再是阻止或激发大多数人行为的动机。如果世界的世俗化意味着生活的宗教领域和政治领域的分离的话,这个结果似乎就是不可避免的;在这样的情况下,宗教必定要丧失它的政治因素,正如公共生活必定要丧失超越权威的宗教认可一样。此时最好记得,柏拉图关于如何说服多数人去遵从少数人标准的设计,在没有得到宗教认可之前仍然是乌托邦性质的;其确立少数人对多数人统治的目的是如此昭彰,以至于无法应用。基于同样的原因,一旦来世信仰的政治用途被以下事实公然暴露出来,即人们发现在它们脱离了整个教义信仰体系后仍有保存价值,那
135 么,这些信仰就立刻从公共领域中被遗弃了。

六

在本文中尤为值得关注的是,虽然权威关系的所有模式、原型、榜样,例如政治家作为疗治者和医生,作为专家、舵手,作为有知识的人、教育者、智者,都发源于希腊并在历史中得到了忠实保存,直至在反复阐述中变成老生常谈,但另一个使“权威”作为词语、概念和现实写入我们历史的政治经验,即罗马的奠基经验却似乎完全被遗忘了。对罗马经验的遗忘到了这样的地步:我们一开始谈论和思考权威(毕竟它是政治思想中的一个核心概念),就仿佛陷入了一个由人名、抽象名词和隐喻组成的迷宫,在其中每个事物都能被理解和误解为其他事物,因为我们在历史和日常生活中缺乏可以共同诉诸的现实。这表明(就像在其他地方也得到证实的一样),希腊概念一旦借助权威和传统被罗马人所接受,就完全从历史意识中抹除了所有与它们的框架不适合的政治经验。

不过，这个陈述并不完全是真的。在我们历史中还存在着一类事件，对这类事件来说，奠基的概念仍是决定性的；在我们的思想史中还存在着一位政治思想家，奠基概念在他的著作中占据了中心地位。这类事件就是现代革命，这位思想家就是马基雅维利，他站在现代的门槛上，虽然他没用过革命这个词，但他却是第一个构想了一种革命的人。

马基雅维利在政治思想史上的独特地位，与他常受赞誉但并非无可指责的现实主义没多大关系，他当然也不是政治科学之父——一个现在经常被指派给他的角色。（如果按政治理论来理解政治科学的话， 136
当之无愧的政治科学之父是柏拉图而非马基雅维利。如果强调政治科学的科学性的话，政治科学的诞生就不会早于所有现代科学的出现之前，即十六和十七世纪。在我看来马基雅维利理论的科学性常常被过分夸大了。）他不在乎道德判断和不拘陈见的特点确实十分令人吃惊，但还不是关键；这些特点有助于他声名大震，但无助于对他作品的理解，因为直到今天，他的大多数读者都为此震惊不已而不能恰当地阅读他。当他坚持说在公共—政治领域中，人“应当学会如何不善”[①]的时候，他的意思当然不是说人们应当学会如何作恶。毕竟也几乎没有另外一位政治思想家怀着如何强烈的不屑，谈论“一个人确实可以借此获得权力而非荣耀的办法”。[②]真相是，只有他，既反对我们在传统中看到的那种善的概念，即希腊的“有益于”或“合宜”的概念，也反对基督教的、不属于这个世界的绝对善的概念。在他看来这两种概念只在人类生活的私人领域中有效；在政治的公共领域，他们并不比他们的反义词，不适宜、无能和邪恶等更有用。另一方面，马基雅维利专门用来指人的政治品质的“德性”（virtù）一词，既不像罗马的德性（virtus）那样有道德含义，也不像希腊德性（ἀρετή）那样指与道德无关的卓越，而是指人所唤起的对世界的回应，或回应命运（fortuna）的聚合，在这种聚合中世界向人敞开，显

① 《君主论》，第 15 章。

② 《君主论》，第 8 章。

示或赠予自身，并对他的德性发出召唤。没有命运就没有德性，没有德性就没有命运；德性和命运之间的相互作用暗示了一种人与世界的和谐——彼此游戏、彼此推进，这种德性既不同于政治家的智慧，也不同于个人道德或其他方面的优越性或专家才能。

马基雅维利从他的时代斗争中学到的经验，教会了他对所有传统的深刻蔑视，无论是由教会加以表述、培育和重新解释的基督教传统，
137 还是希腊传统。他的蔑视针对一个腐蚀了意大利政治生活的腐朽教会，但他也论证了，由于教会的基督教性质，这样的腐朽是不可避免的。毕竟他不仅亲眼目睹了教会的腐败，而且也目睹了对腐败的反抗：来自多明我会和方济各会的热忱的宗教复兴，在萨沃那洛拉(Savonarola)[①]的狂热中达到了顶点，对此他怀着极大的敬意。对这些宗教力量的尊敬和对教会的蔑视一起，让他得出了在基督教信仰和政治之间存在着某种不平衡的结论，也对我们时代最初的几个世纪做出了颇为奇特的提醒。他的观点是，宗教和政治之间的任何联系都会导致对彼此的腐蚀，而一个未腐败的教会尽管更值得尊敬，也会比它当今的腐败状况对公共领域造成更大的破坏。[②]他没有注意到的是（也许在他的时代不可能注意到），罗马对天主教会的影响确实不及其基督教内容和其希腊理论参照框架对天主教影响那样显著。

促使马基雅维利寻求罗马人核心政治经验（遵循罗马人自己原初对它的表述，并同等地远离基督教敬虔和希腊哲学）的动机，不仅是爱国主义和当时流行的对古代兴趣的复活。他对古代重新发现的最伟大之处在于，他不是仅仅复活了或诉诸一种已得到明确表述的概念传统，而是他亲自阐明了那些罗马人也未加以概念化，只是出于表达习惯而

① 萨沃那洛拉(1452—1498)，激进的意大利宗教改革家，鼓吹禁欲主义，后被处死。——译注

② 特别见《李维史论》，book III，第 1 章。

根据希腊哲学术语加以表述的经验。[1]他认识到罗马的整个历史和思想方法都以奠基经验为基础，并且他相信，通过一个统一的意大利的创建，可以重复罗马经验，使之成为意大利民族“永恒”政治体的神圣基石，就像永恒之城（the Eternal City）的创建曾是古意大利民族的神圣基石一样。他意识到国家的诞生及要求一种新政治体的当代起点（为此他使用了一个那时还不为人所知的词，la stato），正是这一点使他完全有理由被公认为现代民族国家之父，以及所谓“国家理由”（reason of state）思 138
想的代表。更令人惊讶的是（虽然更少为人所知），马基雅维利和罗伯斯庇尔似乎经常说着同样的语言。当罗伯斯庇尔以“反暴政的自由之专制”的说法来为恐怖辩护的时候，他有时听起来几乎是在逐字逐句地重复马基雅维利的著名宣言，即对于创建新政体和改造腐化政体来说，暴力是必需的。

由于马基雅维利和罗伯斯庇尔在这方面的言论都超出了罗马人自己关于奠基的说法，他们俩的相似性就更让人吃惊。确切地说，奠基和专制之间的联系从罗马人那里也能学到，例如西塞罗，就直言请求西皮奥（Scipio）成为创立共和国的独裁者（dictator rei publicae constituendae），攫取专制权力来恢复共和国。[2]像罗马人一样，马基雅维利和罗伯斯庇尔感到奠基是核心的政治行动，是确立公共—政治领域和使政治成为可能的一个伟大业绩；但是与罗马人不同的是，对罗马人来说奠基是过去的事件，而马基雅维利和罗伯斯庇尔认为，为了这个最高“目的”，所有“手段”（主要是暴力手段）都是合法的。他们完全以制造的形象来理解奠基行动；对他们来说，问题是如何实际上“制造”一个统一的意大利或一个法兰西共和国，他们对暴力的辩护也受到下面这个隐而不宣的论证的引导，并接受了其内在可信性：你造一张桌子就不能不砍树，做

① 奇怪的是很少看到西塞罗的名字出现在马基雅维利的作品中，而且在马基雅维利解释罗马历史的时候也小心翼翼地不提到他。

② 《论共和国》，VI，12。

一个煎蛋卷就不能不打碎鸡蛋,创造一个国家就不能不杀人。马基雅维利和罗伯斯庇尔不是罗马人,他们所能诉诸的权威反而是柏拉图,而柏拉图也建议政府采取暴政,从而使"变化可以来得更简单迅速"。[①]这一点对革命史的影响是致命的。

一方面马基雅维利重新发现了奠基经验,一方面他在为了最高目的而使用(暴力)手段是合法的意义上重新阐释这一经验,正是这两方面使他可以被视为现代革命的先驱;现代革命的特征正如马克思所评
139 论的:法国革命穿着罗马人的服装登上了历史舞台。在我看来,除非认识到罗马人对奠基的热情如何激励着革命者们,否则就无法恰当地理解现代西方革命的辉煌与悲壮。因为如果我的怀疑是正确的:当前世界的危机首先是政治危机,臭名昭著的"西方的没落"首先在于罗马式宗教、传统、权威之三位一体的没落,以及同时发生的,以罗马奠基为特定形态的政治领域的衰落,那么,现代革命看起来更像是这样的巨大尝试,即通过建立新政治体——它们在很多个世纪里为人类事务赋予了尊严和伟大——来修复这些基础,重续传统断裂的纽带。

在所有这些尝试中,只有一次尝试是成功的,那就是美国革命:建国之父们(他们配得上这个称号)不借助暴力而借助一部宪法建立起一个全新的政治体。这个政治体至少持续到了今天,尽管在美国比在世界的其他地方,现代世界的典型现代性特征在一切非政治生活领域中都有着更极端的表现。

这里不打算讨论政治结构为什么能在如此激烈动荡的社会不稳定因素下还稳如磐石。美国革命相对较为温和似乎确实是它成功的一个重要因素,在美国,暴力多多少少限于正规战争。也可能是由于建国之父们摆脱了欧洲民族国家发展的影响,从而更接近原初的罗马精神。也许更重要的是,奠基行动,即美洲大陆的殖民地开拓,在《独立宣言》颁

① 《法律篇》,711a。

布之前就已经存在了,以至于宪法的制定依靠既存宪章和契约,只不过是把已经存在的政体加以确认和合法化了,而并非重新塑造了一个新政体。[1]由此,美国革命中的行动者们完全省去了“开创一个新秩序”的麻烦;也就是说,他们省去了马基雅维利曾谓之“没有什么比实现它更 140
困难,比成就它更可疑,比应付它更危险”[2]的行动。马基雅维利必定深知这一点,因为像罗伯斯庇尔、列宁以及所有以他为先驱的伟大革命家一样,他最热切渴望的事情莫过于开创一种事物的新秩序。

不管怎样,我们通常把革命看成是与传统的彻底断裂,但本文显示出,革命乃是行动者受到来自传统源头的伟大力量的激发,并始终从传统源头中汲取力量的事件。它们似乎是罗马—西方传统为紧急时刻提供的唯一解救之道。可是不仅是二十世纪的各种革命,而且自法国革命以来的所有革命都走错了路,要么以旧体制的复活为终结,要么以专制为终结,这一事实似乎表明,传统所提供的这个最后解救之道也不再是合适的道路了。我们已知的、起源于罗马奠基经验并根据希腊政治哲学来解释的权威,在任何地方都无法通过革命或其他更无前途的修补手段来重建,也不可能通过时不时在公共舆论中泛起的保守情绪或潮流来恢复。因为我们生活在这样一个政治领域中:没有权威,同时也没有对权威的来源超越了权力的意识,那些掌权的人打算革故鼎新,却没有一个关于神圣开端的宗教信仰,面对人类共同生活的基本问题,我们没 141
有传统的,从而自明的行为标准作为屏障。

---

① 这些假定当然要通过对美国革命的细致分析来证明。

② 《君主论》,第6章。

第四篇
何为自由?

一

何为自由?提这个问题似乎就是一场无望的探寻。似乎有许多古老
的矛盾和悖论等在前面,要逼迫我们的心灵陷入各种逻辑上不可能的
两难困境,以至于无论我们紧紧抓住两难困境的哪一头,都无法想象自
由或它的对立面,就像无法想象一个“圆的方”一样。这种困难最简单地
可以概括为意识和现实的冲突,我们的意识和良知告诉我们,我们是自
由的,能负责任的,可是我们在外部世界的日常经验中却受着因果律的
支配。在所有实践事务,特别是政治事务中,我们都把人的自由当成一
条自明真理;人类共同体中法律的颁布,决议的制定,判断的下达,都建
立在这个公理性假设的基础上。可是相反,在所有科学及理论探索的领
域中,我们却从同样自明的“有因必有果”(nihil sina causa)的原理出发,
143 即从这样的假定出发:“我们自己的生命最终服从因果律”; 并且相信,
即使我们身上有一个终极的自由自我,它也不会清楚无误地呈现在现
象世界中,从而成为理论上可以加以确定的主题。结果,一俟心理学深

入探测所谓最内在的领域,自由就变成一个幻象,因为"在自然界中,作为运动原因起作用的力,在精神领域中也有它的对应物,就是作为行动原因的动机"。[①]的确,因果性的试金石,即在已知全部原因的条件下,结果的可预测性,不能应用在人类事务领域中;但是这种现实不可预测性并非自由的准则,只不过意味着我们还不知道全部起作用的原因,一方面是因为涉及因素的数目庞大,另一方面也是因为与自然力不同,人性动机对所有旁观者来说始终是隐藏的,不论是我们周围人的调查还是内省都难以发现它。

对这些晦涩问题的最大澄清要归功于康德以及他的洞见:内知觉和内经验领域并不比我们用于理解和认识世界的外感觉更能确证自由的存在。无论因果性是否在自然及宇宙范围内起作用,它都是为所有感觉材料赋予秩序,而无论这些材料性质为何——从而使经验成为可能的一种心灵范畴。因此,实践的自由与理论的不自由(在它们各自领域内都是不证自明的)之间的对立,不仅仅关涉到科学和伦理之间的二元分立,而且也存在于科学和伦理作为各自出发点的日常生活经验中。不是科学理论而是思想本身,在其前科学和前哲学的知性上,消解了作为我们实践行为基础的自由,使之化归于无有。因为每当我们立足于我们是自由行动者的假定去反观一项行动时,我们就发现似乎陷入了两类因果律的支配下,一方面是内在动机的因果律,另一方面是统治外部世界的因果法则。康德通过"纯粹理性"或"实践理性"与理论理性的区分,把自由从这双重的攻击下解救出来,实践理性的核心是自由意志。可是 144
重要的是要记住,按照这一区分,在实践上无比重要的、有自由意志的行动者,却从来不出现在现象世界中,既不出现在我们五官所感觉的外部世界中,也不出现在我感知我自身的内在领域内。这个将意志命令置于理性理解对立面的解决方案堪称天才,以至于足以建立起一种在逻

① 我依据的是马克斯·普朗克,"因果律与自由意志"(《新科学》,纽约,1959)。因为站在科学家立场上写的这两篇文章,拥有一种非简化性的简洁明晰的古典美。

辑连贯性上不亚于自然法则的道德法则。但是它仍未消除自由问题的最大、最危险困难,那就是思想本身,无论在其理论还是前理论形式上,都让自由消失不见了——这听起来确实有些奇怪。撇开下面的事实不说,即根本活动在于指示和下命令的自由意志,应当是自由起锚的所在。

自由的难题对于政治问题来说更为关键,没有哪个政治理论能任这个难题堕入"让哲学也迷失了方向的晦暗森林"[①],还可以我自岿然不动。下面的讨论主要要澄清,造成这种晦暗不明的原因在于,自由现象根本不出现在思想领域中,无论是自由还是它的反面,即不自由,都不会在我和我自己的对话[②]中被经验到,而伟大哲学及形而上学问题却都是从这种自我对话中产生的。还有,哲学传统不但没有按照自由在人类经验中被给出的方式来阐明自由理念,反而歪曲了自由理念,把它从它原初所在的政治领域和一般的人类事务领域,转移到了意志的内在场所,在那里接受自我省察。至于这一哲学传统的起源我们后面再谈。作为这个考察路径的一个初步辩护,首先有必要指出,历史上,在所有古老的形而上学问题,如存在、虚无、灵魂、自然、时间、永恒等等中,自由问题最晚成为哲学探索的主题。在自前苏格拉底到古代最后一位哲学
145 家普罗提诺的整个伟大哲学史中,自由一直都没有受到关注。自由在我们哲学传统中的首次露面,发生在宗教对话的经验中,首先是在保罗那里,然后是在奥古斯丁那里。

真正说来,自由不是作为一个问题,而是作为一个日常生活的事实而为人所知晓的领域,是政治领域。直至今日,无论我们知不知道,当我们谈及自由难题的时候,政治问题以及人是一个天生被赋予了行动能力的存在者的事实,都总是在我们的心中浮现出来;因为在人类生活的所有能力和潜能当中,行动和政治是唯一我们如果不至少假定自由存

① 我依据的是马克斯·普朗克,"因果律与自由意志"(《新科学》,纽约,1959)。因为站在科学家立场上写的这两篇文章,拥有一种非简化性的简洁明晰的古典美。

② 柏拉图哲学传统把思想理解为我和我自身的对话。——译注

在着，就根本无法想象的东西。如果不是或隐或显地涉及到人的自由的问题，我们就几乎不能碰触任何政治话题。此外，自由不仅像正义、权力或平等之类，是严格意义上的政治领域中的众多问题和现象之一；而且，自由实际上是人们在政治组织内共同生活的理由，只不过在少数情况下变成了政治行动的直接目标，如在危机或革命年代。没有自由，政治生活本身就是无意义的。政治的存在理由(raison d'être)是自由，它的经验场所是行动。

这种在所有政治理论中都被我们视为理所应当的，并且使那些赞美专政的人也不得不考虑的自由，恰恰是内在自由——人们可以逃避外在强制而感觉自由的内在空间——的对立面。这种内在自由既然不在外部呈现，按定义也就与政治无关。无论它有什么样的合法性，无论它在古代晚期得到了多么精彩的描述，它都是历史上较晚出的现象，并且原本都是避世离俗，迫使世界经验向内在自我经验转化的产物。就内在自由总是假定着从一个否定自由的世界中退却，退回到没有其他人可以进入的内在领域而言，其经验始终是派生性质的。绝不能把这个自我躲避世界的内在空间当成心灵(heart)或思维(mind)，因为心灵和思维也只在与世界的相互关系中存在和发生作用。不是心灵或思维，而是 146
以自我本身作为绝对自由场所的向内属性(inwardness)，在古代晚期的时候被那些在世界上找不到位置的人发现了；从而这些人失丧了一种在世状况(worldly condition)，这种在世状况从古代早期直到十九世纪中叶都被一致认为是自由的先决条件。

如果我们追溯内在自由的起源的话，内在自由的派生性质，或所谓"意识内在王国"是"人类自由之正当领地"[①]那套理论的派生性质，就暴露得更明显了。内在自由的代表人物不是渴望表现、发展、扩张的现代个人：他们有理由畏惧和防范社会对个人的压制，并强调"天才的重要

① 密尔，《论自由》。

性”和原创性；而是古代晚期的民众和大众化哲学宗派。这些哲学宗派徒有哲学之名，他们对内在自由绝对至上性的最有说服力的论证，可以在爱彼克泰德（Epictetus）的一篇文章中找到，他声称自由就是一个人按自己的愿望生活，[1]这个定义以奇特的方式回应了亚里士多德在《政治学》中的一句话：“自由意味着做一个人想做的事情”，却是从一个不知自由为何物的人的嘴里说出来的。[2]爱彼克泰德继续表示，一个人是自由的，只要他把自己限制在他权能所及的范围，不去进入他被阻止进入的领地。[3]“生活的科学”[4]在于知道如何分得清，哪些属于一个人对之没有权能的异己世界，哪些属于他愿意以他认为合适的方式加以处置的自我。[5]

注意到这一点是有趣的：历史上，在自由问题出现于奥古斯丁哲学中之前，人们就尝试有意识地让自由观念从政治中摆脱出来，并力图提出一个人即使在世为奴也不失其自由的主张。从概念上来说，不受自身欲望束缚的爱彼克泰德式自由，不过是对古代通行的政治观念的一种反动；而这一整套大众哲学得以阐发的政治背景，即自由在晚期罗马帝
147 国中的明显衰落，从诸如权力、支配、财产等观念在当时所处的地位中就可以清楚地看出来。按照古代人的理解，一个人只有通过征服他人才能让自己摆脱必然性的束缚，他只有在世界中拥有一个位置，一个家，他才是自由的。但爱彼克泰德把这些在世关系统统转换为人在他的内在自我中的关系，由此他发现，没有什么权能比人加于他自身的权能更加绝对，人和自身搏斗并克制自我欲望的内在空间完全属于他自己，也就是说，比任何世间居所都更安全和不受外部侵害。

---

① 见“论自由”，《论文》，第四卷，第1章第1节。

② 1310a25 ff.

③ 前引书，§75。

④ 同上，§118。

⑤ 同上，§81和§83。

由此可见,尽管一种内在的、非政治的自由概念对思想传统产生了重大影响,我们仍然有理由说,一个人如果不是首先经历过作为一种世间有形实在的自由状况,他就根本不知道内在自由。我们首先是在与他人的交往中,而不是在与自我的交往中,意识到了自由或自由的对立面。在自由成为一种思想属性或意志品格之前,它被理解为自由人的身份,这种身份能让他自由迁移,走出家门进入世界,在那里用言辞和行动与他人相遇。这种自由以解放为先导:为了自由,一个人必须让自己从生存必然性中解放出来。但是解放行动并不自动导致自由的身份。除了解放之外,自由还需要在同样状态下的他人的陪伴,从而需要一个与他们相遇的公共空间—— 一个政治上组织起来的世界,换言之,每个自由人能以言辞和行动切入的空间。

显然并不是每一种人类交往方式和每一类共同体都以自由为特征。在人们共同生活却不结成一个政治体的地方,例如在部落社会或私人家庭内,规定他们的行动和行为举止的就不是自由,而是生活必需品的获得和对维生的关切。另外,在人为世界没有成为行动和言说舞台的地方,例如专制统治社会把臣民限制在家庭的狭隘场所,禁止公共空间 148
出现,这样,自由也不是一个世间实在。没有一个从政治上得到确保的公共领域,自由就没有得以显现的在世空间。确实它也仍然可以作为欲求、意志、希望或渴望,居住在人心里面,但我们都知道,人心是一个十分黑暗的所在,在人心的幽暗中发生的任何事情都几乎不能称作一个可确证事实。自由作为一种可确证事实,与政治共存并彼此交织,犹如同一枚硬币的两面。

可是按照我们当前的政治经验,我们恰恰无法把政治与自由的共存视为理所当然。极权主义的崛起,它让所有生活领域都听命于政治的主张,它对公民权利的一贯拒绝承认,特别是对隐私权和独立于政治的自由权利的拒斥,都不免让我们怀疑政治和自由能否共存,甚至怀疑二者是否相容。我们更容易相信自由开始于政治终结之处,因为在我们眼见所谓的政治考量排除了其他一切的时候,自由也消失了。“政治越少,自由越多”的自由主义信条难道不是对的吗?难道不是政治占据的空间越小,留给自由的领地越大?的确,我们不就是以任何既定共同体给予明显属于非政治性活动的自由的范围大小,如经贸自由、教学自由、宗教自由、文化和智力活动自由的范围大小,来衡量这个共同体的自由程度的吗?难道不正是我们所有人都在某种程度上相信,政治与自由的相容,仅仅因为并只在于政治保证了一种可以脱离政治的自由?

把政治自由(political liberty)定义为一种潜在的脱离政治的自由(a potential freedom from politics),这一定义不仅仅是我们最切近的经验迫使我们学到的;而且这个定义在政治理论史中也占有重要地位。我们无需追溯得很远,只要想想十八、十九世纪的政治思想家就够了,他们往往简单地把政治自由等同于安全。政治的最高目标,“政府的目的”,是保卫安全;反过来,安全使自由成为可能,“自由”一词指一种发生在政
149 治领域之外的活动的要义。甚至孟德斯鸠也偶尔地把自由等同于安全,[1]虽然他对政治的本质做了与霍布斯或斯宾诺莎截然不同的和更高的评价。十九和二十世纪社会与政治科学的兴起,更加大了自由与政治之间的裂隙;因为自二十世纪初就被等同于整个政治领域的政府,与其说被看成是自由的指定保护人,不如说被看成是生命过程、社会利益及其个人利益的指定保护人。安全始终是政府的第一要务,不过不是像在霍布斯笔下的、个人避免“暴死”的安全(在他那里全部自由就是摆脱恐惧的自由),而是允许整个社会的生命过程不受干扰地发展的安全。这个生命过程遵循它自身的内在必然性,与自由没什么干系;它被称为自由的,不过是在我们说一条流淌的河也是自由的意义上。在这里自由甚至不是政治的非政治目标,而是政治的一种边际现象——在某种程度上构成了一种除非生命本身及其直接利益和必需品受到威胁,政府就不

① 见《论法的精神》,XII, 2:“哲学上的自由是要行使自己的意志……政治上的自由是要有安全。”

应当逾越的界限。

因此我们不仅有理由不相信政治是为着自由的缘故，而且整个现代世界都从事着让自由和政治分手的工作。我也可以追溯到更久远的过去以唤起更古老的记忆和传统。的确,前现代的世俗自由概念强调的就是从对政府的任何直接参与中摆脱出来的臣民自由；正如查理一世在他的断头台演说中所总结的:“独立和自由(liberty and freedom)在于有一个法律的政府，那些法律保护他们的生命和财产完全掌握在自己手中。自由不是为了分享与他们无关的政府权力。”人民最终要求参与政府或进入政治领域,不是出于对自由的渴望,而是出于对那些有权处置他们的生命和财产的人的不信任。此外,基督教的政治自由概念来源于早期基督徒对公共领域本身的怀疑和敌视,他们为了不受拘捕,要求 150
免除公共领域的干预。从上可知,基督教自由(为着得救)的前身是哲学家弃绝政治的自由,对哲学家来说,脱离政治是通往更高、更自由的生活方式,即沉思生活(vita contemplativa)的前提。

尽管传统的重负和我们自己更有切肤之痛的经验都在促使我们走上一条让自由和政治分手的道路，但当我说政治的存在理由是自由以及这种自由首先在行动中被体验到时，我相信读者仍会以为他读到的只是一句古老的自明之理。下面我要做的只不过是对这一古老真理的反思。

二

与政治相关的自由不是一种意志现象。我们这里讨论的不是选择自由(liberum arbitrium)，即在两个给定物,一个好、一个坏之间做权衡选择的自由;因为选择是被动机预先决定了的,我们不过是给出让它实现的理由:“这样，既然我不能成为一个爱人,/ 享受这甜言蜜语的美妙时光,/我就决心成为一个恶棍,/并憎恨这些时日的无聊满足。"与政治相关的自由不如说是(让我们仍然引用莎士比亚的话)布鲁图斯(Brutus)的自由:"事情必将如此,要不然我们也会令它如此,"也就是说,让以前不存在的事情出现的自由。这个事情不是给定的,甚至不是认知或想象的对象,从而严格来说还不为人所知。行动是自由的,意味着一方面必须不受动机的束缚,一方面不受作为可预测结果的意向目标的束缚。这并不是说动机和目标在单个行动中不重要,相反,它们是每个行动中的决定性因素,但行动是自由的,就在于它能超越它们。就行动是被决定的而言,它受一个未来目标的引导,理智在意志愿意行动之前已经理解了这个目标的可欲性,从而理智召唤意志,因为只有意志能命令行
151 动——这段话改写自邓斯·司各脱(Duns Scotus)对行动过程所做的典型描述。[①]行动目标随着变化的世界形势而不断改变,确认目标不是自由的任务,而是或正确或错误的判断的任务。意志,作为人特有的,与其他机能分殊的能力,跟在判断后面,即对正确目标的认知的后面,指使着行动的执行。下命令的能力,行使的能力,也不是自由之要务而是力量或软弱的问题。

行动是自由的,在于它既不受理智的引导,也不听从意志的指使,而是有着某种完全不同的来源,我称之原则(仿照孟德斯鸠对政府形式的著名分析),尽管它执行任何特殊目标都需要这两者。原则不像动机那样从自我内部,即从"我自己的不足"或我的"美好权衡"出发来运作,而是仿佛从无中生出来;他们过于泛泛而不能规定任何特殊目标,尽管行动一发起,每个特殊目标就都要根据其原则来评判。与作为行动之先导的理智判断不同,也与发起行动的意志命令不同,令人鼓舞的原则只在表演的行动本身中充分显现出来;而且,如果说在判断与意志联合起来执行行动的过程中,判断会丧失其有效性的优点,意志会消耗掉其掌

① Oxon, IV, d. 46, qu.1, no.10.

控力的话，那么激发行动的原则不仅贯彻始终，而且在力量或有效性上丝毫不会有所损失。与行动的目标不同，行动的原则可以一次次重复而不枯竭；与行动的动机不同，原则有着不受制于任何特定个人或特殊团体的普遍有效性。不过，原则只在行动过程中出现，只要行动持续着，它们就展现在世上，行动停止了，它们也就不存在了。这样的原则是荣誉、荣耀或平等之爱，孟德斯鸠称之为德性、优异或卓越，即希腊人的ἀει ἀριστεύειν（“总是竭尽全力要成为所有人中最优秀者”），但也可能是恐惧、不信任或仇恨。从而自由或其对立面就在这样或那样的原则实现的时候，出现在世界上了；自由的展露，如原则的显现一样，与表演着的行动是共存共生的。只要人们行动，他们就是自由的（区别于他们所 152
拥有的自由天赋）；自由既不在行动之前，也不在行动之后；因为成为自由的和去行动是一回事。

内在于行动的自由大概最好地体现在马基雅维利的德性（virtù）概念中，virtù 是人回应世界以命运（fortuna）的假面形式在他面前敞开的机会时体现的卓越。它的意思最恰当地可阐释为“秀异”（virtuosity），也就是我们归于表演艺术（有别于制作的创制技术）的一种卓越，它成就于表演本身当中，而不是成就在活动产生的、在活动之后仍独立存在的一个最终产品（end product）中。马基雅维利的德性的秀异性质（virtuoso-ship），让我们想起希腊人总是用吹笛、跳舞、治疗、航海这类比喻来表示政治活动与其他活动的不同，也就是说，他们把政治比作那些精湛表演在其中起关键作用的艺术。

由于所有行动都包含着秀异要素，而且它是我们归之于表演艺术（performing arts）的卓越，因此政治常常被定义为一种艺术。当然这只是一个比喻而不是定义，但如果某人因此作出一种常见的错误理解，把国家或政府设想成一件艺术品，一项集体的杰作，就把这个比喻完全用错了。就创制艺术（creative arts）产生了某个有形之物，并使人类思想对象化为拥有自身独立存在的产品而言，政治恰恰是创制艺术的对立面（顺带说，这一点并不意味着它就是一门科学）。一个无论设计得良好还是糟糕的政治体制，其持久存在都依赖于行动着的人；它们的维持也要通过令它们形成的同样方式。独立存在是艺术品作为创制物品的标志；必须依赖持续的行动来保持存在则是国家作为行动产物的标志。

这里的关键不是创制艺术家在创制过程中是否有自由的问题，而
153 是创制过程不公开展示，也不打算在世显现。的确，创制艺术中的自由要素始终是隐而不现的；最终呈现在世界上的和对世界有影响的东西不是自由的创制过程，而是艺术品本身，即创制过程的最终产品。与之相反，表演艺术确实跟政治有着更强的联系。舞蹈家、演奏家、音乐家之类的表演艺术家需要在观众面前展示他们的精湛才艺，正如行动者的行动需要他人的在场来向他们展现；两者的“作品”都需要一个公共“组织化”的空间，两者的表演又都依赖他人的在场。这样一种显现空间并非只要人们一起生活在一个共同体内就理所当然地存在了，希腊城邦一度正是那样的“政府形式”，为人们提供了一个他们可以在其中行动的表现空间，一个自由得以展露的舞台。

在希腊城邦的意义上使用“政治的”这个词既非随意取舍，也非有意索沉钩远。在所有欧洲语言中，这个词都是从历史上存在过的希腊城邦国家这一独特组织中派生出来的，不仅在词源学上，而且在学者对这个词的使用上，这个词都始终回响着最早发现了政治领域及本质的城邦共同体的经验。谈论政治及其最内在本质，却不在一定程度上借鉴希腊和罗马的古代，无论如何都是困难的甚至误导的。在希腊城邦的意义上使用这个词的原因无他，就在于在希腊城邦之前和之后，人们都从未如此重视政治活动并为政治领域赋予了如此高的尊严。就自由和政治的关系而言，还有一个原因就是，只有古代政治共同体是明确建立在为自由人——既不是受制于他人的奴隶，也不是为生活必需品所迫的劳动者——服务的目标上的。从而，如果我们在城邦的意义上理解政治的话，政治的目的或存在理由（raison d’être）就是建立和保存一个空间，让

作为“秀异”的自由得以展现。在那个空间里，自由成了一个看得见摸得着的世间实在，在言词中可听，在行动中可见，在事件中可谈论、记忆并 154
转化为故事，最终融入人类历史的伟大故事书。任何发生在这个显现空间里的事情本质上就是政治的，即使它不是行动的直接产物。而发生在这个空间之外的事情，无论多么感人或值得铭记（如蛮族帝国的伟业），严格来说都并非政治之事。

从政治领域的经验中引出自由概念的每一次尝试之所以听起来奇怪和令人惊诧，是因为在这些问题上，我们所有的理论都受这样一个看法的支配：自由是意志和思想的属性而非行动的属性。把意志和思想放在首位并非仅仅是因为，在每个行动发生之前，必须在心理学上有一个理智的认知行为来作决定，一个意志的命令行为来贯彻决定，而是（甚至首先是）因为人们相信，“完美自由与社会存在是不相容的”，完美状态的自由只有在人类事务领域之外才是可能的。这一通行主张并非坚持思想在本性上比人的任何其他活动需要更多自由（这个看法也许是对的），而是认为思想本身并不危险，需要限制的只是行动：“没有人假装行动应当和意见一样自由。”[①]当然，这属于自由主义的一个基本信条。自由主义尽管美其名曰自由，实际上也加入到把自由观念驱逐出政治领域的行列中了。因为自由主义循着同一套哲学，认为政治必须一门心思地关心维持生计和捍卫生命利益。自现代肇始以来，由于生命安危成为人们的首要关切，结果，所有行动都根本上屈服于必然性之轭下；而照料生命必需品的专门领域是社会经济生活领域，对这个巨型的且不断扩张的领域的管理活动，已经遮蔽了政治领域。只剩下外交事务看来是唯一属于纯粹政治领域的活动了，因为国与国的关系仍然立足于不能简化为经济因素的敌对和同情。不过即使在那里的主导趋势也将是完全从经济因素和利益出发，来考虑国际权力关系和竞争伙伴问题。 155

① 约翰·斯图尔特·密尔，前引书。

可是正如我们不顾所有这些理论和主义,仍然坚持“自由乃政治之存在理由”是自明之理一样,我们也不顾我们明显一门心思关心生命的事实,坚持认为勇气是政治的一项主德,虽然我们本应最有理由斥责勇气为愚蠢,甚至把它视为对生命及其利益,即公认的最高善的恶毒贬低。勇气是一个大词,我指的并不是一个人只是在面临危险和死亡的时候,为了活得纯粹彻底而甘冒生命危险的那种大无畏精神。鲁莽者对生命的关心并不亚于怯懦者。我们始终以为对政治行动来说不可缺少的勇气,和丘吉尔曾经谓之的“人的首要品质,因为它是一种保证了所有其他品质的品质”,并不是用来满足我们个人生命感觉的,而是公共领域本身的性质要求我们的。因为我们这个世界,这个在我们出生之前存在,在我们死后还将继续存在的世界,不能靠着把个人生命及其相关利益放在首位来维系。就此而言,公共领域和我们的私人领域始终处在尖锐的对立当中,因为在后者那里,在家庭和房屋的庇护下,一切事情都以生命过程的安全为目的,也必须以生命过程的安全为目的。离开私人领域四面墙的保护和进入公共领域之所以需要勇气,不是因为有什么特定危险等着我们,而是因为我们将跨入这样一个领域,在那个领域中,对生命的关切不再是正当的了。勇气让人们摆脱生命的忧虑,一心追求世界的自由。勇气不可或缺,乃是因为在政治中,安危所系的不是生命,而是世界。

三

显然,自由与政治互为依存的思想与现代社会理论是格格不入的,
156 不幸的是,并不能由此得出,我们就可以转向古老的前现代传统和理论来寻求帮助。事实上,要达到对何为自由之理解的最大困难恰恰在于这样一个事实:简单地返回传统,特别是返回到我们通常所谓的伟大(西

方)传统,并不能对我们有所帮助。因为不论是古代晚期首次出现的哲学自由概念,即作为一种思想现象的自由使人说服自己出离世界,还是基督教和现代的自由观念,都不是以任何政治经验为基础的。我们的哲学传统几乎异口同声地宣称,自由始于人们离开多数人居住的政治生活领域之时,自由不是在与他人的交往中经验到的,而是在与自我的交往中经验到的,而不论是以自苏格拉底开始,我们称之为思考的内在对话的形式,还是以在自身中发生的冲突,在“我意欲”(what I would)和“我做”(what I do)之间挣扎的形式。后者以折磨得人发疯的对话,首先向保罗,接着向奥古斯丁,揭示了人心的晦暗和软弱。

在自由问题的历史上,基督教传统确实扮演了关键的角色,以至于我们几乎自动地把自由等同于自由意志,即把自由等同于一种在经典古代(classical antiquity)里根本不为人所知的机能。意志,正如基督教所发现的,与众所周知的欲求、意向或打算的能力毫无共同之处,实际上它只有在与它们发生冲突的时候才会引起人们的注意。如果自由真的只是一种意志现象的话,我们就不得不作出结论说,古代人不知道自由。这样的结论当然是荒唐的,但是如果谁想作此断言,他就可以用我前面提到的事实来辩护,即自由观念在奥古斯丁之前的哲学中根本不占有地位。造成这一惊人事实的原因是,自由在古希腊和古罗马都是一个专门的政治概念,是城市国家的本质及公民资格的本质。而从巴门尼德和柏拉图开始,我们政治思想的哲学传统就清楚无误地建立在它跟城邦及城邦公民的冲突之上了。哲学家选择的生活方式被理解为政治生活方式,即 βίος πολικός 的对立面。从而,希腊人理解的作为政治之
157 内核的自由,是一个按定义就几乎无法纳入希腊哲学框架的概念。只有在早期基督徒,特别是保罗发现了一种与政治无关的自由之后,自由概念才得以进入了哲学史。当自由概念被经验为某种在我和我自身之间发生的事情,某种在人际交往以外发生的事情时,自由变成了主要的哲

学问题之一，自由意志和自由成了同义词，[①]自由的存在只有在彻底孤独中才经验得到，“在无人妨碍我和我自身展开激战之处”，在灵魂的“内在居所”和黑暗的“心灵密室”里，进行着一场殊死搏斗。[②]

经典古代并不是对孤独现象毫无体验，它深知孤独的人不再是一个人，而是个一分为二(two-in-one)的人，只有在我和我同伴之间的交往不论被何种原因中断的时候，我和我自身之间的交往才开始。除了这种作为思想的存在论条件的二元论之外，自柏拉图以来的古代哲学还坚持灵魂和身体的二元论。按照灵魂和身体的二元论，人的运动机能被指派给灵魂，据说它能推动身体及自身的运动，在柏拉图思想范围内，这种机能一直被解释为灵魂对身体的统治。可是奥古斯丁理解的发生在灵魂内部“激战”的孤独，对古代来说仍是未知的，因为奥古斯丁投入的战斗不是发生理智和激情(θνμός)之间的冲突，[③]即两种不同的人类机能之间的冲突，而是意志自身内部的冲突。这种在自身同一的机能内部发生的二元对抗，从前都被理解为思想的特点，被理解为我和我自身的对话。换言之，促使思想过程运动起来的一分为二的孤独，在意志上恰恰造成了反效果：它使意志瘫痪和锁闭在自身当中；孤独中的意欲(willing)总是同时是“愿意”(velle, to will)和“不愿意”(nolle, not to will)。

158 考虑到意志的本质正是下命令和被服从，意志仿佛加之于它自身

---

① 莱布尼茨下面的话只不过是概括和表述了基督教传统：“我们的意志是否自由的问题，实际上恰恰意味着，我们是否能够意愿的问题。‘自由’和‘按照意愿’这两个表达说的是同一个意思。”(*Schriften zur Metaphysik* I, “Bemerkungen zu den cartesischen Prinzipien.” Zu Artikel 39.)

② 奥古斯丁，《忏悔录》，第八卷，第9章。

③ 我们在欧里庇得斯那里经常看到这个冲突。美狄亚在谋杀她的孩子前说：“我知道我要犯罪，但是激情(θνμός)比我的审虑更强大。”(1078ff.)；淮德拉(*Hippolytus*, 376ff.)也用同样的口气说。关键是理性、知识和明察等常常太虚弱而无法抵挡欲望的侵袭，这样的冲突常常发生在女人的灵魂中并非偶然，因为她们比男人更少受理性的影响。

的瘫痪效果就更令人震惊。它就像一个"怪物"一样,人可以给自己下命令却不被自身所服从,一个只能被解释为"我愿意"(I will)和"我—不愿意"(I will-not)同时存在的怪物。[①]这实际上已经是奥古斯丁所作的一种阐释了,历史事实则是,意志现象最初体现在这样一种经验中:我愿意的我不做(what I would I do not),另外还有一种是我愿意—却—不能(I-will-and-cannot)。对古代来说未知的,不是有可能"我—知道—却—不愿"(I-know-but-I-will-not),而是我愿意(I will)和我能(I can)不是一回事,即意愿和能力是不一致的(non hoc est velle, quod posse)。[②]因为"我—愿意—并—能够"(I-will-and-I-can)对古代人来说显然是非常熟悉的。我们只需要回想一下,柏拉图是怎样坚称知道如何统治自身的人就有权去统治他人并摆脱服从的义务就够了。更何况自制(self-control)始终是古代一项特有的政治德性,仅仅因为它是一种"我—愿意"和"我—能"高度协调一致,从而在实践中相辅相成的杰出德艺现象。

假如古代哲学了解"我能"和"我愿意"之间的冲突的话,它就会把自由现象理解为一种"我—能"的内在属性,或将之界定为"我愿意"和"我能"的统一。的确,古代哲学从未把自由现象思考为一种"我—愿意"(I-will)或"我—想要"(I-would)的属性。这一断言并非空洞的思辨玄想;甚至欧里庇得斯式的同时存在于灵魂中的理性与激情之间的冲突,也是一个相对较晚出的现象。在古代更为典型,与本文关系更密切的信念是,激情会蒙蔽人的理性,但是一旦理性的声音成功地传达到人内心,激情就不再能妨碍人去做他知道是对的事情。这个信念也是苏格拉底关于德性是知识的教导的基础。我们之所以会诧异于有人竟认为德性是"理性的",可学可教,并非是因为我们对理性的无能有什么高明洞

① 如奥古斯丁在《忏悔录》第八卷第9章考察意志及其力量的著名段落中指出的,"就心灵下命令而言,心灵愿意;就令出不行而言,心灵不愿意。"对奥古斯丁来说,"愿意"和"下命令"当然是同一回事。

② 奥古斯丁,同上。

见，而是因为我们熟悉的是一种自身分裂的意志（同时是愿意和不
159 愿意）。

换言之，对我们来说，意志（will），意志—权力（will-power）和权力意志（will-to-power）几乎是同一的概念；在我们看来权力就居于意志机能中，后者是人在和他自身交往中了解和体验到的。为了这个意志—权力，我们不仅阉割了我们的理性和认识机能，而且也阉割了其他“实践”机能。可是这一点对我们来说难道不是显而易见的吗？用品达的话说，“这是莫大的悲伤：站在一旁，眼睁睁看着正义美好的事物被必然性[强迫着，离我们]远去”。[①]阻碍我做我所知和所意愿之事的必然性，或来自世界，或来自我的身体，或来自我天生就有的，比之其他状况更无力反抗的才能、禀赋和素质的不充分性；就我—愿意和我—能，即自我本身来说，所有这些因素，包括心理因素，从外部制约着我；而满足所有这些环境条件的力量，即让意欲（willing）和知（knowing）从必然性的束缚中摆脱出来的力量，是我—能。只有在我—要和我—能合二为一的地方，自由才会出现。

还存在着另外一条制约了我们对自由意志的通行看法，使之背离了古老的，作为严格意义上政治现象的自由的道路，它起源于一种宗教困境，并在哲学语言中得到了表述。在伴随着现代的兴起而出现的政治思想复兴中，我们可以区分出两类思想家，一类真正可以被称作政治“科学”之父，因为他们从自然科学的新发现中获得启示，其伟大代表人物是霍布斯；另一类相对来说不那么受现代典型发展的影响，而一心想返回到古代的政治思想。但他们这样做不是出于对过去本身的偏爱，而只是因为教会和国家的分离，宗教和政治的分离，已经造成了一个独立的世俗政治领域，这个世俗政治领域是自罗马帝国倾覆以来一直都不为人所知的。政治世俗主义的最伟大代表是孟德斯鸠，他虽不关心严格

① Pythian Ode IV, 287—289.

哲学性质的问题，却深刻意识到基督教的自由概念和哲学家的自由概念对政治目的来说是不够的。为了排除哲学上的自由概念,他明确区分了哲学自由和政治自由,指出它们的不同在于,哲学所要求的自由不过是意志的运用(l'exercice de la volonté),与环境条件和意志所设定目标的达成无关。相反，政治自由在于能够行出一个人必须意愿的事情(la liberté ne peut consister qu' ά pouvoir faire ce que l'on doit vouloir)，这句话的重点在"能够"(pouvoir)上。[①]对孟德斯鸠和对古代人来说都同样显而易见的是，一个行为人缺乏去做的能力就不再能被称为是自由的了,不管他的失败是由外在环境还是内在条件引起的。 160

我选择自制来举例，是因为在我们看来自制显然是一个意志和意志一权力的现象。希腊人,比任何其他民族都更多地反思过节制(moderation)和驯服灵魂这匹驽马的必要性,可是他们从没有把意志当成一种与其他人类能力迥然有别的能力。从历史上来看,人们最早发现意志的存在，是在他们体验到意志的软弱无能而非意志的力量的时候,那时他们和保罗一样说:"意志在我里面;但是如何行出那善,我却不知道。"同样的意志也是奥古斯丁抱怨的,"没有比这个半是愿意,半是不愿意的东西更可恶的了";虽然他指出这是"一种心灵的疾病",他也承认这个疾病对于具有意志的心灵来说是自然的:"因为意志命令有一个意志,它命令的只是它自身而非其他……假如意志是完整的,它就不会命令它自身去有,因为它已经有了。"[②]换言之,如果人真的有一个意志,就必然看起来仿佛总有两个意志同时在同一个人里面,为了占领他的心灵而互相鏖战。从而,意志既强大又软弱,既自由又不自由。

当我们说到意志—权力的无能和受限制时，我们通常想到的是人面对周遭世界的无力感。可是值得注意的是,这些早期证据显示,意志

① 《论法的精神》,XII, 2 和 XI, 3。

② 前引书,同上。

161 不是被什么势不可挡的自然或环境力量打败的；它的现身引起的争战，既非一个人和多数人之间的冲突，亦非身体和心灵的交战。相反，身心关系对奥古斯丁来说甚至是一个鲜明例证，证明了意志内含的巨大力量："心灵命令身体，身体立刻服从；心灵命令它自身，却遭到了反抗。"[1]在这段话里，身体代表外在世界，而丝毫不等于一个人的自我。相反，正是在他的自我中，在"内在领地"（interior domus）里（爱彼克泰德仍然相信在那里，人是他自己的绝对主人），人和他自身的冲突爆发了，意志遭受了挫败。基督教的意志—权力曾经作为一种自我解放的官能被发现，但随即又被发觉是处在匮乏中。事情仿佛是，"我—愿意"立刻让"我—能"陷入瘫痪，似乎人想要自由的那一刻，就丧失了成为自由者的能力。在意志—权力为了让自我从世俗欲望利益中摆脱出来而进行的殊死搏斗中，意志能够获得的最多东西反而是压迫。由于意志的软弱，它不生成真实力量的无能，它在与自我斗争中持续的挫败（"我—能"的力量在这种斗争中耗尽了自身），权力意志（will-to-power）立刻就变成了压迫意志（will-to-oppression）。我在这里仅仅暗示一下把自由等同于人的意志能力在政治理论中造成的致命恶果，直到今天，它也是我们几乎自动地把权力等同于压迫、等同于对他人的统治的原因之一。

无论如何，我们通常所理解的意志和意志—权力，都是从意欲和行使意欲的自我之间的冲突中生发出来的，从"我—愿意—却—不能"（I-will-and-cannot）的体验中生发出来的，这意味着"我—愿意"（不论意愿的是什么）始终受自我的钳制，意志回击它，驱迫它，接着激发它或被它毁灭。不论权力意志之手能伸多远，甚至某人用它征服了全世界，这个"我—想要"也永远摆脱不了自我的限制；它永远都走不出自我的范围，永远受自我的约束。受自我约束这一点把"我—愿意"（I-will）和
162 "我—思"（I-think）区别开来，后者虽然是在我和我自身之间进行的对

[1] 《论法的精神》，XII, 2 和 XI, 3。

话，但自我并不是思想活动的对象。而我—意欲如此渴求权力，以至于意志实际上与权力意志等同的事实，也许要首先归因于它在自身中体验到的无能。至少暴政这种唯一直接从我—意欲中产生出来的政府形式，其贪得无厌的残酷性要归因于这样一种唯我主义，这种唯我主义与哲学家仿照我—思的模式建立起来的，想用理性来强迫人的理性乌托邦暴政完全不同。

我已经说过，哲学家最早开始表现出对自由问题的兴趣，是在人们已经不再能从行动和与他人的交往中体验到自由，只能在意志和与自我的交往中体验到自由的时候，简言之，在自由变成了自由意志的时候。从那以后，自由成了首要的哲学问题，如此的自由也被应用于政治领域并因此变成了一个政治问题。由于这种从行动到意志—权力的哲学转向，从自由作为一种显现在行动中的存在状态到选择自由（liberum arbitrium）的转向，自由的理念已不再是我们前面提到的秀异（virtuosity），而成了与他人无关并最终征服他人的主权（sovereignty）概念，一个自由意志的理念。在十八世纪政治作家身上，仍然能清楚体现出我们通行的政治自由观的哲学来源，例如托马斯·潘恩（Thomas Paine）坚持认为，“想要自由的人就有足够的自由”。拉法耶特（Lafayette）则把同样的说法用于民族国家：“只要一个民族想要自由，它就足以得到这种自由。”

这些话显然是让—雅克·卢梭的政治哲学的回响。卢梭始终是主权理论最坚定的代表，他直接从意志中发展出主权理论，从而完全按照个人的意志—权力的形象来设想政治权力。他反对孟德斯鸠，认为权力必须是主权，也就是不可分的，因为“一个可分割的意志是无法想象的”。他没有回避这种极端个人主义的后果，他承认在一个理想社会中，“公民彼此之间没有交流”，为了避免纷争，“每个公民都应当只想自己所想”。实际上，卢梭的理论仅从一个简单理由上就是站不住脚的：“对意 163

志来说，为了未来而约束自身是荒谬的"；[1]一个真正以这种主权为基础的共同体不仅建在沙滩上，而且建在流沙上。因为所有政治事业都是，而且从来都是，在一个为了未来而编织的各种纽带，如法律、宪法、条约、盟约组成的复杂架构里进行的，所有这些条约最终都要追溯到人们在面对未来的根本不确定性时，做出承诺和信守承诺的能力。另外，一个公民相互之间没有交流，每个人只是偏执己意的国家，从定义上来看就是个暴政国家。孤零零的、不依赖任何其他机能的意志和意志权力，本质上就是一种非政治的，甚至反政治的能力，这一点，从卢梭推出的结论荒谬十足，到他接受这些结论时又离奇地快活无比当中，得到了最清楚的体现。

政治上把自由等同于主权(sovereignty)，也许是在哲学上把自由等同于自由意志的最有害、最危险的结果。因为这会导致对人类自由的一种否定，即一旦认识到人无论如何都不可能完全自主(sovereign)的时候；或者导致这样一种结论：要得到一个人、一个团体或一个政治体的自由，就要以牺牲所有其他人、其他组织的自由，即主权为代价。的确，在传统政治哲学的框架内很难理解自由和无主权(non-sovereignty)如何能够共存，或换句话说，人们如何能在无主权的条件下被赋予自由。实际上，因为人的无主权的事实就否认自由是不现实的，正如仅仅因为一个人或一个团体有主权，就相信他或它是自由的一样危险。政治体的主权虽然声名显赫，但从来都是一个幻象，而且它只能通过暴力工具，即本质上属于非政治的手段来维持。在人类境况下，即在不是单个的人而是复数的人们生活在地球上的事实所规定的处境下，自由和主权毫无
164 共同之处，以至于根本无法共存。任何个人或有组织的团体想要成为主权者，就必然屈服于意志的压迫，要么是屈服我用来强迫我自己的个人

---

① 见《社会契约论》第二卷前四章。在现代政治理论家中，卡尔·施密特是主权观念最坚决的捍卫者。他清楚认识到主权的根基是意志：主权是意志和下命令者。特别见他的*Verfassungslehre*，慕尼黑，1928，pp.7 ff.，146。

意志,要么是屈服于团体的“普遍意志”。可见,人们要想获得自由,主权恰恰是他们必须放弃的。

四

既然我们对全部自由问题的认识一方面来自基督教传统的视野,一方面来自一开始就反政治的哲学传统,我们就发觉很难理解还存在着另外一种自由,它并非意志的属性,而是伴随着做和行动出现的。为此还是让我们再回到古代,回到古代的政治传统以及前哲学传统吧,这样做的目的不是为了卖弄学问,而是因为对一种只在行动过程中经验到的自由的阐述,从未达到可与古典时代相媲美的清晰性(虽然人类并未完全丧失这种经验)。

不过,由于我们前面提到过的原因和在这里不作讨论的原因,对自由的阐述没有比在哲学家的著作里更难把握的了。这就不得不让我们从更远处去搜求,从非哲学的文献,诗歌、戏剧、历史和政治著作中,去提炼自由的恰当概念,因为这些文献表述把自由经验提升到了一个非概念思考的壮阔领域。或许,就我们的目的来说无需如此劳神费力,因为在这类问题上,任何古代文献,希腊文的以及拉丁文的,告诉我们的事情都最终基于这样一个奇特事实:希腊语和拉丁语都包含着两个动词,用来指我们通常一律谓之的“去行动”(to act)。希腊语中的这两个词分别是 ἄρχειν 和 πράττειν,前者的意思是去开始,去领导,以及最终去统治;后者的意思是去实现某事。与前者相应的拉丁动词是 agere,让某事运动起来,与后者相应的拉丁词是 gerere,这个词很难翻译,大致意思是过去行动的持续和维系,其结果是 res gestae, 即我们称之为历史的业绩和事件。这两种语言都表示行动发生在两个不同阶段;第一个阶段是 165
一个创始,由此,某个新东西来到世界上。希腊词 ἄρχειν 涵盖了开端、领导、统治之意，也代表着自由人的杰出品质，因此，这个词记录见证了自由与创新合二为一的经验，如我们今天所说的，在自发性中体验到的自由，但ἄρχειν的多重含义暗示了：那些开端启新的人物原本就是统治者（例如，统治奴隶和家庭的家长），从而他们能从生存必然性的束缚中解放出来，投身于远征事业或城邦公务；在这两种情况下，他们都不再是一个统治者，而是一个处在众多统治者当中的统治者，活动在他们的俦类中间，在他们的帮助下登上领袖群伦的地位，以便创造新事物和开辟新事业。只有得到他人帮助，统治者、开创者和领导者，才能真正行动（ἄρχειν），把他始创的事情引向完成（πράττειν）。

自由和创始在拉丁语中也是相互联系的，虽然是以一种不同的方式。罗马自由是罗马建国者留给罗马人的一项遗产；他们的自由系于他们的祖先通过建城开创的基业，后代必须管理祖先的事务，承担祖先遗留的责任，“增添”他们的奠基事业。所有这些组成了罗马共和国的历史（res gestae）。从而，罗马的历史编纂学和希腊的一样，本质上是政治性的，它从不满足于对伟大业绩的单纯叙述；与修昔底德和希罗多德不同的是，罗马历史学家总是感到他们系于罗马历史的伟大开端，由于这个开端包含着罗马自由的真正要素，也使他们的历史成为政治性的；无论他们讲述什么，他们都从“自建城以来”（ab urbe condita）[1]起头，从城市奠基、罗马自由的创立开始。

我已经提到，古代的自由概念在希腊哲学中没有地位，主要是因为自由概念有着专门的政治起源。的确，罗马作家也偶尔会反抗苏格拉底
166 学派的反政治倾向，但他们在哲学才能上的出奇贫乏，显然妨碍了他们找到一个理论化的自由概念，既能切合他们自身的经验，又能概括罗马共和国存在过的伟大自由建制。如果观念史真的像观念史学家时常想象的那么前后一贯的话，我们就不能指望在奥古斯丁，这位把保罗的自

① 《自建城以来》（*ab urbe condita*）是罗马著名历史学家提图斯·李维的历史巨著。——译注

由意志连同自由意志概念的种种困难引入哲学史的伟大基督教思想家身上,发现一种有效的政治自由观。可是我们在奥古斯丁那里不仅发现了对自由作为选择自由(liberum arbitrium)的讨论(这个讨论对于传统是关键性的),而且发现了一个从完全不同角度来思考自由的想法,后者突出表现在他唯一的政治论文《上帝之城》中。在其中,奥古斯丁的观点比他的任何其他著作都更自然地从他特有的罗马经验背景出发,也就是说,自由也不再被他设想为一种人的内在倾向,而是被设想为一种在世存在的特征。与其说人拥有自由,不如说他来到世界上,就等于自由在宇宙中的显现。人是自由的,因为他是一个开端,而且在宇宙已经形成之后被创造出来:"起初,人被造出来,在此之前没有人。"[(Initium) ergo ut esset,creatus est homo,ante quem mullus fuit.][1]在每个人诞生的时候,这原初的开端都得到了重新确认,因为每逢这个时刻,某种新的东西就降临到了这个已经存在且在一个人死后还将继续存在的世界上。因为他是一个开端,所以他能创新;成为人和成为自由是一回事。上帝造人是为了向世界引入开端启新的能力,即自由。

早期基督教的强烈反政治倾向对我们来说是如此耳熟能详,以至于说一位基督教思想家最早表述了古代政治自由观的哲学意蕴,听来差不多像一个悖论。对此我能想到的唯一解释就是奥古斯丁既是一个基督徒又是一个罗马人,在他著作的这部分中他表达的是古罗马的核心政治经验,也就是作为开端的自由在建城行动中的伟大展现。不过我相信,如果我们更认真地考虑拿撒勒的耶稣的教导,重视其哲学意蕴, 167
我们前面关于早期基督教的成见也会大大改观。在《新约》的某些段落里,我们会发现对自由的一种超乎寻常的理解,特别是关于人类自由内在包含的力量的理解;不过与此力量相应的人类能力,用福音书的话说是可移山的能力是信而不是意志。信的做工(实际上是信的产物)就是

① 第七卷,第20章。

福音书所谓的“奇迹”,一个在《新约》中有着多重含义和难以捉摸的词。我们这里忽略其他难点,只指出在有些段落中,奇迹明显不是超自然事件,而是,在所有奇迹中,人所行的不亚于一个神圣作用者所行的,总是对某种自然事件序列的中断,对某种自动过程的中断,从而,在自然过程的背景下,奇迹构成了某种完全不可预料的东西。

无疑,人在地球上的生活被各种自动过程所包围,地球的自然过程又被宇宙过程所围绕。就我们自己也是有机生命的一部分而言,我们又受着相同自然力量的推动。另外,尽管我们的政治生活处在行动领域中,也还是发生在我们称作历史的过程中间,而且虽然历史是人发起的,也仍有着变成自然和宇宙过程那样的自动化过程的趋势。事实是,所有过程都内在地包含自动化趋势,无论它们的起源是什么。这就是为什么单个行动,单个事件从来不能一劳永逸地解救一个人、一个国家或整个人类的原因。自动化过程的本性就是让人受制于它,但人能通过行动宣告自身的存在和反抗它,否则只能听凭它摧毁人类生命。一旦人造的历史过程也变成了自动化的,历史过程就不会比推动我们有机体的自然生命过程更少毁灭性(后者按照自身的生物性节奏,让生命从有到无,从生到死)。历史科学见惯了各种文明僵化和无助地走向衰落的实例,在那些实例中,厄运似乎像生物必然性一样是预先注定的。而且由
168 于文明停滞的过程一般要持续和缓慢地推进几个世纪,占据了历史记载的绝大部分时代,自由的时期在人类历史上就更显得十分短暂。

而自由的能力、纯粹始创的能力,则是在那些僵化和注定要灭亡的时代里也依然保持完好的东西。它激发着一切人类活动,为它们注入活力,并且是所有伟大优美事物的秘密创造之源。但是只要这个源泉还隐藏着,自由就不是一个有形的世间实在,也就是说,自由不是政治性的。因为即使在政治生活变得僵化和政治行动无力打破自动化过程的时候,自由的源泉仍然是存在的,但在那样的情形下,自由就很容易被误解为一种本质上非政治的现象;自由也不是被经验为一种有着自身“德

性”和秀异的存在方式,而是被当成一种似乎在地球上所有生物中,只有人类才被赋予了的最高天赋。虽然我们几乎在人的所有活动中都能发现自由的踪影,但是只有在行动创造了它自己的在世空间,让它能够从隐蔽处走出来展现自己的时候,自由才会充分实现。

每个行动,如果不从行动者的角度看,而从它发生的过程框架和它打断的自动化进程来看,都是一个“奇迹”,即某种根本出乎意料的东西。如果行动和始创果真根本上是一回事,那么就可以推论出,行奇迹的能力也必定属于人的能力范围。这听上去比它实际上更为奇特。作为一种“无限不可能性”闯入这个世界,正是每个新开端的本性,并且实际上正是无限不可能性,构成了我们称之为实在的所有事物的肌理。归根到底,我们的整个存在都建立在一连串的奇迹之上:从地球的出现到地球上有机生命的演化,到动物种群的出现,到人类从动物进化而来。因为从宇宙过程、自然过程以及统计学上占优势的概率的角度看,地球从宇宙过程中的产生,有机生命从无机过程中的形成,以及最终人从有机
生命过程中出现的进化,统统都是“无限不可能性”,从任何意义上来说 169
都是“奇迹”。正是因为在所有现实当中存在着这种“奇迹般”的因素,事件才会在它出现的时候突然给我们一个惊奇,无论我们之前曾经如何怀着恐惧或希望设想过它。一个事件带来的冲击力从来不是完全可解释的;它的事实性本质上超出了我们所有的预期。让我们懂得事件即奇迹的经验,既不反复无常也不错综复杂;相反,它是最自然的,在平常生活中几乎随处可见。相反,没有这种随处可见的经验,被宗教归于超自然奇迹的那部分经验就彻头彻尾不可理解了。

我以自然过程为例,来解释被某种“无限不可能性”打破的事件,选取这个例子是为了表明,我们在通常经验中唤作真的事情,多半是通过比虚构故事还要离奇的巧合出现的。当然这个例子仍有它的局限,不能简单用于人类事务领域。期待奇迹,期待“无限不可能性”发生在自行其是的历史或政治过程中,乃是纯粹的迷信,虽然这样的迷信从未绝迹。

与自然相反，历史充满着事件；在这里，意外事件的发生和无限不可能性之奇迹的出现是如此频繁，以至于说它们是奇迹都听上去有点怪异。但在这里，奇迹频繁发生的原因仅在于，历史过程是人类自发创造并时时打破的，就人是一个行动的存在而言，他是一个开端(initium)。因此，人在政治领域中寻求不可想象和难以预测的事情，准备和期待“奇迹”的发生，丝毫都不是迷信，甚至是最现实主义的动议。灾难发生的可能性越大，自由降临的行动越显示出奇迹般的力量；因为一直自动发生，从而一直显得不可抗拒的，恰恰是灾难而非救赎。

客观来看，即站在行动之外和不考虑人是一个开端和始创者而言，明天跟昨天一样的可能性总是不可抗拒的。当然，并不是这般不可抗
170 拒，但也几乎接近于不可抗拒的，则是地球根本没有从无数宇宙事件当
中出现，生命没有从无机过程中演化出来，人类也没有从动物生命的进
化中形成。但在我们地球生命的实在立足于其上的“无限不可能性”，与
构成历史实在的那些事件内在具有的奇迹性之间，有一个根本的区别，
那就是我们知道谁是人类事务领域中“奇迹”的创造者。奇迹的创造者
是人们，因为接受了自由与行动双重赠礼的人们能够创造出一个属于
171 他们自己的实在。

第五篇
教育的危机

一

侵袭现代世界并遍布于生活方方面面的总体危机，在各个国家表现各异，也涉及不同领域，采取不同形式。在美国，危机最典型、最引人深思的一面常常发生在教育领域，至少在过去的十年间，教育已经变成了一个头等重要的政治问题，几乎每天占据着报纸版面。的确，无需多少想象力就能觉察到整个学校体系中基本标准不断下滑的危险，同时，教育部门阻挡这股下滑趋势的无数无效努力，又加剧了问题的严重性。当然，如果谁把教育危机拿来和二十世纪其他国家遭遇的政治经历相比，与第一次世界大战后的革命动荡相比，与集中营和灭绝营相比，甚至与自第二次世界大战结束后，弥漫于欧洲的深刻隐忧（尽管有着表面 173
繁荣的假象）相比，大概就很难把教育危机真正当回事，给予它应有的重视。人们确实更倾向于把它看作一个与本世纪重大问题无关的地域现象，并且把它归咎于恐怕在世界其他地方都找不到对应物的、美国生活的特殊性。

可是如果真是这样的话，我们学校体系中的危机就不会变成一个政治问题，教育当局也不会总是无能为力。确实这里涉及的不止是强尼为什么不会读的棘手问题[1]，而且，我们一直倾向于认为我们面对的这个问题只局限在特定历史和国家范围内，只对直接受其影响的人有重要性。正是这类信念在我们的时代自始至终被证明是彻头彻尾错误的，我们可以把下面的断言看作一条普遍法则：在本世纪，任何发生在一国之内的事情，在可预见的未来都同样有可能发生在几乎任何一个国家。

让门外汉关注这些在专家眼里他几乎一无所知的领域内的问题（由于我不是职业教育家，这也是我反思教育危机时所处的情形），之所以是可取的，除了上面所说的一般原因外，还有另一个更有说服力的原因，能让人们关心一个与他自己可能并无直接关系的危险状况。那就是危机实况正好提供了一个契机，让我们破除假象和偏见去探寻事情的真正本质。教育的本质是诞生性（natality），即人出生在这个世界上的事实。简单来说，偏见的消除意味着，我们丧失了在我们通常没有意识到教育根本上是对诞生性问题的回答时，所盲目依赖的答案。危机迫使我们返回到问题本身，要求自己给出新的或旧的答案，但绝不是匆忙的判断。只有当我们用早已形成的判断，即偏见来回答这个问题时，危机才
174 会演变为灾难。这样的态度不仅加速了危机的来临，而且使我们丧失了对现实的经验和它所提供的反思机会。

无论一个一般问题如何清楚地从危机中把自身显露出来，也不可能完全把普遍因素从其出现的具体特定形势中孤立出来。虽然教育危机对整个世界都有影响，但我们发现一个典型特点是它的最极端形式在美国形成了，因为也许只有在美国，教育危机才会实际地演变成一个政治要素。事实上，教育在美国比在其他国家，扮演着不同的、政治上相对更为重要的角色。对此的技术性解释当然是这样一个事实：美国一直

① 二十世纪五十年代，有一个反映美国青少年文盲现状的调查报告《强尼为什么不会读》，在美国社会引起极大反响。——译注

是一个移民国家，把多元民族融合在一起的巨大困难（从来没有完全成功过，但不断取得了超出期望的成功），只能通过学校教育和移民儿童的美国化来解决。由于对大多数移民儿童来说，英语不是他们的母语，必须在学校里学习，学校显然就必须承担起在一个民族国家中实际上由家庭来完成的功能。

不过对我们的讨论来说更重要的是，源源不断的移民在形塑这个国家的政治意识和精神上所起的作用。美国不仅仅是一个殖民地国家，后者意味着只需要移民来充实国土，在政治结构上却不依赖他们。对美国人来说，一直印在美元上的格言才是政治结构的决定因素：一个新的世界秩序（Novus Ordo Seclorum）。移民，新来者，是这个国家始终代表新秩序的保证。新秩序的含义，建立一个不同于旧世界的新世界的含义，在过去和现在都意味着消除贫穷和压迫。同时新秩序的伟大还在于，从一开始，这个新秩序就没有为了让自己成为一个完美模型而对外部世界封闭起来（像其他建立乌托邦的惯例那样），推行帝国主义或向
他人传播福音也不是它的目标。相反，它与外部世界的关系从一开始就 175
以下面的事实为特征：这个企图消除贫穷和奴役的共和国，欢迎地球上所有的穷人和受奴役者。用约翰·亚当斯在1765年，也就是《独立宣言》之前的话来说："我始终把美国的创建看作一个伟大计划的开幕和神意的设计，为的是照亮和解放全世界受奴役的人。"这是美国开始她的历史和政治存在时所依据的基本内容或基本法律。

几乎表现在美国日常生活方方面面的对新鲜事物的空前热情，和相伴随的对一种"无限可完善性"的信任——托克维尔早就注意到它是普通"未受教育者"的信条，而且这个信条在美国的发展比在其他西方国家提早了近一百年——或许造成了美国人在任何情况下，都愿意对刚出生的新来者，即孩子们给予更大关注，赋予更多重要性。跨过了童年的孩子们，即将作为年轻人进入成年人世界，希腊人把这样的年轻人简单称之为οἱ νέοι，新来者。其实还有一个事实对于教育的意义也是关

键的，那就是，对新事物的激情虽然很大程度上在十八世纪前就出现了，但是到十八世纪才获得了概念上和政治上的发展。从这个源头中开始派生出一种带有卢梭主义色彩的教育理念，实际上也受到了卢梭的直接影响，即教育变成一种政治工具，而政治活动本身也被看作一种教育形式。

教育在从古到今的所有政治乌托邦中扮演的角色，都说明了和那些刚出生的、天生崭新的人一起开始一个新世界是多么自然。这其实涉及到对政治的一种错误理解：认为政治不是与自己的同侪一起，加入到要承担说服责任和冒着失败风险的事业中，而是靠着成年人的绝对优
176 势采取专制的干预，试图把新事物当成一个既成事实（fait accompli）造出来，仿佛新东西已经在那里。由于这个原因，要创造新形势就必须从孩子开始的信念在欧洲一直被当作暴政分子革命运动的专利，他们一掌权，就把孩子从父母身边夺去，直截了当地进行灌输。教育在政治中不起作用，因为在政治中我们必须和已经受过教育的人打交道。任何妄想教育成年人的人，其实是想假装成他们的保护者并阻止他们参与政治活动。既然没有人能教育成年人，"教育"这个词在政治中就带有一种邪恶的意味，是一种伪装的教育，其真正目的是不借助暴力手段的强制。一个真正想靠教育，即既不靠强力（force）和限制（constraint），也不靠说服（persuasion），来创造一种新政治秩序的人，就必定会得出柏拉图式的可怕结论：把所有老年人从即将建立的城邦中驱逐出去。但即使有人想把孩子教育成一个乌托邦国家的公民，实际上也否定了他们未来在政治体中的作用，因为在新人的眼里，成人世界追求的任何新东西都比他们本人还老朽。每一代新人进入一个旧世界，正是人类境况的本质，从而为新一代人准备一个新世界的做法，只能意味着企图从新来者手里剥夺他们为自己创新的机会。

以上这些并不是美国的实际情形，正是这一点让我们在这儿更难做出正确的判断。事实上，教育在一个移民国家中发挥着政治作用，学

校不仅致力于孩子的美国化，而且影响着他们的父母，帮助他们摆脱旧世界和进入新世界，这一事实激发了这样的幻象：一个新世界可以通过孩子们的教育建立起来。这当然不是真的。即使在美国，孩子们被引入的世界也仍然是一个旧世界，即一个由活着的和死去的人共同建造的、先已存在的世界，它只对那些通过移民新加入的人来说是新的。但是这
个幻象比现实更有力，因为它直接源于一个基本的美国经验，就是一种 177
新秩序能够建立起来，而且能够以一种对历史延续性的充分意识建立起来，因为“新世界”这个短语就是从旧世界中获得意义的，而旧世界无论在其他方面多么令人称羡，都由于它不能找到解决贫困和压迫的出路而被抛弃了。

现在，就教育本身而言，从对新事物的激情中迸发出来的幻象，只有在我们这个世纪才造成了它最严重的后果。首先，它有可能让发端于中欧，由常识和胡说的大杂烩组成的令人震惊的教育理论，在进步主义教育的幌子下，实现对整个教育体系的最激烈变革。在欧洲始终只停留在试验阶段，先在个别学校和单独教育机构里试验过，再分阶段、分地区推广的东西，大约二十五年前在美国却可以一夜间推翻所有传统、推翻所有固定的教学方法。我不打算详述这个过程，也暂时不考虑私立学校，特别是罗马天主教教会学校体系。有意思的是，为了某些或好或坏的理论，所有健全的人类理性规则都被抛在一边了。这样的做法总会造成重大和有害的影响，特别在一个政治生活如此广泛地依赖常识信念的国家里。面对政治问题，一旦健全的人类理性无力或放弃了解答的尝试，我们就被迫面临危机；因为这种理性就是共同感（common sense）[①]，凭借它，我们和我们单个的五官才能适应并融入一个对我们所有人来说共同的世界，并且凭借它的帮助，我们才能在这个共同世界中活动。在当今时代，共同感的消失是时代危机的最确切标志。在每一场危机

① 阿伦特把“常识”（common sense）一词解释为人们对一个共同世界的共有感觉，共同世界消失了，常识也就丧失了，因此译作“共同感”更恰当。——译注

中,世界的一部分塌陷了,为我们所有人共有的某些东西毁灭了。共同感的丧失,就像一根探测杆一样,标出了塌陷发生的位置。

不管怎样,关于强尼为什么不会读的问题,或更一般地,为什么美
178 国学校的平均教育水准实际上远远落后于所有欧洲国家平均水准的问题,(不幸地)不单单是因为这个国家太年轻,还赶不上旧世界的水平,而是相反,因为在这一特殊领域内,这个国家在全世界是最"先进"、最时髦的。这一点在双重意义上是真的:大众社会的教育问题不管在哪里都没有比在美国更尖锐,教育学上最时髦的理论没有哪里比在美国更无批判地、亦步亦趋地被接受。这样,美国的教育危机一方面宣告了进步主义教育的破产,另一方面,因为它出现在大众社会的条件下,并且是作为对大众社会要求的回应出现的,就暴露出了一个巨大的难题。

在这里,我们必须记得另一个虽未直接导致危机,却使危机恶化到异常程度的更一般要素,那就是平等概念在美国生活中始终具有的独特地位。在美国,平等概念不只意味着法律面前的平等,也不只是阶级差别的消除,甚至超出了"机会平等"口号所表达的含义。尽管"机会平等"在此意义非凡,因为在美国人看来,受教育权利是一项不可剥夺的民权。最后这一点对公立学校体系的结构至关重要,因为欧洲意义上的中等学校(secondary school)在美国只是特例。既然义务教育延长到十六周岁,每个孩子就必须上中学,从而中学基本上是小学教育的一种延续。由于缺乏为大学课程做准备的中等学校,有些课就必须由大学来教,结果大学课程负担过重,最终影响了整个教学的质量。

乍看之下,人们也许会认为这种反常现象属于大众社会的本性,因为在大众社会里,教育不再是有钱阶级的特权。可是对比一下英国就发现并非如此,人人都知道,在英国,近年来,人口的各阶层都可以获得中
179 等教育。不过在学生到了十一周岁、上完小学的时候,要参加一个令人恐惧的考试,这个考试将刷掉90%的学生,只留下约10%的适合更高层次教育的奖学金获得者。这个选择的残酷性即使在英国也不是毫无异

议地被一致接受,而在美国根本就不可能推行。英国的目标是“精英统治”,明摆着要再建一个寡头制,不过这次不是财富或出身的精英统治,而是才能的精英统治。但这就意味着(尽管英国人并不完全清楚这一点),即使一个社会主义政府的国家还将延续一种早已被人类抛诸脑后的体制:既非君主制亦非民主制,而是一种寡头制或贵族制,后者持最有天分者、最优秀的主张,虽然绝非深信不疑。在美国,这种几乎从身体上就把孩子区分为有天分的和没天分的做法被认为是不可容忍的。就与平等原则,与平等主义的民主原则相悖而言,精英统治不亚于任何其他寡头制。

因此,使美国的教育危机如此严峻的,乃是这个国家的政治氛围,它本身争取平等和尽可能抹平一切差别:年轻和年老之间的差别、有天分和没天分的差别,最终抹除孩子和成人的差别,特别是学生和教师的差别。显而易见,这样一种平等化的实现只能以牺牲教师的权威和牺牲学生当中少数有天才者为代价。同样显而易见的是(至少对于任何和美国教育体系打过交道的人来说),这一根源于国家政治态度的做法对一部分人以及对教育本身来说都有巨大的优点;可是不管怎样,这些一般要素还不能解释我们当前置身于其中的危机,也不能为那些加速了危机爆发的措施辩护。

二

这些灾难性的措施可以系统地追溯到三个人们最熟悉不过的基本
假定。第一个是假定存在着一个儿童的世界,一个儿童组成的社会,它 180
本身是自主的,必须尽可能地把它留给儿童自己去管理,成年人只能在旁边帮助他们。告知小孩做什么和不做什么的权威在于儿童群体自身。这个假定造成了一种成年人只能无助地站在儿童旁边,实际上拒他们于千里之外的状况。他只能告诉孩子去做他自己喜欢做的事和防止最坏的情况发生。这样,从所有年龄段的人都一同生活在世界上这个事实出发的,儿童和成人之间的真实、正常的关系就被破坏了。所以说,只考虑儿童群体而不考虑孩子个体,是第一个假定的本质。

至于群体中的孩子,他的情形当然要比从前更糟。因为一个群体的权威总是要比最严厉的个人的权威都来得强大和专横，哪怕是个孩子群体。从孩子个人的角度看，他反抗大人或特立独行的能力实际上为零;他发觉自己无法跟一个绝对比他强大的人势均力敌地抗衡,除非依靠跟他一样的其他孩子的联盟,要不然他就仿佛是站在少数的位置上,与一个绝对的多数抗衡。假如没有外在强制手段的支持,成人都很少能忍受这种情形;孩子更是彻彻底底地对此无能为力。

因而,从成人的权威中解放出来的儿童并没有获得自由,反倒屈服于更可怕、更专横的多数的权威。无论如何,结果都可以说是,孩子被驱逐出成人的世界,他们要么被抛回到自身,要么落入自己所属群体的暴政手中,后者在数量上的优势是他们无法反抗的,因为他们是孩子,他
181 们不能理论一番;他们也不能逃离到其他世界,因为成人的世界对他们是关闭的。孩子们对此压力的反抗要么趋向顺从主义,要么引发青少年犯罪,多数情况下则是这两者的混合。

在当前危机中占有重要性的第二个基本假定与教(teaching)有关。在现代心理学和实用主义信条的影响下，教育学演变成了一般的教学科学,从而完全不受实际所教内容的束缚。一位教师可以是一个无所不教的人,他在教学上的训练不是指他对特定主题的掌握。我们接下来会指出,这种态度其实与关于学(learning)的另一个基本假定紧密联系。另外我们还会看到，这种态度还导致了近几十年来严重忽视对教师在其所教科目上的培训,尤其在公立中学里。由于教师不需要精通他所教的科目,以致教师仅仅比学生提前一小时学会知识的情形也不鲜见。这不仅意味着学生要靠自己熟悉资料,而且意味着教师权威的合法性来源,

即无论如何,教师总比学生懂的多、做的多,已经不存在了。教师本可以不必对学生采取任何强制手段,因为他能够依赖他自己特有的权威,但现在这样的教师已经没有了。

但教育学和师范院校在当前危机中起到的有害作用,还跟另一个有关学的现代理论有关,它其实不过是本文要谈的第三个基本假定的逻辑应用。这个假定已经被现代世界尊奉了几个世纪,直至在实用主义中才获得了它的系统概念表达。这个基本假定就是你只能认识和理解你亲身做过的东西。其在教育学中的应用既原始又显而易见:尽可能地以做(doing)来代替学(learning)。教师是否精通所教科目不再具有重要性的原因,就在于这个假定迫使教师投入到学习活动的持续操练中,从而就可以说他不是在传授"死知识",而是在不断地演示知识产生的过 182
程。这种有意识地不教授知识而反复灌输技术的做法,导致学院变成了职业学校,成功地教学生如何开汽车,如何用打字机,甚或对谋生的"技艺"来说更重要的,如何与人相处、如何受人欢迎,但无法给孩子提供一套标准课程体系的正规预修课程。

当然这个描述也有错误,不仅因为它为了便于理解而做了显著夸大,而且没有解释在这个过程中,尽可能地取消玩和工作的区别,以玩代替工作的做法是如何被赋予特殊重要性的。玩被看成是孩子们处世行事的最有活力和最恰当的方式,是孩子最自发和最天然的活动方式,只有从玩中学到的东西才能充分激发他的活力。因此想当然地认为,孩子特有的活动就是玩,传统意义上的学习逼迫孩子采取一种被动态度,迫使他放弃了他爱玩的天性。

以做代替玩和以玩代替工作,这两桩事之间的紧密联系在语言教学中得到了直接体现:小孩以说语言来学语言,即通过活动,而不是通过学语法和句法来学语言;换言之,他学一门外语就要像他幼儿时期学母语那样,在玩耍和直接的生活连续性当中来学。除了是否可行的问题外(在有限的程度上是可能的,即只要让孩子整天待在说外语的环境中),

这种教法显然是有意识地要让大孩子尽量停留在幼儿阶段。结果，为了保护孩童世界的自足价值，我们反而放弃了为孩子进入成人世界做准备，逐渐培养他们工作而不是玩的习惯的责任。

183 正如我们在第一个基本假定中注意到的，无论做(doing)和知(knowing)之间的关系如何，或实用主义原则的有效性如何，用在教育上，即用在孩童学习的方式上，它们都倾向于创造一个绝对的儿童世界。结果，在尊重儿童独立性的借口下，儿童被排斥在成人世界之外，人为地被封闭在自己的世界内(如果我们可以将之称为一个世界的话)。这种对儿童的阻挡是人为的，因为它打破了成人和儿童之间的自然联系，包括教和学之间的联系，并且它同时掩盖了一个事实：儿童是一个发展着的人，童年期只是为步入成年期做准备的一个临时阶段。

当前美国教育危机的出路在于，人们认识到这些基本假定的破坏性，并尽力尝试改革整个教育体系，对之做一个彻底变革。在这样做时，实际上要做的不是别的，而仅仅是恢复(除了大力加强用于物理科学和技术训练设施的计划以外)：让教学再次被树为权威；学校时间内不允许玩，再次开始严肃的工作；学习的重点从课外技能转向课程指定知识；最后甚至还需要谈到改革当前的师范教育，以便让教师在对学生彻底放手之前自己先学点东西。

以上提议的改革还处在讨论阶段，并且纯粹是美国人的事，不需要我们在这里操心。我们也没有能力讨论更技术性的，从长远来看也许更重要的问题，即如何改革全国的小学和中学课程，来培养孩子们适应当代世界的全新要求的问题。对我们的论证来说重要的是两方面的问题：其一，教育危机实际上暴露了现代世界及其危机的哪些方面？也就是
184 说，几十年来人们所做、所说与常识南辕北辙的真正原因是什么？其二，关于教育的本质，从这个危机中我们能学到什么？不是说一个人总要从他不应该犯的错误中学到点什么，而是说通过反思教育在各个文明中扮演的角色，反思孩子的存在需要每个人类社会应尽的责任，看看我们

能学到什么。我们从第二个问题开始。

三

教育危机在任何时候都会引起人们的严肃关切，即使它像目前这样，还没有反映出现代社会的更一般危机和不稳定状况，因为教育属于人类社会最基本、最必要的活动。人类社会并非是一成不变的，它通过新人的出生、进入而持续更新。另外，这些新来者也不是定了型的，而是处在生成状态中的。这样对于教育者来说，教育的主体，即儿童，有着双重特性：在一个他陌生的世界里面，他是崭新的，同时又处于变化过程中；他是一个新人又是一个成长着的人。这一双重特性既非自明的，也不适用于动物的生物形态；与此双重特性相对应的是一种双重关系，一方面是他跟世界的关系，一方面是他跟生命的关系。一方面，儿童和所有生命物一样，都有生长过程；就生命和生命体的发展而言，儿童是一个成长中的人，就像一只小猫是成长中的猫一样。但另一方面，他面前的世界只对他而言是新的，他在其中度过一生的世界在他死后还将继续存在。如果儿童在这个人类世界上不是一个新来者而只是一个未发育完全的生物的话，教育就只是一种生命机能，需要考虑的仅仅是如何教他维生，如何培养和练习生存技能，就像所有动物对它们的幼崽那样。

然而，人类父母不仅通过孕育给予孩子生命，而且同时把他们带入
了一个世界。在教育中他们承担着双重的责任：对孩子的生命、发展的 185
责任以及对世界延续的责任。这两种责任并不一致，甚至彼此冲突。对孩子发展的责任在某种程度上与世界冲突：孩子需要特别的保护和照料以抵御外部世界对他的任何可能伤害，而世界也需要保护，以避免随着每一代人的涌入而携带的新事物对它的侵袭。

因为必须保护孩子免受世界的侵犯，家庭就是孩子的传统场所，家庭的成年成员每天从外面的世界返回到家中，退守到由四面墙围起来的私生活的安全领地内。这个私人家庭生活居于其中的四面墙，构成了免受世界，尤其免受世界的公共部分侵犯的一个庇护所。没有它们围起来的这个安全所在，生命就没有繁衍的地方。这不仅对儿童的生活来说是如此，对一般的人类生活来说也是如此，无论在哪里，生活如果被持续地暴露给世界，失去了隐私和安全的保护，生命的特质就丧失了。在我们所有人共同的公共世界里，人们计算、工作，也就是用我们的双手建造我们的共同世界，但是在那里，生命之为生命并不重要。世界不会在乎它，它必须向世界隐藏和被保护起来。

所有从黑暗中涌出的生命，无论天生有着多么强烈地冲破黑暗的倾向，它的生长都需要黑暗的庇护，不单单植物生命是如此。这确实也是名人的孩子容易变坏的原因。名气穿透四面墙，侵入他们的私生活，特别在今天的时代，来自公共领域的无情光芒淹没了他们私生活的方方面面，以至于孩子们失去了一个安全的成长环境。但是，这种对真正生活空间的破坏，恰恰也同样发生在企图人为地创造一个儿童世界的
186 地方。在那里，在儿童的同龄伙伴中间出现了一种公共生活，虽然不是真正的公共生活而只是某种伪装，但它对儿童的杀伤力却是同样的，从而儿童，即未定型的处在变化过程中的人，也被迫把自己暴露在公共存在的光天化日之下。

现代教育，就其试图建立一个儿童世界而言，破坏了生命成长发育的必要条件。但是说这种对儿童成长的伤害是现代教育的结果，听起来确实颇为怪异，因为现代教育始终认为它的唯一目标就是为孩子服务，抵制过去那些没有充分考虑孩子内在天性和需求的教育方法。我们也许记得，“儿童的世纪”致力于解放儿童和让他们摆脱成人世界的标准。那么，对孩子的成长发育必需的基本条件又怎么可能被忽略，或仅仅没有被认识到呢？孩子又怎么可能被暴露在最成人化的世界里，即世界的

公共部分中呢，既然已经肯定说所有以往教育的错误在于把孩子仅仅看作一个小大人？

造成这一奇怪状况的原因并不直接与教育有关，而与我们对于私人领域、公共领域以及它们之间关系的判断和偏见有关。自现代肇始以来，这类判断和偏见就成了现代社会的典型特征，而教育家在相对较晚开始教育的现代化时，又把它们作为不证自明的假定接受下来，丝毫没有意识到它们必定会对孩子的生活产生影响。毋庸置疑，现代社会的特征就是把生命，即个人以及家庭的世俗生命视为最高善；为此，与所有以前的世代相比，现代让生命和所有与生命的保存及丰富有关的活动都脱离了私生活的隐蔽性，让它们暴露在公共世界的光照之下。这才是 187
工人解放和妇女解放的真义，准确地说，他们的解放不是作为人本身的解放，而在于工人解放和妇女解放实现了社会生命过程的一个必要机能。

这个解放过程最后影响到的是孩子，而对于工人和妇女来说真正意味着解放的事情（因为他们不仅是工人和妇女，而且也是人，作为人有进入公共世界的资格，即有权利在公共世界中看和被看，言说和被倾听），对孩子来说恰恰是抛弃和背叛，因为他们正处在生长发育比个性因素发展更重要的阶段。越是成熟的现代社会，越是抛弃了私人和公共之间的区别（即只有在封闭环境中才能生长的东西，和需要在公共世界的光照之下显示给所有人看的东西之间的区别），越是在私人领域和公共领域之间引入了一个社会领域。在那里，私人的变成了公共的，公共的反过来变成了私人的，这对孩子来说是最糟糕的，因为他们不受干扰的成长，本质上需要一个封闭环境。

无论这些状况对于生命成长的干扰有多么严重，的确都不是人们有意识造成的；所有现代教育事业的中心目标是孩子的福利，即使这些工作并未始终像人们期望的那样促进孩子的福利，也无损于这一事实。可是在教育领域中与现实迥异的处境却是，教育任务指向的并不是孩子，而是年幼的人，出生在一个在他们之前就早已存在，而他们对之一无所知的世界上的新来者和陌生人。承担这个任务首先是学校的责任（虽然不仅仅是学校的责任）；学校必须处理教和学的关系，而这个领域内的失败乃是美国当前最紧迫的问题。到底问题在哪里呢？

正常情况下，孩子首先在学校里被引入世界。此时，学校并非世界，也不假装是世界；毋宁说它是一个我们在家庭的私人领域和世界之间
188 设立的机构，以便顺利地让孩子完成从家庭到世界的过渡。上学不是家庭要求的，而是国家要求的，也就是公共世界要求的。这样，对孩子来说，学校在一定意义上代表着世界，尽管它还不是真正的世界。在这个教育阶段，成年人再次对孩子承担起了一种责任，不过这时不是对一个生命体生长发育的责任，而是我们通常所谓的对个性和天赋自由发展的责任。所谓个性和天赋，从一般的和根本的角度来说，就是把每个人和其他人区别开来的独特性（uniqueness），这些特质使他不再只是来到世界上的一个陌生人，而是成为世界上从未有过的那么一个人。

由于孩子还不熟悉这个世界，他必须缓慢地被引入；由于他是崭新的，必须留意让这个新人和原有的世界顺利接轨。不论哪种情况下，教育者都作为一个世界的代表，站在年轻人面前，他们必须为这个世界承担责任，即使他们自己没有亲手建造它，即使他们自己也私底下或公开场合里希望它是另一个样子。这种责任不是任意强加在教育者身上的；它隐含在年轻人被成年人引入一个持续变化的世界的事实当中。任何拒绝为这个世界承担连带责任的人，都不应当要孩子，也不能允许他们去教育孩子。

在教育中，这种对世界的责任采取着权威的形式。教育者的权威跟教师资格不是一回事，虽然资格认定对于权威来说是必不可少的，但即使最高级资格本身也不产生权威。教师的资格在于了解世界和能够把他关于世界的知识传授给学生，但是他的权威则建立在他对那个世界负责任的假定之上。在孩子面前，他仿佛是世界上所有成年居民的代

表,指着它的沟沟壑壑,对孩子们说:这是我们的世界。

现在我们都知道权威是个什么样的情形了。显然无论人们对这个
问题采取何种态度,权威在公共和政治生活中都不再有什么地位了(极 189
权主义国家施行的暴力和恐怖当然与权威无关),或最多有一种高度争议性的地位。这只不过意味着,本质上,人们不需要也不再托付任何人去承担对全体的责任,因为真正的权威存在的地方,就有着对世界内的事件进程共同承担的责任。如果我们从政治和公共生活中扫除了权威,就意味着从现在起,每个人都要同等地担负对世界进程的责任。但是这同时也意味着世界的主张和世界内秩序的要求被有意无意地排除了:所有对世界的责任都被抛弃了,无论是给出秩序的责任还是服从秩序的责任。无疑,在权威的现代失落中,后两种意图都存在着,并难分难解地起着作用。

当今的权威失落在教育中反而没有这样的模棱两可性。一方面,孩子并不能清除教育的权威,似乎他们还处在受成人的多数压迫的地位上,尽管在现代教育实践中,把孩子当成受压迫、需要解救的少数的荒唐做法已经得到了尝试。另一方面,成年人已经抛弃了权威,这两方面都只意味着一件事:成年人拒绝为他们把孩子带入的这个世界负责。

公共与政治生活中的权威失落,当然关系到权威在家庭和学校的前政治(pre-political)私人领域中的失落。权威在公共空间中越不被信任,自然在私人空间中受侵夺的可能性就越大。另一个虽是顺带提及,但很有可能是决定性的事实是,从远古开始,我们就习惯于在政治思想传统中,把父母对孩子的权威、教师对学生的权威,当成理解政治权威的模式。正是这一我们早在柏拉图和亚里士多德那里就发现了的模式,
让政治中的权威概念变得异常模糊。首先,它把政治权威建立在成年人 190
当中从来没有出现过的,而且从人性尊严的立场看也不应该有的,成人对孩子的绝对优越性的基础上。其次,这种保育(nursery)模式纯粹建立在一种暂时优越性的基础上,如果把它用于本质上并非暂时的关系,例

如统治者和被统治者的关系，就变成了自相矛盾的。因此，始于政治领域的权威失落最后终结于私人领域的权威失落，其原因恰恰存在于这个事情的本质当中，即存在于当今权威危机的本质和我们传统政治思想的本质当中；从而并非偶然地，政治权威最先遭到削弱的地方(即美国)，也是最强烈地让人感受到教育危机的地方。

事实上，几乎没有什么比前政治领域中权威的丧失，更激烈地体现出了普遍的权威失落，因为前政治领域中的权威是自然本身赋予的，独立于一切历史和政治变迁。另一方面，没有什么比现代人在孩子面前拒绝为所有这一切负责，更为清楚地体现出了他们对世界的不满，对如其所是的一切的厌恶。似乎做父母的每天都对孩子说："我们甚至在这个世界上都找不到家的感觉；在世上如何行事，我们也不懂；要掌握哪些本领，我们也稀里糊涂。你必须尽可能为自己创造好的条件，无论如何你不能让我们为你负责。我们是无辜的，对你没有责任。"

这种态度当然与曾经激励美国追求一个新世界秩序，即 Novus ordo Seclorum——的革命热情无关；它毋宁是对世界的现代疏离的一种表征，现代对世界的疏离随处可见，但在大众社会的条件下表现得尤其激烈疯狂。确实现代的教育实验采取了十分革命的姿态（不独在美国如此)，但这在某种程度上反而让人们更难以认清形势，并造成了问题讨
191 论上的混乱；因为与所有这些行动相反的事实毫无疑问的是，虽然美国的确被创新精神所激励，她却做梦都没想过在教育上开创新秩序，在教育问题上她反而始终是保守的。

要避免一个误解：对我来说保守主义(conservatism)是教育的本质，是就保存(conservation)的意义而言的，它的任务总是珍视和保护什么东西：保护孩子以防世界的伤害，保护世界以防孩子的侵犯，抵御旧的来保护新的，抵御新的来保护旧的。因此对世界的全面责任理所当然地包含着一种保守主义态度。不过这只适用于教育领域，或者说只适用于成人和儿童之间的关系，不适用于政治领域，在政治领域内，我们跟成年

人和平等者在一起交往行动。这种保守主义的态度，即把世界照原样接受下来，极力维持现状，在政治中只会导致毁灭。因为除非人类决心去干预、改变和创造新的东西，否则世界在整体和细部上就不可避免地要遭受时间的侵蚀。哈姆雷特的话“时代脱节了，唉，真糟，天生我偏要来把它重新整好”，差不多对每一代人来说都是真的，尽管自本世纪初以来这句话要比以往所有时代更有说服力。

大体上，我们的教育总是为了一个即将或正在脱节的世界，因为这是基本的人类境况：世界被有死之人亲手创造出来，在一个有限的时间里为有死之人提供家园。因为世界是有死者建造的，它就会毁坏；又因为它的居民不停地变更，它就有像他们一样朽灭的危险。要保存世界抵御它的创造者和居民的有死性，它就必须经常不断地被更新。这是一个教育的问题，仅在于这样的重整的确是实际可能的，尽管从来都无法确保。我们的希望总是要系于每一代人带来的新事物；但正因为我们把希望建立在这上面，那么，如果我们这些上了年纪的人试图控制新事物，规定它应当如何，我们就破坏了全部。正是为着每个孩子身上崭新和革 192
命的东西，教育才必须是保守的；它必须既保护这些新人新事，又负责把它们引入一个旧世界，因为新人的行动无论多么革命，从下一代人的立场看也终究是过时和即将毁灭的。

四

现代教育的真正困难在于，尽管有许多关于新保守主义的时髦言论，但在我们的时代，要达到对教育来说不可或缺的、最低限度的保存和保守态度，都变得异常困难了。造成这种状况的原因很明显。教育中的权威危机最紧密地关联到传统的危机，即我们对于过去的态度的危机。现代危机的这一面对教育者来说最难以忍受，因为教育者的任务就是把旧的东西和新的东西连结起来,正是他的职业,要求他对过去有一种异乎寻常的尊重。在从前漫长的岁月里,例如在整个罗马—基督教文明时期,教育者都不需要对自己的这一职业特性有自觉意识,因为对过去的尊重乃是罗马精神结构中的精华,这一点即使在基督教时期也未曾改变或终结,只不过转换到了不同基础上而已。

在任何时候,将过去本身视作典范(model),视祖先为后人的楷模(guiding example);相信一切伟大都存在于既往,从而人一生最好的时间是老年;年华老去的人可以作为正值青春的人的榜样,因为他离祖先更近;以上乃是罗马态度的精华所在(虽然其他文明并非都是如此,整个西方传统也并非都是如此)。但所有这些看法不仅与我们的世界、与文艺复兴以来的现代态度截然相反,而且,举例说,也与希腊人对生
193 活的态度格格不入。当歌德说年老意味着"从现象世界中渐渐退却"的时候,他是以希腊人的精神发此议论的,对希腊人来说,存在与显现是一回事。罗马人的态度恰恰相反:正因为变老和缓慢地从有死者的共同体中隐退,一个人才到达了他存在的最完满形式,尽管对现象世界来说他处在消失的过程中;因为只有在此时,他才接近了足以成为他人之权威的存在状态。

由于罗马有这样一个保存完好的传统背景,在其中教育发挥着某种政治功能(这是一个特例),从而一个人在教育问题上做出正确的行动相对来说就较为容易,不需要停下来去思考他到底做的是什么,教育原则的精神特质也与社会的基本伦理和道德信念高度契合。教育,用波利比乌斯的话说,只不过是"让你知道你真正配得上你的祖先",在此事业中,教育者是祖先的一个"竞争伙伴"(fellow-contestant)和"工作伙伴"(fellow-workman),因为他们终其一生都让自己的目光停留在古代,尽管是在不同层次上。伙伴关系和权威在这里不过是同一枚硬币的两面,教师权威深深扎根于过去本身的整体权威当中。可是今天我们已不再处于这样的位置了;假装我们还处在这样的位置,只是偶然偏离了正

道并且可以随时按原路返回,已经没有任何意义了。也就是说现代世界中无论危机发生于何处,人们都无法依旧例行事或简单返回老路了。返回老路也绝不会把我们带到与方才引起危机之形势有所不同的地方。返回仅仅是一次重演,尽管在形式上会有所不同,因为最终能被粉饰为科学定论的胡言和谬见层出不穷。另一方面,简单无反思的保存,不论是受危机的驱迫,还是因循守旧并盲目地相信危机不会吞没生活的某个特定领域,都只能因屈从于时代洪流而导致毁灭;更准确地说,只会 194
增加我们从世界中的疏离(我们已经从方方面面感受到它的威胁)。对教育原则的思考必须考虑这个从世界中疏离的过程;甚至承认我们在这里面对的或许是一个自动化过程,前提是只要我们还没有忘记在人类的思想和行动中,潜伏着打断和中止这个过程的力量。

现代世界的教育问题在于这个事实:教育本质上不能放弃权威或传统,但它又必须存在于一个既非权威所建构,又无传统可维系的世界里。这意味着,不仅老师和教育者,而且我们所有人,就我们和我们的孩子以及年轻人生活在同一个世界而言,都必须用一种完全不同于我们成年人彼此相待的态度来对待他们。我们必须坚决地把教育领域和其他领域分开,尤其是和公共领域、政治生活领域分开,以便单独在教育领域中运用一种与教育相符的,但已不具有普遍有效性,也不应在成人世界中要求普遍有效性的权威概念和对待过去的态度。

这种做法在实践中首先要对学校的功能有一个清楚认识。学校的功能是告诉学生这个世界是怎么样的,而不是教他们谋生的技能。既然世界是古老的,比他们本人更古老,学习就不可避免地要转向过去,而不论有多少生命活在当下。其次,儿童和成人之间的分界线应当标清楚,一个人既不能教育成年人,也不能把儿童当成成年人来对待;但是这条线不应当成为一面把孩子和成人世界隔开的墙,仿佛他们不是生活在同一个世界里,仿佛孩童期是一种自足的人类状态,受自身的法律统治。孩童期和成人期的分界线到底画在何处并无定规;就年龄界限来

195 说，依据不同国家，不同文明以及不同个人而变。但是教育跟学习不一样，必须有一个可预见的终点。在我们的文明中，这个终点大概在高等专科学校（college）毕业的时候，而不是在高中毕业的时候，因为大学中的职业培训或技术学校学习虽然也事关教育，但无疑本身是一种专门化训练。从整体上看，其目标不是把年轻人引入世界，而只是带入世界的一个有限部分。教育不能不伴随着教（teaching）；没有学的教育是空洞的，很容易陷入道德和情感说教；但是没有教育也能轻而易举地教，一个人即使活到老学到老，也不一定成为一个有教养的人。所有这些问题都是必须留给专家和教育学家去考虑的细节。

与我们息息相关，从而不能留给专门教育学去考虑的，则是一般而言的成人和儿童的关系问题，或用更全面、更严谨的术语说，是我们对待诞生性（natality）——我们所有人都通过出生来到这个世上以及这个世界通过诞生而持续更新——这一事实的态度。教育的要义在于，我们要决定我们对世界的爱是否足以让我们为世界承担责任，是否要让它免于毁灭，因为若不是有新的、年轻的面孔不断加入进来和重建它，它的毁灭就是不可避免的。教育同时也是要我们决定，我们对我们孩子的爱是否足以让我们不把他们排斥在我们的世界之外，是否要让他们自行做出决定，也就是说，不从他们手里夺走他们推陈出新、开创我们从未预见过的事业的机会，并提前为他们重建一个共同世界的任务做准备。

第六篇
文化的危机:其社会和政治意蕴

一

最近十多年来，我们目睹了知识分子对大众文化这一相对较新的现象表现出越来越浓厚的兴趣。大众文化(mass culture)这个术语显然是从“大众社会”(mass society)这个并不比它早很多出现的术语中派生出来的,但在对大众文化的所有讨论背后,都有个默认的假定,就是大众文化,从逻辑上必然地是大众社会的文化。这两个术语发展的简短历史中最值得注意的一个事实是，几年前人们使用这两个词时还带有强烈的谴责意味,暗示大众社会是社会的一种堕落形式,大众文化是一个语词上的矛盾,现在它们却变成了受人尊崇的词,成了无数研究和研修计划的主题。如哈罗德·罗森伯格(Harold Rosenberg)指出的,这些研究的主要效果是“为取媚于智识潮流添砖加瓦”。这种“媚俗的智识化”(intellectualization of kitsch)态度振振有词地辩护说，不管我们喜不喜欢,大众社会在可预见的未来都要跟我们在一起,从而它的“文化”也要 197

跟我们在一起，“通俗文化[不能]留给民众”。[1]不过问题是，对于大众社会来说是真的东西，对于大众文化是不是也一定真，或者换句话说（做必要的更正），大众社会和文化的关系，是不是也跟先前社会和它的文化的关系一样。

大众文化的问题首先带来的是另一个更根本的问题，即社会和文化之间极具争议性的关系问题。只需要回忆一下整个现代艺术运动在多大程度上肇始于艺术家对社会的激烈反叛（还不是反叛彼时还不为人所知的大众社会），就能明了更早期的社会和文化关系是多么令人向往，从而理解为什么有那么多大众文化的批评者，徒然渴慕一个优良文雅社会（good and genteel society）的黄金时代。这种渴慕在今日的美国比在欧洲更为普遍，原因很简单，美国人虽然很熟悉暴发户的野蛮市侩气息，却对欧洲社会同样令人厌恶的有文化、有教养市侩主义（cultural and educated philistinism）所知甚少。在后者那里，文化获得了卖弄虚荣的价值，有足够教养去欣赏文化成了一项有身份的事情。美国人对此经验的缺乏了解，可以用来解释美国文学和绘画为何能骤然在现代艺术发展中扮演重要角色，以及在那些知识分子和艺术先锋人士采取公然反美态度的国家中，为何仍能感受到美国现代艺术的影响。然而同时造成的不幸后果是，“文化”一词在它最重要的代表人物身上集中体现而可能唤起的忧患意识，一直都未得到人们的重视或理解。

然而，无论哪个国家是否实际经历了社会发展的各个阶段，自现代兴起以来，随着“人口的大多数被整合到社会当中”[2]，大众社会都不折不扣地降临了。如果说在“优良社会”（good society）意义上的社会是由那些不仅不操心钱财而且有闲暇致力于“文化”的人组成的，那么大众

---

① 哈罗德·罗森伯格在一个机智出众的随笔“流行文化：媚俗的批评”中，《新事物的传统》，纽约，1959。

② 见席尔斯·爱德华，“大众社会及其文化”，*Daedalus,* Spring, 1960；整整一期都是关于“大众文化和大众传媒”的讨论。

社会的确表示着一种新的事务形态，即人口的大多数如今已从令人筋 198
疲力尽的劳动重负中摆脱了出来,更有充裕闲暇去搞“文化”。由此看来,大众社会和大众文化似乎是一对相互关联的现象,不过它们的共同特性与其说是大众,不如说是大众一拥而入的社会。从历史和概念发展上来说,社会都要先于大众社会,社会也不仅仅是大众社会的一个种概念;它在历史上可以得到更早的定位和描述,但并不早于现代之前。实际上,群众心理学在大众人(mass man)身上发现的所有特质,在优良社会中就早已存在了,只不过那时还没有就数量上来说的大众:无涉其适应性的孤独(loneliness),这种孤独既不是孤立(isolation)也不是孤寂(solitude);他的好激动和缺乏准则;他的消费能力,相伴随的无判断力,甚至无辨别力；特别是他的自我中心以及致命的与世隔绝(alienation from the world),后者从卢梭开始一直被误解为自我异化(self-alienation)。

优良社会,就我们从十八和十九世纪中了解的而言,大致起源于绝对专制主义时代的欧洲宫廷,特别是路易十四的宫廷社会。路易十四深知如何使用简单手段来削弱法国贵族的政治影响力，就是把贵族们都集中在凡尔赛,把他们变成廷臣,让他们沉溺在一个接一个的社交派对里,陷入这些聚会势必产生的阴谋诡计和无休止的流言蜚语中。因此,小说,这一彻底现代艺术形式的真正先驱,与其说是冒险家和骑士们的浪漫传奇,不如说是像圣西门的《回忆录》那样的作品,同时小说本身预示了社会科学及心理学的兴起，后两者的主题始终围绕着社会与“个人”的冲突。这里的个人也是现代大众人的真正先驱,给出了“个人”的定义或者说发现了“个人”的,是那些发觉自己置身于跟社会的公开冲突中之人,比如十八世纪的卢梭或十九世纪的约翰·斯图尔特·密尔。自那以后，有关社会与个人冲突的故事就一再地在现实和虚构中被重复讲述。现代的和不再那么现代的个人构成了社会的重要组成部分,他企 199
图反抗社会来坚持自己的权利,社会又总是反过来压制他。

就个人处境来讲,社会的初期阶段和大众社会有一个重要区别。只要社会本身还局限在人口的某些特定阶层内，个人反抗社会压制以求生存的空间还是颇大的；因为同时还存在其他非社会的人口阶层，可以作为个人逃避的出口。这些个人最后常常加入革命党的一个原因，就是他在那些不被允许进入社会的人身上，发现了某些在社会中已渐消亡的人性品质。这些品质又常常表达在小说里，表达在众所周知的对工人和无产阶级的歌颂中，而且以更微妙的方式，表达在被指派给同性恋者（例如在普鲁斯特那里）或犹太人，即社会不真正接纳的那些团体去担当的角色中。贯穿十九世纪和二十世纪的革命热忱不止针对国家和政府，而且更猛烈地针对社会事实，这也是革命不能仅仅归结于社会问题（悲惨和剥削的两重困境）占主导地位的原因。我们只需读一下法国大革命的记录，只需回想一下“人民”（le peuple）这个概念的内涵在何种程度上来自“心灵”的激愤，就像卢梭甚或罗伯斯庇尔曾经说过的，反对腐败和沙龙的伪善，就能认清社会在整个十九世纪中的真正位置。而大众社会状况下个人的绝望，很大程度上是因为这些逃避的出口现在都统统关闭了，社会已经整合了人口的所有阶层。

这里我们不考虑个人和社会的冲突，尽管注意到在一个大众社会中，硕果仅存的个人是艺术家这一点也不无重要。我们考虑的是文化，
200 或者毋宁说，文化在社会和大众社会的不同处境下的遭遇；故此，我们对艺术家的兴趣与其说是在他的个人主体性上，不如说在于下面一个事实：毕竟，艺术家是每个文明作为精华留给后世的、激发文明之精神的持久见证物的真正创造者。正是最高级的文化对象，即艺术品的创造者转为反对社会，以及现代艺术的整个发展（与科学发展一道，或许是我们这个时代的最伟大成就）都发端于并始终致力于对社会的反抗这一点，证明了在大众社会兴起之前，就已经存在着社会和文化之间的对抗。

与政治革命不同，艺术家对社会的控诉很早（十八世纪之交）就可以用一个词来概括，此后这个词被一代又一代的人重复使用和重新解

释。这个词就是“市侩主义”，它的起源稍早于它的特定用法，开始并没有很特别的意味。这个词最早出现在德国大学生用来区分非大学市镇居民和大学师生（town and gown）的俚语中，这样，圣经公会已经预见了一个在人数上超过它和它迟早要落入其手中的敌人。这个词第一次被使用时——在我看来是在德国作家克莱蒙斯·冯·布伦塔诺（Clemens von Brentano）写的一部讽刺市侩的戏剧《在故事发生之前、之间和之后》中——就标示出了这样一种精神态度：根据即时效用和“物质价值”来评判一切，从而轻视包括文化艺术在内的无用之物和无用职业。所有这类措辞即使在今天听起来都相当耳熟，我们也饶有兴味地注意到，甚至当今流行的一些俚语词，如“死板守旧的人”（“square”）也已经出现在布伦塔诺早期的小册子里。

如果事情到此为止，如果针对社会的主要指责依然是它没有文化和缺乏对艺术的兴趣，我们这里讨论的现象就不会像它实际上所是的那样复杂；同理，也就不会那么难以理解，为什么现代艺术反抗“文化”，而不是简单公开地捍卫它自己的“文化”旨趣。关键在于这类仅仅以“没文化”、平庸为特征的市侩主义，很快又被它的另一种发展抛在身后了， 201
与前者相反，在后一种市侩主义中，社会开始对一切所谓的文化价值感兴趣。社会为了它自身的目的，例如社会地位和身份，开始垄断“文化”。这一发展跟欧洲中产阶级低微的社会地位有很大关系，他们发现自己获得必要的财富和闲暇后还要辛苦往上爬，打败贵族制，战胜贵族们对他们满身铜臭味的轻蔑。在追求社会地位的斗争中，文化渐渐成为一种提升自身社会地位的重要武器，如果不是最合适武器的话。“教化自己”离开现实所在的低级领域，上升到一个据说是美和精神所在的高级但非现实的领域，以艺术和文化的途径来逃避现实。这个途径之所以重要，不仅因为它给出了文化市侩主义（cultural philistinism）或有教养市侩主义（educated philistinism）面貌的最鲜明特征，而且它也是艺术家们反抗他们新发掘的赞助人的关键因素。艺术家们从中嗅出了被排斥到现实之外，陷入一个外表谈吐优雅，实则让他们丧失意义的空间的危险。得到一个变得如此“文雅”的社会的认可，似乎是一种可疑的赞美，举例来说，在爱尔兰土豆饥荒时期，人们不愿用“土豆”这个普通的词，以免自贬身份或冒与如此令人不快的现实发生联系的危险，而故意把这个最常食用的植物称为“那个根”。这个轶事以浓缩的方式包含了文化市侩的定义。[①]

无疑，这里危害到的不仅是艺术家们的心理状态，而且是文化世界的客观性地位：就文化世界由有形之物，如书籍、绘画、雕塑、建筑和音乐组成而言，它包含并见证了各个国家、各个民族乃至人类的全部有历史记载的过去。因此，判断这些特定文化物的非社会性及真实性的唯一标准，是它们相对而言的持久性，甚至最终而言的永恒性。只有历经岁
202 月考验的东西才有资格被称为文化对象。这里问题的关键在于，一旦往昔的不朽作品变成了社会身份的象征和个人优雅品位的装饰，它们就丧失了它们最重要、最基本的质素，那种过了几百年仍能抓住读者或观众，令人感动不已的质素。对马修·阿诺德(Matthew Arnold)来说，正因为文化一词暗示了“追求完美”(pursuit of perfection)等于“追求甜蜜光彩”，“文化”一词已经变得可疑。让伟大艺术作品服务于自我教育或自我完善的目的，就跟让它服务于其他目的一样是对它的误用；为了完善人们对一个特定时期的了解去观赏一幅画，就如同用一幅画去堵墙上的洞一样，都是有用且合情合理的。在这两种情形下，艺术品都被用于某种隐秘的目的，但最好是让人们意识到这些用途无论是否合情理，都不是人和艺术打交道的恰当方式。有教养市侩的麻烦不在于他阅读经典作品，而在于他这么做是出于追求自我完善的隐蔽动机，从而始终意识不到莎士比亚或柏拉图要告诉他的是比如何教育自己更重要的事

① 我要把这个故事归功于扬(G. M. Young)，《维多利亚时的英格兰，一个时代的画像》，纽约，1954。

情；麻烦在于他为了让他的生活远离现实而逃入一个“纯诗意”的领域，或隔着一层“甜蜜光彩”的面纱来看现实，比如像土豆饥荒这样“无趣”的现实。

我们都知道这种态度激发和滋养的那些颇为可悲的艺术作品，简言之即十九世纪的媚俗。从历史上看它们在形式和风格上如此缺乏感性，与艺术脱离了现实有密切关系。当文雅社会丧失了对文化的垄断以及它在整个人群中的优势地位时，本世纪出现了创造艺术（creative arts）的惊人复兴，以及也许不引人注目但同样真实的对过去之伟大的复活。在现代艺术初次登上舞台之前就已经发生了（或一定程度上在其后也仍继续）的事情，实际上是一种文化形态的解体，这种文化的“持久纪念碑”是遍布欧洲的新古典、新哥特、新文艺复兴建筑。在这个文化的解体 203
过程中，文化甚至比其他事物更变本加厉地变成了人们仅仅唤作“价值”的东西，即一种在跟其他社会和个人价值的交换中能够流通和变现的社会商品。

换言之，文化对象首先被市侩贬低为无用之物，直至后来，文化市侩又把它们当作货币来换取更高的社会地位或更高的自我尊严。更高，即在他自己看来是他凭本性或出身应得的。在此过程中，文化价值跟任何其他价值一样被看待，它们就是价值从来都是的东西，即交换价值；在来来回回的交换中，它们像旧硬币一样被磨损，丧失了所有文化物原来独有的，吸引我们和感动我们的能力。到了这个地步，人们开始谈论“价值的贬值”，整个过程终结于“价值的大甩卖”（Ausverkauf der Werte），最后文化和道德“价值”一块被卖掉了，这在德国发生在二三十年代，在法国发生在四五十年代。

既然文化市侩主义在欧洲已经是过去了的事情，而且人们在“价值的贱卖”中看到伟大西方传统悲哀的终结，那么不借助任何传统的帮助来发现过去的伟大作家，是不是比把他们从有教养市侩主义的垃圾堆中拯救出来更加困难，仍是个有待讨论的问题。在没有传统的情况下保存过去,甚至更多时候,在与传统的标准和阐释相抵触的情况下保存过去,是整个欧洲文明都要面对的任务。就智识状况(而非社会状况)而言,美国和欧洲处在相同形势下:传统断裂了,我们必须为我们自己发现过去,就是说,阅读过去的伟大作家,仿佛从来没有人读过他们一样。在这方面,大众社会的处境要略好于优良和有教养社会,我怀疑这种阅
204 读在十九世纪的美国并不鲜见,主要是因为有那么多美国作家和艺术家试图逃离这个国家"无故事可讲的荒凉"。自从惠特曼和梅尔维尔开拓传统题材以来,美国小说和诗歌独辟蹊径并取得了丰硕成果。但如果说要摆脱大众社会和大众文化仅供消遣的困境,就应当没有把握和无奈地呼唤一种纯然过时的状态,就实属不幸了。

也许社会和大众社会的最主要区别在于,社会需要文化,它把文化对象评估和贬低为社会商品,为了它自身的目的使用和滥用它们,但并不"消费"它们。因此即使这些物品被用得再破旧不堪也仍不失为物,仍然保留着物的某种客观属性;虽然被分解得像一堆砾石,它们也不会消失。相反,大众社会不需要文化,只需要娱乐,社会像消费其他商品一样消费着娱乐工业提供的玩意。供娱乐的产品是为社会的生命过程服务的,即使它们不是面包和肉那样的生活必需品。正如俗话说的,它们被用于"消磨时间",严格来说,消磨掉的空闲时间并非闲暇时间(leisure time),那是我们从生命过程所必需的一切操劳中摆脱出来(free from),从而可以自由地追求(free for)世界及其文化的时间,而是多余时间,因而本质上仍是生物性的,是除去必要劳动和睡眠之后剩下来的时间。娱乐要去填补的空闲时间乃是受生物条件决定的劳动循环——马克思所谓的"人与自然的新陈代谢"——中间的空隙。

在现代条件下,这个空隙越来越大;有越来越多的自由时间需要娱乐来填补,但是空余时间的极度增加并不能改变它本身的性质。娱乐,就像劳动和睡眠一样,是生物性生命过程的不变环节。而生物性生命,无论劳动还是休息,无论沉溺于消费还是被动地消遣,总是一种通过消

耗“物”来喂养自身的新陈代谢过程。所以娱乐工业提供的商品不是“物”,文化对象的优异是以其超越生命过程和成为世界永久组成部分的 205
能力来衡量的,它们不能根据生命的标准来判断;也不是用来使用和交换的价值;它们不像其他任何消费品一样,是注定要用光耗尽的东西。

面包和游戏(Panis et circenses)相互依属;两者都为生命及其维持和复原所必需,并且两者都消失于生命过程中,也就是说,它们必须不断地被重新生产和提供出来,否则整个生命过程就会终止。衡量这两者的标准是新鲜和新奇,而我们今天在多大程度上用这些标准来衡量文化和艺术对象,即那些被假定即使在我们离开世界之后也仍然在那里的东西,就在多大程度上清楚地反映出了娱乐需求对文化世界的威胁。不过问题并不真正出自大众社会或迎合其需求的娱乐工业,相反,由于大众社会不想要文化只想要娱乐,它对文化的威胁或许比优良社会的市侩主义要小;尽管艺术家和知识分子常常流露出忧患意识——也许部分是因为他们没有能力洞察大众娱乐的浮华空虚,但恰恰是艺术和科学,与一切政治事务的凋零相反在这个时代越来越繁荣。不管怎样,只要娱乐工业生产着它自己的消费品,我们就不能责备它的产品没有持久性,正如我们不能责备一个面包店,说它的产品一生产出来不赶快吃掉就要坏一样。鄙视娱乐和消遣,因为从它们当中得不出“价值”,从来都是有教养市侩主义的标志。但事实上我们每个人都需要这样那样的娱乐消遣,因为我们都要服从生命的巨大循环。否认取悦和逗乐了我们的大众同伙的东西也同样取悦和逗乐着我们,就是纯粹的虚伪和势利。就文化的保存而言,的确那些用娱乐来填补空余时间的人,要比那 206
些为了提升自己的社会地位,用随便什么有教育意义的玩意儿来填补空余时间的人,对文化的威胁要小。就艺术创造力而言,要避免文雅社会中的文化势利之辈发出的更高雅诱惑和更隐秘喧嚣,要比经受大众文化的大规模诱惑或避免被大众社会的噪音弄得发疯,更为困难。

不幸的是，事情还没那么简单。由于娱乐工业造出来的玩意儿瞬间就被消费所吞噬，它的庞大胃口就不停地需要新商品来满足。在此困境下，大众媒体从业者为了找到合适的素材，就要搜肠刮肚地劫掠过去和现在的全部文化。而且他们不会把这些素材按其本来的样子拿出来，为了具有娱乐效果，他们必须对之加以改变，使之变得易于消费。

大众文化出现在大众社会攫取文化对象的时刻，其危险在于社会的生命过程将最终消费文化对象，吞噬和毁灭它们（就像所有生物过程无餍足地把一切能得到的东西都卷入新陈代谢的循环一样）。当然，我指的不是大规模销售。当书籍或绘画经大量复制被廉价抛向市场并获得巨大销量的时候，这些东西的内在品质并未受影响。但是当这些东西本身被改头换面一番，如在改写、压缩、摘录，为迎合复制或电影改编的需要而删减之后，它们的本质就大大受影响了。这些改变并不意味着文化传播到了大众，反而是文化为了迎合娱乐的口味被破坏了。其结果不是文化的解体而是衰败，那些积极推动它的人不是流行音乐界（Tin pan Alley[1]）的创作者而是一类特殊的知识分子，他们的阅读和信息量相当广泛，其唯一的本领就是组织、传播和改编文化对象，以便说服大众相信《哈姆雷特》既可以像《窈窕淑女》那样有趣，也可以同样有教育意义。
207 许多过去的伟大作家曾经历了千百年被遗忘、被忽视的命运都幸存了下来，但他们能否从这个让他们不得不开口说话的娱乐性版本中幸存，仍然很难说。

文化关联着对象，是一个属于世界的现象；娱乐关联着人，是一个属于生命的现象。一个能持存的对象才是文化的，它的持久性与功能性相反，后者是借着用光耗尽让事物一再从现象世界中消失的性质。对象的最大使用者和消费者是生命本身，个人生命或社会整体的生命。生命不关心一个对象的物性（thingness），它坚持认为每个东西都是功能性的，用来满足某种需要的。当所有现在和过去创造出来的世界对象或物都

① 纽约一个流行音乐人和发行商集中的区。——译注

被纯粹功能性地用来满足社会生命需求，仿佛它们只是为了满足某种需求而存在的时候,文化就岌岌可危了,因为这一功能化状况不会因所要实现的需求是低级的还是高级的而改变。艺术必定是功能性的,教堂满足社会的宗教需要，一幅画满足画家个人自我表达的需要并在观者那里满足了他自我提升的需要。所有这些观念都与艺术无关,而且这些看法在历史上也是相当新的,以至于人们仅仅把它们视为现代的偏见。教堂的建造“愈显主荣”(ad maiorem gloriam Dei),虽然作为建筑物它们确实满足了宗教团体的需要，但其复杂精致的美却无法仅以宗教需求来解释,而且任何毫无特色的建筑其实也可以满足同样功能。它们的美超越了一切需求且经久不衰。不过虽然教堂的美像任何世俗建筑物的美一样超越了功能和需求,它也绝没有超越世界,即使其内容恰好是宗教性的。相反,正是宗教艺术的美,把宗教和彼岸世界的内容及关怀转化成了一个有形的在世实在;在此意义上所有艺术都是世俗性的,宗教艺术的独特性仅在于它使存在于彼岸的东西“世俗化”了,把它对象化和转化为一个“客观的”、看得见摸得着的在世存在,而不论我们遵从传统宗教,把这个“世外”(outside)定位在一个死后生活的来世,还是遵从 208
宗教的现代解释,把它定位在人心最深处的密室,都无关紧要。

每个东西,无论它是一个使用对象、一个消费品还是一个艺术品,都有一个借以呈现的外形,只有在某物有一个形状的意义上,我们才能说它是一个东西。从不是自然就有的而是在人造世界中才出现的东西当中,我们区分了使用对象和艺术品,二者都拥有一定程度的持久性,其持久程度从普通的经久耐用一直上升到艺术品的潜在不朽。由此,艺术品一方面不同于消费品（消费品在世界上的持续时间几乎不超过生产它的必要时间),另一方面不同于行动的产物,如事件、业绩和话语。所有属于后者的东西都稍纵即逝，如果不是首先被人们用记忆保存下来,然后用他们的创制能力编织成故事,它们在世界上存在的时间恐怕就不会长于它乍现的一小时、一天。从单纯持久性的角度讲,艺术品显然优于所有其他东西；既然它们在世上停留的时间比任何其他东西都长，它们就是所有东西当中最具世界性的。另外，它们也是唯一在社会生命过程中不具备任何功能的东西；严格来讲，它们不是为人而造的，而是为世界而造的，因为世界注定要比一代又一代来来往往的有死者的生命更长久。它们既不能像消费品那样被消费，也不能像使用对象那样被用光，反而必须有意识地让它们远离消费和使用过程，脱离人类生活的必需品领域。这种隔离可以通过各种各样的方式来实现，并且只有这样做了，特定意义上的文化才会出现。

这里的问题不在于世界性和创制世界的能力，是否是人的“本质”的一部分。我们知道存在着无世界的人群(worldless people)，也存在着离尘出世的人(unworldly men)；就人在他活着的时候需要一个地球上
209 的家来暂居而言，人的生活本身有赖于一个世界；的确任何一种为人提供栖身之所或头顶片瓦的设计，哪怕是游牧民族的帐篷，都可以看作是彼时活着的人们的地球家园。但这并不意味着这样的安排就造成了一个世界，更不要说造成一种文化了。就世界一词的确切含义而言，只有在其人造物的总体被组织得能够抵挡住在世寄居的人的生命消耗过程，从而比他们存在的时间更长久的情况下，地球家园才成为一个世界。只有在那类东西的存在有保证的地方，我们才可谈论文化；只有在我们面对的是独立于所有效用和功能关系而存在，并且其性质始终保持同一的事物的场合，我们才可谈论艺术品。

鉴于以上理由，任何关于文化的讨论必须在某种程度上以艺术品为起点。虽然我们周围所有事物的物性都在于它们有一个借以呈现的外形，但只有艺术品是为了纯粹显现(appearance)的目的而做的。评判显现的恰当标尺是美；如果我们想仅以使用价值，而不以外观，即是美还是丑抑或介于美丑之间来评判物，哪怕是评判通常的使用物，我们都不得不拽出我们的眼睛。而为了看清事物的外观，我们又必须让自己和对象保持一段距离，一个事物的纯粹显现越重要，越需要距离来欣赏

它。只有我们处在一个遗忘自身，抛却对自身生命的忧虑操心的位置上,距离才会产生,从而我们不会只着眼于我们想要的东西,而是让对象任其所是，在纯粹显现中存在。这种无功利的愉悦(康德的术语是uninteressiertes Wohlgefallen)的态度,只有在生命有机体的需要已得到满足，从而人可以从生存必需性中解放出来，自由地追求世界的情况下,才体验得到。

社会在其早期阶段的问题是，即使社会成员已经摆脱了生命必需性的束缚,也无法让他们自己摆脱对自身,对他们在社会中的身份和地位的焦虑,这种汲汲于个人自我的反映无论如何与对象世界,与世界当 210
中的客观性无关。而大众社会相对较新的问题或许更为严重,但并非大众自身的原因,而是因为这个社会本质上是一个消费社会,其闲暇时间不再用于自我完善或获取更多的社会身份，而是用于越来越多的消费和花样百出的娱乐。而且由于没有足够的消费品来满足生命过程不断增长的欲望(因为生命能量如果不用在身体劳动的辛苦操劳上,就必须在消费中耗尽),生命仿佛就会自动溢出来,取用那些本身不是为它准备的东西。当然,生命溢出的结果不是大众文化,严格来说,大众文化并不存在,而是靠世界的文化对象来滋养的大众娱乐。以为随着时间的推移,这样一个社会就会变得更“有文化”,教育会更有用,在我看来是一个致命的错误。关键在于一个消费社会不可能懂得如何照料世界和照料那些纯粹属于世界之显现空间的事物，因为它对所有事物的主要态度,即消费态度,注定要毁灭它所碰触的一切。

二

我前面说过讨论文化要以艺术现象为起点，因为艺术品是最出色的文化对象。不过虽然文化和艺术的关系密切,但它们绝不是一回事。

它们之间的区别对于文化在社会和大众社会条件下的遭遇来说不太重要，但对于什么是文化的问题，以及文化和政治领域之关系的问题却十分重要。

文化，在语词和概念上都起源于罗马。“文化”一词源于colere，意思是培养、居住、照料、照管和保存，它首先涉及到人与自然打交道的方
211 式：培养和照料自然，直到让它变成适于人类居住的地方。它本身代表了一种关爱照顾的态度，从而完全有别于竭尽全力让自然屈服于人的态度[①]。它不仅表示对土地的耕耘，也表示对诸神的“崇拜”，照料本属于他们的东西。似乎是西塞罗最早把这个词用于精神和心灵，他谈到“陶冶心灵”(excolere animum, cultivating the mind）和“有教养的心灵”(cultura animi, a cultured mind)，我们今天甚至也会说有教养的心灵，只是我们再也意识不到这个用法十足的隐喻含义了。[②]因为就罗马用法而言，文化和自然的联系才是最关键的；文化最初的意思是农业，与诗歌艺术和制造艺术相反，农业在罗马一直受到极高的尊重。即使西塞罗的“有教养心灵”(他认为这是哲学训练的结果，据说是他造了这个词来翻译希腊的παιδεία[③])，意思也恰好与艺术品的制造者或创作者相对。正是在农业人口当中，文化的概念最早出现了，或许这种文化的艺术内涵与拉丁人民和自然的亲密关系，与意大利著名的自然风光有着天然的联系。按罗马人的理解，艺术就像乡村一样自然而然出现，艺术应当是

① 关于这个词在词源学上的起源和拉丁语中的用法，除了*Thesaurus linguae latinae*之外，还有A. Walde, *Lateinisches Etymologisches Wörterbuch,* 1938 和A.Ernout & A. Meillet, *Dictionnaire Etymologique de la Langue Latine, Histoire des Mots,* 巴黎,1932。自古代以来词和概念的历史，见Joseph Niedermann, *Kultur-Werden und Wandlungen des Begriffes und seiner Ersatzbegriffe von Cicero bis Herden,* 在 *Bibiloteca dell, Archivum Romanum, Firenze*, 1941, 第二十八卷。

② 西塞罗在他的《图斯库卢姆谈话录》，I, 13中明确地说，心灵就像一块田地，没有适当耕耘就不会收获。他接着宣布：哲学是对心灵的陶冶(cultura autem animi philosophia est)。

③ Werner Jaeger, *Antike*, 柏林, 1928, 第四卷。

被照料的自然；所有诗歌都源于“树叶在苍翠的幽林中自行吟唱”。[1]不过虽然这是一种卓越的诗性思想，却不可能从中产生伟大的艺术，也几乎不是艺术创造者的精神气质。

伟大的罗马艺术和诗歌是在希腊遗产的影响下形成的，可是懂得如何照料和保存希腊遗产的，却是罗马人而不是希腊人。罗马的文化概念在希腊没有对应概念的原因，在于制作艺术在希腊文明中所占的主导地位。在罗马人甚至把艺术也看成一种农业、一种对自然的陶冶的时候，希腊人却把农业视为制造的组成部分，从属于精巧、熟练的“技术 212
性”器具，希腊人比之更为敬畏的是用来驯服和统治自然的技术。我们受罗马遗产的影响，把耕耘土地看作最自然、最和平的人类活动，希腊人却把它视为一项最勇猛无畏的事业，在这项事业中，他们年复一年地让地球遭受侵略和开发，无休无止、不知疲倦。[2]希腊人不懂得何为文化，因为他们从不教化自然，反而从自然的母体内夺走神对人隐藏起来的果实（赫西俄德）；与之密切相关的是，罗马人对过去本身的见证给予的极大尊重，对希腊人来说也十分陌生，虽然不仅希腊遗产的保存，而且西方传统的延续都要归功于这种尊重。文化，一方面意味着把自然培育成人类的居所，另一方面意味着照管往昔的纪念碑，正是这两种意义共同决定了在我们今天谈到文化时，我们所想的内容和意义。

不过，这些严格说来属于罗马要素的内容还不能穷尽“文化”一词的含义。即使西塞罗的“有教养心灵”也暗示着某种趣味以及一般而言的对美的敏感，这种趣味不存在于艺术家，即创造美的事物之人身上，而是存在于艺术家周围的旁观者身上。在此意义上，我们把文化理解为对最无用却最具世界性的事物的态度，即对艺术家、诗人、音乐家、哲学家等人的作品的态度，或更恰当地说，文化是文明所规定的与这些事物打交道的方式。如果我们把文化理解为人与世界之物的交往方式，

---

① 见Mommsen, *ömische Geschichte,* book I, 第14章。

② 见《安提戈涅》中的著名合唱，332及以下各处。

我们就可以试着以希罗多德记载的，据说是伯里克利说过的一句话来理解希腊文化：φιλοκαλοῦμεῃ λὰρ μετ᾽ εὐτελείας καὶ φιλοσφοῦμεν ἄυενμαλακίας [1]。这句话非常简单，频繁被引用，却几乎无法翻译。因为
213 我们理解为状态或性质的，如对美的爱或对智慧的爱（所谓哲学），在这里描述的却是活动，仿佛“爱美的事物”不啻于创造美的事物的活动。还有，我们翻译为属性的词，“恰如其分”（accuracy of aim）和“怯懦”（effeminacy），都不能传达出原文的严格政治含义：在希腊，怯懦是野蛮人的缺点，恰如其分、不偏不倚是懂得如何行动的人的德性。从而伯里克利更想说的是：“我们爱美，但要以政治判断为限；我们爱智慧，却不要野蛮人的怯懦恶习。”

一旦这些词挣扎着摆脱了它们的陈腐翻译，意义逐渐向我们揭晓出来，就有太多令我们惊讶之处。首先，我们被清楚地告知，是城邦的政治领域给出了爱智慧和爱美的界限；其次，既然我们知道在希腊人看来使他们区别于野蛮人的是城邦和“政治”（绝非高超的艺术成就），我们就可得出，这种区别也是一种“文化的”区别，一种与“文化”事物打交道的方式的区别，一种对美和智慧的不同态度。换言之，在希腊人看来，对美和智慧的爱只能保持在城邦制度设定的范围内，而过分的精致，不加区分的善感，也不懂得如何选择，恰恰是野蛮人的标志：既不是我们理解的没文化的原始粗陋，也不是他们自己的文化产品上缺乏特色。更令人惊讶的是，与对美的事物的过分喜爱有关的无血气、怯懦，在此处被暗示为哲学的特有危险；而我们原以为知道如何命中目标，如何判断是哲学的前提（因为必须懂得如何命中真理），在此处却被看成是与美的事物交往的必要条件。

---

① 修昔底德，II, 40。（这句话在谢德风先生翻译的《伯罗奔尼撒战争史》中译为“我们爱美，却不要言过其实；我们爱智慧，却不要软弱的怯懦”。——译注）

希腊意义上的哲学,发端于“惊奇”,θανάζελν,终结于对某种无遮
蔽真理的无言静观(至少在柏拉图和亚里士多德那里是如此),与爱美
相比,它是否更易导向寂静无为?或者,从另一方面来说,除非伴有在判
断中瞄准目标,明察、明辨的能力,简言之,我们通常称之为趣味的那种 214
奇妙而又难以捉摸的能力,否则对美的爱始终是野蛮粗鄙的吗?最后,
是否对美的正当的爱,跟美的事物,即,使人适于照料世界之物的“有教
养心灵”(与希腊人相反,西塞罗将之归功于哲学训练)打交道的恰当方
式与政治有某种关联?或者说这样的趣味是哲学能力之一?

要理解这些问题引发的疑问,首先要记住,文化和艺术不是一回
事。有一种办法可以让我们对它们之间的区别保持警觉,就是回想一
下,正是那些赞颂对美的爱,赞颂有教养心灵的人,对实际上创作了当
时公开展示和令人赞叹之杰作的艺术家和工匠,抱有极大的不信任。而
且这种对艺术家和工匠的不信任是古代人共有的。希腊人(不是罗马人)
有一个形容市侩主义的词,非常奇怪的是,这个词是从一个指代艺术家
和工匠的词,βάνανσος中派生出来的;是一个市侩者,即一个唯利是图
者,这个词在当时和现在一样,都表示一种技艺人特有的功利主义心
态,即看待和评价任何事情只从其功能和效用出发。艺术家也一点不能
免于市侩的指责,相反,市侩的缺点被认为最容易出现在那些精通了某
种技艺(τέχνη)的匠人和艺术家身上。在希腊人的眼中,夸奖一个人爱
美与瞧不起那些实际上生产了美的事物的人丝毫都不矛盾。对艺术家
的不信任和蔑视出于一种政治考虑:任何制作,包括艺术生产,都不属
于政治活动的范围,甚至处于政治活动的对立面。希腊人怀疑任何形式
的制作活动的主要原因是制造本质上的功利性。制造(fabrication),而非
行动(action)或言谈(speech),总是涉及手段和目的;事实上,手段—目
的范畴的合法性就来源于制作和制造领域,在制作领域中,一个被清楚
意识到的目的即最终产品,决定和组织着制造过程中的一切:材料、工
215 具、活动本身,甚至参与活动的人;所有这一切都变成了达到目的的手

段并从目的中证明了它们的合理性。这样,制造者就不免要把所有事物都当成其目的的手段，并在实际情形中根据它们的特殊效益来评判一切。这种立场一旦普遍化和扩展到制造领域之外的其他领域,就造成了唯利是图心态。希腊人对市侩主义的怀疑是有道理的,他们意识到这种市侩主义不仅会危害政治领域,而且会危害文化领域。因为它不仅要以制造活动中适用的功利性标准来评价行动，要求行动有一个预先规定的目的并允许行动攫取任何可能推进这一目的的手段；而且它会导致物之为物的贬值。虽然所有物品都是在这种心态下产生出来的,但任由此一心态泛滥,就会让物品任由功利标准来评判,从而失去了它们的内在独立价值,最终被贬低为纯粹的手段。换言之,对制成品最大的威胁恰恰来自使之形成的精神气质,由此可以得出,那些帮助我们建造和装饰了我们生活于其中的事物世界,并且支配这个世界的标准与规则,一旦被用于这个完成了的世界本身,就丧失了它们的有效性,并且变得相当危险。

确切地说,上面讲述的故事还不是政治与艺术之关系的全部。罗马人在其早期阶段相信,艺术家和诗人追求的是孩子气的游戏,与罗马公民要求的庄重(gravitas)、严肃和高贵不相符,因此罗马人在受希腊影响之前就简单地压制了任何艺术天赋在罗马的繁荣。相反,雅典从未以毫不含糊地偏袒一方或另一方来解决政治与艺术的冲突（这也许是它不经意间让艺术天才在希腊古典时期异彩纷呈的原因之一),而是始终令这种冲突活跃着,从未平息这两个领域对彼此的不满。希腊人说:“一个没有见过菲迪亚斯[①]所塑造的奥林匹亚山上宙斯的人白活了一场”，他也

① 菲迪亚斯(Phidias)(约公元前490—前430),希腊著名雕刻家,他为奥林匹斯山宙斯庙制作的黄金象牙的宙斯像,高达20米,曾被视为世界七大奇迹之一。传说,在希腊罗马时期，人们认为一个人活着如果没有见过菲迪亚斯的作品，是一件终身遗憾的事情。——译注

用同样的口气说:“像菲迪亚斯这样的雕塑家不是一个合格的公民。” 216
伯里克利在同一场演说中赞扬正当的爱美(φιλοαοφεtν)和爱智慧(φιλοκαλεtν),与美和智慧打交道的积极方式,夸耀说希腊人懂得如何把“荷马和他的同类人”置于其应有的地位上,雅典的光辉业绩是如此巨大,以至于这个城市不需要诗人和艺术家这些专门的荣耀建筑师,来把活生生的言辞行动记录、转化为永久纪念物,就让自身的伟大垂诸久远,留下不朽声名于后世。

我们今天很可能会怀疑说,是政治领域和对公共事务的积极参与导致了市侩主义,妨碍了关心事物真正价值而不考虑其功用效益的有教养的心灵成长。造成这种认知转变的原因之一,当然是制造心态对政治领域的侵害已经到了这样一个地步,以至于我们理所当然地认为行动比制作更加倍地受到手段和目的范畴的制约。这种态势当然也有利于制作者和艺术家发表他们对此事的观点和表达他们对行动者的敌对情绪。敌对情绪背后隐含的不仅仅是制作者和行动者在获取公众注意力方面的竞争,问题在于,技艺人(Homo faber)跟公共领域和公共性的关系,不同于他所制造的物品(有外形轮廓及构造的东西)与公共领域的关系。为了给这个业已存在的世界持续地增添新事物,技艺人必须把自己隔绝在公共领域之外,对公众遮蔽和隐藏起来。反之,如果没有他人在场,没有公共领域,没有一个多数人构成的空间,真正的政治活动,即行动和言谈就无法进行。所以说,艺术家和工匠活动的条件完全不同于政治活动的条件,因此,一想到政治之事,艺术家就对政治领域和政治的公开性感到一种特殊的不信任,就像城邦不信任制造的心态和条件一样,这是完全可理解的。艺术家对政治(而非对社会)的隐忧,他对 217
政治活动的顾虑和不信任,跟行动者对技艺人心态的怀疑一样有道理。艺术和政治的冲突就出现在这一点上,它们的冲突无法调和,也一定不能调和。

不过,值得注意的是,当我们把注意力从艺术的创作转向其产品,转向那些必须在世界上找到适当位置的作品时，使政治家和艺术家各自为政的状况就不存在了。这些作品显然和政治的“产品”，即言辞和行动分享着同样的性质，即它们都需要某个能让它们显现和被观看的公共空间；它们都只有在一个为所有人共有的世界上，才能实现它们自身的存在（即显现）；在私生活和私人占有的隐秘状态下，艺术品就无法获得自身的内在价值，相反，为防止私人占有，它们必须被严密保护起来，无论是被置于寺庙和教堂的神圣场所，还是被珍藏在博物馆里或交给纪念碑守卫者看护。尽管我们放置艺术品的场所就典型地反映了我们的“文化”，即我们与艺术品打交道的方式。概言之，文化标志着，由行动的人在政治上保卫的公共领域，为那些本质上是为着显现和为着美而存在的事物提供了展现空间。换句话说，文化意味着艺术和政治之间虽然存在紧张和冲突，却是相互联系和最终相互依赖的。在政治经验及其活动（它们来去倏忽，在世界上留不下任何痕迹）的背景衬托下，美恰恰是永不消逝的展示。转瞬即逝的伟大言行能留存于世，仅在于它们被赋予了美的存在。没有美，即潜在的不朽之物在人类世界中展现所散发出来的光芒，所有人类生活都将是徒劳的，也没有任何伟大能够持久。

艺术与政治的共同要素是他们都是公共世界的现象。在艺术家和
218 行动者之间居中斡旋的是cultura animi，即一个受过充分培育教化，从而有能力照料好一个以美为尺度的现象世界的心灵。西塞罗把这样的文明教化归因于哲学训练，因为在他看来，只有哲学家、爱智者，才会作为纯粹“旁观者”来到事物面前，而丝毫没想过要为自己谋求什么。故此，他把哲学家比作那样的人：他们来到盛大的赛会节庆上，既非“为了赢得桂冠的殊荣”，也非为了“以售卖获利”，而是“被壮观景象”所吸引，前来“观看发生了什么以及如何发生的”。用我们今天的话说，他们是纯粹无功利的，正因为这种无功利态度，他们才不仅最有资格做判断的人，而且也是最为壮观景象本身所吸引的人。西塞罗称他们为maxime ingenuum，即天生自由人中的最高贵者，因为他们纯粹是为了观看而

看，这是所有兴趣爱好当中最自由的（liberalissimum）[①]。

由于没有一个更好的词来表示爱美活动（伯里克利所说的φιλοκαλεῖν μετ᾽ εὐτελείας）中的分辨、甄别、判断能力，我用“趣味”这个词。为了证明这种用法的有效性，同时为了表明一种文化本身在其中得到表现的活动，我想借助康德《判断力批判》的第一部分“审美判断力批判”，在我看来，这部分包含着康德政治哲学最伟大、最有原创性的思想。而且就像其标题所显示的，它首先是一种站在判断的旁观者立场上对美的分析，并且它以趣味现象为出发点，把趣味理解为和美的事物的一种积极关系。

为了从合适的角度出发来看待判断力，并理解它是一种蕴含政治性而非单纯理论性的活动，我们需要简短回顾一下通常所谓的康德政治哲学，即包含在《实践理性批判》中的，关于理性立法能力的内容。以
“绝对命令”形式制定的立法原则：“总是要这样行动，让你的行动所遵 219
循的法则成为一条普遍法则”，建立在理性思考必须与自身相一致的基础上。比如，一个小偷实际上是与自身相违背的，因为他不希望他盗取他人财产的行为所遵循的法则成为一条普遍法则，否则就会立刻让他丧失他自己的所得。与自身相一致的原则十分古老，实际上是苏格拉底最早发现的；根据柏拉图的表述，苏格拉底的核心信念包含在下面一句话中：“由于我与自身同一，我宁愿与整个世界不一致也不愿与我自身不一致。”[②]强调听从自身良知的西方伦理学，以及强调不矛盾律的西方逻辑学，都是以此为出发点的。

可是在《判断力批判》中，康德却坚持了另一种完全不同的思考方式，对后者来说，仅仅与自身一致是不够的，还要能够“站在任何旁人的角度上思考”，他把后者称为“扩大了的精神”（eine erweiterte

① 西塞罗，前引书。

② 柏拉图，《高尔吉亚篇》，VII。

Denkungsart)[①]。判断的力量建立在他人潜在同意的基础上,在判断中活跃着的思想过程不像纯粹推理的思想过程那样,是我与我自身的对话,而是首先和始终置身于我和其他人的一种想象的交流当中,即使在我独自一个人做决定的时候,我也必须最终从想象的交流中,获得他人的认同。从这种潜在的同意中,判断获得了它的特殊有效性。这意味着,一方面,这样的判断必须让自己从“主观私人条件”中摆脱出来,即摆脱那些一个人在其私人状态下受自然决定表现出来的癖性偏好,癖性偏好虽然在一个人私下所持意见的范围内合法,却不适合进入市场和缺乏公共领域的有效性。另一方面,这种扩大了的思考方式,作为懂得如何超越个人限制的判断,在严格孤立或与世隔绝的情况下都无法进行;它需要他人的在场,因为它必须站“在他人的位置上”思考,必须考虑其他
220 人的立场,否则就根本不起作用。就像逻辑要健全就要依赖自我的在场一样,判断要有效也要依赖他人的在场。从而判断虽然具有某种特殊的有效性,它的有效性却从来不是普遍的。其有效性要求不能扩展到判断者在考虑时未将自身置于其立场之上的他人。康德说,判断“对每个单独判断的人”[②]有效,但这句话的重点在“判断”上,对于那些不判断的人或不是判断对象在其中呈现的公共领域之成员的人,判断则是无效的。

恰恰在康德所指的意义上,判断能力成了一种特殊的政治能力,即不仅从自己的立场上看事物,而且从恰好在场的所有其他人立场上看事物的能力;就这样的判断能让一个人找到他自己在公共领域、在共同世界中的位置而言(这实质上是政治经验中古已有之的明察),它也许是一种人作为政治存在的根本能力。希腊人称这种能力为明智(φρόνησις),或明见,并且认为这是使政治家的德性区别于哲学家的智

① 《判断力批判》,第40节。

② 同上,导言,VII。

慧的主要特点或优异之处。[①]判断的明察与玄想的思考的不同在于,前者的基础是我们通常称作共同感的东西,后者却需要不停地超越共同感。共同感(common sense),法国人称之为"好见识"(good sense, le bo sens)更有启发性,向我们揭示出,世界的本质在于它是一个共同世界;多亏了共同感,我们的五官及其感觉材料(严格来说它们是私人的和"主观的")才能适应于一个非主观的和"客观的"世界,这个世界是我们和他人共有和共享的。判断是"与—他人—共享—世界"(sharing-the-world-with-others)在其中发生的重要活动,即使不是最重要活动。

不过,在康德《判断力批判》论题中令人耳目一新,甚至为之振奋的一点是,他恰恰是在考察趣味现象,从而是在考察唯一与美相关,并一直在人们看来是处在政治领域以及理性范围之外的判断类型时,发现 221
了"与他人共享世界"的宏伟景象的。康德曾经为趣味现象所谓的任意性和主观性所困扰:据说"在趣味的事情上无需争辩"(de gustibus non disputandum est)(对私人癖好来说这无疑是真的),因为这种任意性冒犯了他的政治感觉(而非审美感觉)。他实际上对美的事物并不很敏感,但他充分意识到了美的公共性质;与这句老生常谈的格言相反,他坚持趣味判断需要讨论,因为"我们希望同样的愉悦为他人分享",趣味的事情应当争辩,因为它"期待任何其他人的同意"。[②]就此而言,趣味像任何其他判断一样,诉诸共同感,从而处在"私人感觉"的对立面。在审美判断中和在政治判断中一样,只要做出一个决定,这个决定就基于这样的事实:虽然这个决定总是在某种主观性下做出的,因为每个人都在世界中有一个自己的位置,总是从他自己所处的位置来看待和评判世界,但世界本身是客观的东西,是为它的所有居民共有的东西。趣味活动决定

① 亚里士多德有意把政治家的洞见和哲学家的智慧对立起来(《尼各马可伦理学》,第六卷),大概沿袭了雅典城邦的公共意见,就像他在政治著作中一贯做的那样。

② 《判断力批判》,第6,7,8节。

了，这个世界，除它自身的有用性和我们在其中的生活利益之外，是如何被观赏、被倾听的，人们在其中看到什么、听到什么。趣味站在世界的表象以及世界性的角度上评判世界；它对世界的兴趣纯粹是“无功利的”，也就是说不涉及个人的生活兴趣或自我的道德旨趣。对于趣味判断来说，首要的是世界，而非人的生活或他的自我。

另外，趣味判断通常被认为是任意的，是因为它们不像可验证的事
实或可论证的真理那样，强迫人们取得一致。它们和政治意见一样是说
服性的；如康德颇为优美地表述的，判断者只有“争取其他每个人的同
意”，才有望别人最终与他达成一致。[①]这种“争取”或说服十分接近于希
腊人所谓的πείθιν，让人信服或说服的言说方式，他们视之为人与人相
222 互交谈的典型政治形式。说服规定了城邦公民的交往，把身体暴力排除
在外；但哲学家知道它也不同于另一种非暴力的强制形式，即真理的强
制。在亚里士多德那里，说服是作为διαλέγεσθαι[②]，即哲学说话方式的对
立面出现的，因为后一种对话形式关注知识和真理的发现，从而要求一
种非让人接受不可的证明过程。这样，文化和政治就相互归属了，因为
对它们来说重要的不是知识或真理，而是判断和决定，就公共生活领域
和共同世界事务明智地交换意见，决定采取何种行动，以及今后它会被
如何看待，何种事情会在世界中显现。

把趣味这种主要的文化能力归到政治能力里面听起来确实很奇怪，为此我还想说一个人们非常熟悉但很少从理论上加以考虑的事实。我们都了解人们一旦在他们喜欢或不喜欢的事物上找到共同点，他们彼此就会多么快的熟悉起来，就会毫不含糊地感到同胞与共。就这种共同经验的角度而言，似乎趣味不仅决定了世界看起来是怎样的，而且决定了谁在世界内相互归属。如果我们从政治意义上看待这种归属感，就倾向于把趣味视为一种本质上贵族制的组织原则，不过趣味的政治意

① 《判断力批判》，第19节。

② 即对话（辩证法）。——译注

蕴或许更为广泛和影响深远。凡是在人们评判他们共同的世界之物的地方,在他们的判断中就包含着比这些物更多的东西。一个人通过他的判断方式,在一定程度上揭示了他自身,他是什么样的人,而且这种并非有意的揭示也由于摆脱了纯粹私人偏好而获得了普遍有效性。正是在言说和行动的领域,即从活动上讲的政治场域内,一个人的人格特质才公开展现出来;"一个人是谁"(而非他可能拥有的个人品质或才能)才变得清晰可见。也正是在这方面,政治领域再一次和艺术家以及创作者生活工作的领域对立起来,因为在后者那里,真正重要的总是品质, 223
制作者的天赋品质和他所创制之物的品质。可是,趣味评判的不仅仅是品质,相反,品质无需争辩,它并不比真理更少说服力,不需要判断来决定,也不需要说服和争取他人的同意。虽然在艺术和文化凋零的时代里,只剩下少数人接受品质的自明性。趣味作为一种真正有教养的心灵,即cultura animi的活动,只会在品质意识深入人心,美的东西被广为认同的地方起作用;因为趣味在品质中间分辨和做决定。这样,趣味以及它对世界之物随时警醒的判断,限制了对纯粹美的东西不加辨别、无节制的爱;它为制造和品质领域引入了一种纯个人的因素,也即为之赋予了一种人文意义。趣味驯化(debarbarize)美的世界却不为它所征服,它以自身"个性"的方式照料美从而创造了"文化"。

人文主义(humanitism)一词,跟文化一词一样起源于罗马,跟文化一词一样,在希腊语中也没有和拉丁语humanitas对应的词。[①]我选一个

---

① 关于这个词的历史和概念,见尼德曼(Niedermann),前引书。Rudolf Pfeiffer, *Humanitas Erasmiana*, Studien der Biblithek Warburg, no.22, 1931和Richard Harder's *Kleine Schriften*中的"人文主义补遗",慕尼黑,1960。这个词常常被用来翻译希腊语的φιλανθρωπία,一个最初用于神和统治者,从而又完全不同含义的词。Humanitas,按照西塞罗的理解,和罗马的古老德性仁慈(clementia)紧密联系,因而在一定程度上与罗马的庄重(gravaitas)对立。它确实是有教养人的标志,不过在本文中重要的是,人们认为培养"人性"(humanity)的是文学艺术研究而非哲学研究。

罗马的例子来说明,趣味作为一种政治能力,的确能使美的事物人性化
并创造一种文化。有一句流行的罗马谚语:以苏格拉底为友,以柏拉图
为友, 更要以真理为友。(Amicus Socrates, amicus Plato, sed magis
aestimanda veritas.)无论我们是否赞同这句古老格言,它都必定冒犯了
罗马的人文主义,冒犯了人之为人的完整感;因为在这句话里,人的价
值、个人等级乃至友谊,都在绝对真理的至上性面前牺牲了。从绝对的、
压倒一切的真理理想当中, 无论如何都推不出西塞罗说过的:“我宁愿
与柏拉图一道在天堂门口走上歧途, 也好过与他的对手一道坚持真
理。”[1] [Errare mehercule malo cum Platone...quam cum istis (sc.
Pythagoraeis) vera sentire.] 西塞罗似乎故意要表述得和上面的谚语相
224 反,对这句话的英译则在一定程度上模糊了原意;英译的意思是:我宁
愿追求柏拉图的理性而走入歧途, 也不愿追随毕达哥拉斯的非理性而
“感受”(sentire)真理。但这一解释不可能与对话中给出的回答相呼应:
“我不会不甘心乐意让自己与这样一个人一道走歧途。”(Ego enim ipse
cum eodem isto non invitus erraverim.)在这里,强调的重点还是与之一块
踏上歧途的那个人。从而,虽然这句话的英译看上去没错,但原句显然
要说的是:选择与柏拉图为友,与他思想为伴,是一个趣味问题,即使这
一选择让我们远离了真理。的确这是一个十分大胆,大胆到令人愤怒的
主张, 尤其它是关于真理的; 显然对于美也可以做出同样的说法和选
择,就像我们多数人为了认识真理而训练思想一样,对于那些为了辨别
美而训练感觉的人来说,美的强制程度不亚于真理的强制程度。西塞罗
实际上说的是,对于真正的人文主义者来说,无论科学家的确定性、哲
学家的真理, 抑或艺术家的美都不是绝对的; 人文主义者既然不是专
家,他在运用趣味和判断力上就不受各门专业加给我们的强制。罗马的
humanitas适用于在各个方面都是自由的人,对他们而言,自由的问题,

① 西塞罗,前引书,I, 第39—40页。我遵照的是Loeb经典文库中的J. E. King 的翻译。

即不受强制的问题,是决定性的,哪怕在哲学中,科学中或在艺术中。西塞罗说,在我与人和事的一切交往中,我都拒绝被真理甚至美所强制。[1]

人文主义是有教养心灵的产物,是一种知道如何照料、保存和赞美世界之物的态度。因此,它就有着在单纯政治活动和单纯制造活动之间居间调停、裁决的任务,因为这两种活动在许多方面都是对立的。作为人文主义者,我们可以超出政治家和艺术家的对立,正如我们可以自由地超出我们每个人都必须学习和追求的专业一样。我们可以超出各种各样的专门化和市侩主义,达到自由运用趣味的程度。这样,面对那些一再告诫我们,柏拉图和其他一些过去的伟大作家已经被取代了、过时了的人,我们就知道应当如何回答他们了;我们将能够理解,即使有关柏拉图的所有批评都是对的,柏拉图仍然是比他的批评者们更好的友 225
伴。无论如何,我们要记得罗马人,这些最早以我们讨论的方式认真对待文化的人,认为一个有教养的人应当是:知道如何在古往今来的人、事和思想中,选择他的友伴的人。

① 西塞罗在《论法律》中以同样的语气说:他赞扬阿提库斯"在我看来他的生平和言说实现了最难以达到的庄重和人性的结合"——不过,正如哈尔德(Harder)(前引书)指出的,阿提库斯的庄重在于他严格遵守伊壁鸠鲁哲学,而他的人性表现在他对柏拉图的尊敬中,这证明了他内在的自由。

第七篇
真理与政治[①]

一

以真理和政治为主题的反思可谓老生常谈。没有人怀疑过真理和政治彼此互不相容，而且就我所知，也从没有人把忠于真理（truthfullness）算作一种政治德性。谎言从来都被认为不仅是政治家或煽动家的必要、合法工具，而且也是政客交易的工具。为什么会这样呢？
227 这对政治领域的本质和尊严来说意味着什么？另一方面，对真理和诚实

① 这篇论文起因于《艾希曼在耶路撒冷》发表之后引起的所谓争议。论文的目的是要澄清两个不同但相互关联的议题。这是我之前没有意识到的，但它们的重要性看来超过了这次的争论。第一个涉及的问题是，讲真理是否总是合法的？我是否无条件地相信“即使世界毁灭，也要让真理实现”？（Fiat veritas, et pereat mundus.）第二个问题由“争论”中使用的数量惊人的谎言引起：一方面是关于我所写的东西的谎言，一方面是关于我所报道的事实的谎言。下面的反思试图把握这两个议题。它们也许能作为范例，说明当一个高度争议性的话题陷入过去与未来之间的裂隙时会发生什么，尽管这个裂隙或许是所有反思的适宜居所。读者会在前言中找到一些对此裂隙的简短和初步思考。

的本质和尊严来说又意味着什么？难道真理的本质就是无能，而权力的本质就是欺骗吗？如果真理在公共领域中没有权力的话，它到底拥有什么样的真实性？因为公共领域比任何其他人类生活领域都更能保证有生有死的人——即这样的存在者，他们知道自己从无（non-being）中来，短暂停留之后，又要消失到无中去——存在的真实性。最后，无权力的真理，难道不是和不给予真理以任何关注的权力一样可鄙吗？这都是一些让人不舒服的问题，但也都是从我们当前的信念中必然产生出来的问题。

使这些老生常谈获得较高可信度的原因，仍然浓缩在一句归古老的拉丁格言中："即使世界毁灭，也要让正义实现。"（Fiat iustitia, et pereat mundus.）除了有可能是它作者的人（十六世纪的斐迪南一世，查理五世的继位者），其他人使用它都只是作为一种修辞上的问句：假如世界的存亡危在旦夕，公义应当实现吗？唯一敢于对这个问句的模式使用提出质疑的伟大思想家是伊曼努尔·康德，他大胆地解释说，"这句谚语……用简单的话来说就是'公义终将获胜，哪怕结果是世界上所有恶棍都尽数灭亡'"。因为人们会发现，活在一个完全丧失了公义的世界是不值得的，公义这一"人类权利必须被认为是神圣的，无论实现它的权力需要多大牺牲……无论实现它要引发什么样的自然后果"。[①]但是，这个回答难道不荒谬吗？难道人类对于存在的关心不是明显地超过了对于任何其他事情的关心，超过了对任何美德或任何原则的关心吗？如果世界这一美德或原则唯一得以显现的地方陷入了危险，美德或原则岂不都是纯粹的空想吗？当十七世纪无异议地宣告，任何共和国都有责任认识到，用斯宾诺莎的话来说，"没有比共和国自身领域的安全更高的法律"，它难道不是对的吗？[②]的确，超越单纯存在的任何原则都可以被

① 《永久和平》，附录I。

② 我的引文来自斯宾诺莎的《政治论》，因为值得注意的是，甚至对斯宾诺莎这样的，认为政治真正的目的是哲学的自由（libertas philosophandi）的哲学家，也应该采取那样一种激进的立场。

置于公义的地位,而如果我们将真理置于这一地位,说“让真理实现吧,即使世界毁灭”,这句古老的谚语听起来甚至更可信。如果我们根据手
228 段—目的范畴来理解政治行动,我们甚至可以得出这样一个似是而非的结论,即说谎可以很好地为找寻真理建立或维护某些条件。就像人们很久以前就指出的霍布斯一样,他无情的逻辑从来没有忘记将论证推至这样的极端,以致以上论调的荒谬性变成了显而易见的。[①]由于谎言常被用作更暴力手段的替代品,所以也更易被当成政治行动武器库中相对而言较无害的工具。

再度思考这个古老的拉丁格言的话,我们就会惊讶地发现,为了世界的存续而牺牲真理,比牺牲任何其他原则或美德更加徒劳无益。因为,我们可能拒绝问自己是否值得生活在一个丧失了公义或自由之类观念的世界中,奇怪的是,同样的情形似乎不可能发生在政治意味少很多的真理观念中。处于危险之中的是存在,存在中的持续(in suo esse perseverare),因为如果人们不愿意去做希罗多德第一个有意识去做的事情,即λέγειν ταὲόντα,说出什么存在(what is)的话,就没有任何人类世界会比有死者的短暂寿命更长久。如果无人愿意去见证因其存在而

---

① 在《利维坦》,第46章中,霍布斯解释说,“不服从可能遭到法律上的惩罚,甚至真正的哲学也教导反抗法律。”因为“闲暇是哲学的母亲;公益是和平与闲暇的母亲”难道不是正确的吗?从中难道不能得出,当公益目的压制了破坏和平的真理的时候,将促进哲学的利益?由此可见,既然公益事业对真理言说者的身体和灵魂如此重要,为了与公益事业合拍,他决心要写出他知道“将要诋毁哲学”的东西。霍布斯由此出发,开始怀疑亚里士多德是否和大众一样,在他看来,亚里士多德“写的东西与[古希腊]宗教相符合;因为害怕遭受苏格拉底的命运。”霍布斯从来没有想到过,如果真理的条件只能由深思熟虑的谎言来保证的话,所有对于真理的追求将会自取灭亡。那样的话,确实每个人都会变成霍布斯的亚里士多德那样的说谎者。而与霍布斯虚构的逻辑想象不同的是,事情的真相是,当亚里士多德开始害怕遭受苏格拉底那样的命运时,他足够清醒地离开了雅典;他没有那么邪恶,写出他知道是错误的东西,也没有那么愚蠢,以摧毁他的立足之地来解决他的生存问题。

存在,并向他们显现出来的东西是什么的话,也就没有任何永久性,任何存在中的持续性能够被理解。

真理与政治之间的冲突是一个古老而又复杂的故事,把它简单化或予以道德谴责将使我们一无所获。纵观历史,追求真理和讲出真理的人都意识到了他们所从事之事业的危险性;要是他们不干涉世界的进程,他们就会被奚落和嘲笑淹没,要是他们迫使同胞严肃对待他们,尽管目的在于把同胞从谬误和幻想中解放出来,却使自己的生命陷入危险:"如果他们找得到[这么一个]人的话……他们会杀了他",柏拉图在其洞穴比喻的结束语中如是说。柏拉图式的真理讲述者与城邦公民之间的冲突不能用这个拉丁格言,或任何后来的理论所解释。因为这些理论,明里暗里,都证明了在国家安危存亡的时刻,说谎比起其他错误行为不算什么。柏拉图的故事中没有提到敌人;大多数人一起在他们的洞 229
穴中和平地生活,只是影像的观众,不介入任何行动,也因此不受任何人的威胁。这个共同体的成员没有任何理由认为,真理和讲述真理者是他们最危险的敌人,而柏拉图也没有解释,为什么他们固执地偏爱欺骗和谬误。假如我们用柏拉图在政治哲学中一个晚近的同行霍布斯来向他发出挑战的话,即霍布斯认为"只要真理不违背任何人的利益或快乐,就是所有人都欢迎的"(一个明确的宣言,实际上他认为这句话重要到足以用来结束他的《利维坦》),柏拉图大概会同意利益和快乐很重要,但不会同意霍布斯的主张,即存在着某种任何人都欢迎的真理。是霍布斯而不是柏拉图,用一些无关紧要的真理的存在来安慰自己,或者用"人们不关心"的"题目"来安慰自己,例如数学真理,"线和形的公理","不妨碍到任何人的野心、利益或者欲望"。因为,霍布斯写道,"我毫不怀疑如果'三角形三内角之和等于正方形的两直角之和'这一说法和任何人的统治权或具有统治权的一些人的利益相冲突的话,这一说法即使不受到争议,也会由于有关的人在力所能及的情况下采取把所有几何学书籍通通烧掉的办法,而受到镇压。”[1]

无疑，在霍布斯的数学公理与柏拉图的哲学家从理念天空之旅中带回人类行为的真正标准之间,还存在着根本的差异。柏拉图也没有意识到这两者之间的区别,尽管他相信数学真理打开了人们心灵的眼睛,使人们能够洞悉所有真理。霍布斯的例子以相对无害的方式给我们敲了警钟;我们倾向于假定,人类心灵总是能够重新创造诸如“三角形的三内角之和等于正方形的两直角之和”之类的公理性陈述，从而推论说,“把所有几何学书籍烧掉”也不会根本上有效。就科学陈述而言,危险可能是巨大的;假如历史转向另一个方向,那么从伽利略到爱因斯坦
230 的整个现代科学发展也许不会出现。的确,这类真理中最容易受到伤害的,可能是那些高度分化和总是独树一帜的思想类型,柏拉图的理念论可算得个中翘楚,因为人们自远古以来,就试图让理性思考超越人类知识的界限。

相信真理既不是被给予和被揭示给人类精神的，而是为人类精神所创造的现代信念,自莱布尼茨以来,就把数学真理、科学真理和哲学真理归为理性真理的一般种类,以与事实真理(factual truth)相区别。我采用这一区分仅仅出于方便考虑而不讨论它的内在合理性。为了找出政治权力能对真理造成什么样的伤害，我们出于政治的而不是哲学的原因来探讨这些事情,就可以先不考虑真理是什么的问题,而仅仅满足于在人们通常理解的意义上来使用这个词。如果我们现在考虑事实真理其朴素的可靠性的话,那么在俄国革命时期有个叫托洛茨基的人,后来这个人的名字没有在任何一本苏联俄国的历史教科书上出现过,我们立刻就意识到事实真理是多么脆弱，比所有种类的理性真理合在一起还要脆弱。此外,既然事实与事件这些人类在一起生活和行动就必定会产生的东西,构成了政治领域的肌理,那么事实真理当然就应该是我们在这里最关心的一种真理。统治权(用霍布斯的语言)攻击理性真理

① 《利维坦》,第11章。

时逾越了它的界限，而它伪造篡改事实或用谎言替代事实的时候，就在自己的领地上挑起了战争。在权力的肆虐下事实真理幸存的机会是微乎其微的；它总是处在被排挤出这个世界的危险之中，不仅被排挤出一段时间，而且有可能永远被排挤出去。事实和事件与人的头脑创造的公理、发现、理论甚至最狂野猜想相比，要脆弱得多；它们发生在不断变化着的人类事务领域，在人事的变化流淌中，没有什么比人类心灵结构更稳固和公认地相对持久了。而一旦事实真理丢失了，就没有什么理性努力能把它们找回来。欧几里德的数学或爱因斯坦的相对论都有可能在时间的长河中被再度创造出来，假如它们的创造者没能把它们传给子
孙后代的话，柏拉图的哲学更不用说。尽管理性真理被重新发现的机会 231
也不是很大，但要比事实真理好无数倍，一个重要的事实一旦被忘却，就很可能永远被忘却了。

二

尽管最与政治相关的真理是事实真理，真理与政治的冲突还是在涉及到理性真理时第一次被发现、被阐明的。一个理性上真的陈述的反面，既不像在科学中一样是谬误和无知，也不像在哲学中一样是幻觉和意见。深思熟虑的错误，明明白白的谎言，只有在事实陈述的领域中才起作用。在真理与政治相敌对的长期争论中，看起来似乎很重要却颇奇怪的是，从柏拉图到霍布斯，显然都没有人相信过有组织的撒谎可以成为对付真理的充分武器，就像我们今天意识到的那样。在柏拉图那里，真理讲述者让他的生命陷于危险，在霍布斯那里，他成了一位作家，但是被威胁说要将他的书烧毁；单纯的说谎癖不是个问题。占据柏拉图思想的是智者和无知者，而不是说谎者，一个显著的例证是，在他区分错误和谎言的时候，亦即在“非自愿的和自愿的错误（ψεῦδος）”的时候，他对“像猪一样在漠不关心的泥潭里打滚”的人要比对说谎者严厉得

多[①]。这是不是因为有组织的撒谎，即那种主导了公共领域的谎言,与仅凭借运气骗人的单个说谎者之间的区别,还不为人所知的缘故呢?或者是不是与那个惊人的事实有关,即除了拜火教,没有任何一个主要宗教将有别于“做假见证”的撒谎视为一种严重的罪行?只有在清教道德兴起和相伴随的有组织的科学兴起之后,谎言才被看成严重的过错。因为有组织的科学的进步，是以每个科学家的绝对诚实可靠这一牢固基础为保证的。

无论怎样，真理与政治之间的冲突在历史上产生于两种截然相反
232 的生活方式:哲学家的生活方式和城邦公民的生活方式,其中前者先由巴门尼德,后由柏拉图阐释过。人类事务本身处在持续的流变当中,城邦公民对于人类事务的意见也在不断变换，于是哲学家反对人类事务中有何真理可言,在他们看来真理的本性是持久不变的,因而能从中推衍出规范人类事务的原则。因此,真理的对立面是纯粹的意见,而意见等同于幻觉。正是这种对意见的贬低赋予了这场冲突以政治的尖锐性;因为是意见,而不是真理,是所有权力必不可少的前提条件之一。“所有的政府都建立在意见的基础上”,詹姆斯·麦迪逊(James Madison)说,甚至最专制的统治者或暴君也不能在没有拥有同样想法的人们的支持下

① 我希望不会再有人告诉我说,柏拉图是“高贵的谎言”的发明者。这个说法建立在对《国家篇》的一个重要段落(414C)的误读之上。在这个段落中,柏拉图讲述了他的一个神话,一个“腓尼基人的故事”作为ψεῦδος。由于同一古希腊词依据上下文的不同分别意指“虚构”、“错误”,以及“谎言,”,例如这种具体语境是当柏拉图想要在错误和谎言之间进行区分时,古希腊语言迫使他谈起“自愿的”和“不自愿的” ψεῦδος,因此这段文字可以被理解为康福德(Cornford)说的“大胆的发明”或者像埃里克·沃格林(Eric Voegelin)那样解读为意在讽刺(秩序与历史:柏拉图与亚里士多德,路易斯安娜大学,1957,第三卷,第106页);在任何情况下,这段文字都不应该被理解为应该说谎。当然,柏拉图允许某些情况下的谎言,为了打败敌人或是疯狂的人们,见《国家篇》,382;谎言是“有用的……像药一样……由医生而不是别的什么人来使用的话”,而城邦的医生就是统治者(388)。但是,与洞穴比喻不同,在这一段中并没有涉及原则问题。

攫取到权力，遑论保持权力如何需要拥有同样想法的人们的支持了。在人类事务的领域，任何宣称是绝对真理而其有效性不需要来自意见方面的支持的主张，都动摇了所有政治和政府的根基。这一真理与意见的对抗被柏拉图进一步阐释为（尤其是在《高尔吉亚篇》中）以“对话”形式的交流和以“修辞”（rhetoric）形式的交流之间的对立。前者是哲学真理的恰当言说方式，后者是我们今天所谓的煽动家说服大多数人的言说方式。

这种原初对抗的踪迹尽管很难在我们生活的世界中发现了，但仍可以在现代的早期阶段发现。比如在霍布斯那里，我们仍然读到有关两种“相反能力”之间的对抗：“可靠的推理”与“有力的雄辩”，前者“建立在真理的原则之上，后者建立在意见之上……以及人们的激情与欲望之上，而这些东西是互不相同和多变的”。[①]一个多世纪以后，在启蒙时代，这些踪迹几乎消失了，尽管还没有完全消失，但在这种古老对立残存之处，强调的重点也转移了。莱辛用前现代的哲学术语发出的豪言，“让每个人都说出他以为的真理，让真理自身受上帝的引导”（Sage jeder, was ihm Wahrheit dünkt, und die Wahrheit selbst sei Gott empfohlen），可
能会被直接理解成，人不能掌握真理，他所有的真理，哦，只不过是意 233
见，δόξαι。然而，在莱辛那里，这段话恰恰意味着相反的意思：让我们为我们不知道这个真理而感谢上帝吧。他洞见到，对于生活在群体之中的人来说，人们彼此之间的对话是那样丰富，永不枯竭，比任何一种唯一真理都更重要、更有意义。即使没有这样乐观的表示，弥漫于十八世纪的对理性脆弱性的认识，也不曾在人们心中引起抱怨或悲观的情绪。我们可以在康德的巨著《纯粹理性批判》中发现这一点，在这部巨著中，理性被引导去认识它自身的界限。同样我们也从麦迪逊的话里听到这一点，他不止一次地强调“人的理性，正如人自身一样，在独自前行时，是

① 《利维坦》，结论。

畏首畏尾、小心翼翼的，它获得的坚实与确信程度与它携手的人数成正比”。[1] 这一类的思考，在最终差不多成功地夺取了言说和书写的思想自由的斗争中，比个人自我表达的权利起了更为关键的作用。

斯宾诺莎，这位始终相信人的理性无误性的哲学家，经常被错误地颂扬为一个自由思想和言论的斗士。他主张“凭着不可废除的自然权利，每个人都是他自己思想的主人”，“每个人的理解都带着他自己的独特印记，人的大脑彼此不同，就像口味彼此有别一样”，从中他得出结论说，“最好还是承认那些不能被废除的自然权利吧”，禁止自由思想的法律只会导致“人们心口不一”，从而导致“良好信仰的腐化”并“助长了……背信弃义”。可是，斯宾诺莎在任何地方都没有要求过言论自由。人类理性需要相互交流从而为着自身的缘故需要公开性的论辩，在他那里也是明显缺席的。他甚至将人对于交流的需要，人不能隐藏自己的思想和保持沉默的能力，当作哲学家所没有的一种“普通人的缺陷”。[2]而康德，正相反，认为“**那剥夺了人公开交流他思想自由的外在权力，也同时剥夺了人思想的自由**”（着重号为阿伦特所加），我们思想的“正确性”的唯
234 一保证在于，“我们和那些我们与之交流思想，而他们也向我们交流思想的人，一起共同生活”。人的理性是易犯错的，只有在人能够“公共地运用”它的情况下才正常运转，这同样适用于那些仍然处在“监护”状态之下，“没有某些人的指导”就无法运用他们的思考能力的人，以及那些需要“全部有阅读能力的公众”检查和控制他思想结果的“学者”。[3]

在这里，麦迪逊提到的多数人具有特殊重要性。从理性真理向意见的转向蕴含着从一个单数的人向复数的人的转向，而这意味着，从一个按麦迪逊所说的，除了一人头脑的“坚实推理”之外没有什么有价值的

① 《联邦党人文集》，第49条。

② 《神学—政治论》，第20章。

③ 见“什么是启蒙？”与“什么叫做：在思想中找到方向？”。

领域,转向一个“意见的力量”取决于“他假定会同意他意见的人数”的领域。附带说明一下,这里的多数并不一定限于这个人的同时代人。麦迪逊始终将这种在多数人中间的生活,亦即公民的生活,与哲学家的生活区分开来,后者认为人数的考虑“应该忽略不计”。但是,这一区分并没有什么实践上的后果,因为“一个哲学家们的国度就跟柏拉图所期望的哲学王族一样希望渺茫”。[1]我们也许可以顺便提一下,“哲学家们的国度”这种说法对柏拉图来说本身是个术语上的矛盾,因为,柏拉图的整个政治哲学,包括其直言不讳的专制特征,都建立在这一信念之上,即真理既不能从多数人中获得,也不可与多数人交流。

在我们生活的世界中,这种哲学家的真理与市场上的意见之间古老对抗的最后踪迹已经消失了。没有什么真理还能干涉这个世界的事务,无论是启示宗教的真理(十七世纪的政治思想家们还仍然把它们当作一种主要的妨碍),还是哲学家们的真理(在人独处时揭示给人)。就前者而言,国家和教会的分离给我们带来了和平,就后者而言,哲学家们的真理从很久以前就不再宣称有统治权了,除非人们将现代意识形态严肃地当成哲学。而这实际上是很困难的,因为意识形态的支持者们公然宣告说,意识形态是政治武器,和真理与真理性的问题毫不相干。 235
用传统术语来思考的话,我们也许觉得可以从这种状况中得出这么一个结论,即古老的对抗最后终于解决了。特别是引起这一对抗的最初根源,即理性真理与意见之间的冲突,已经消失了。

然而奇怪的是,事情并非如此。因为我们今天在很大范围内观察到的事实真理与政治之间的冲突,至少在某些方面与真理和意见之间的冲突有着非常相似的特征。从前的时代也许从没有像今天这样,对如此众说纷纭的有关宗教或哲学问题的意见保持宽容的态度,然而另一方面,事实真理,只要它凑巧违背了某个特定群体的利益或愿望,就会受到比之前任何时代更为猛烈的攻击。当然,国家机密总是存在的;每个

① 《联邦党人文集》,第49条。

政府都必须将某些信息归为机密一类,让公众接触不到,而那些泄露了真正机密的人总是被当成叛徒。但我在这里要说的不是这一类的事情。我想说的是有些事实明明众所周知，可是知道这些事实的公众却能够成功地,而且经常是自发地,回避对此类事的公开讨论,好像它们是机密事件一样。于是,他们的做法就证明了公开讨论跟在从前的时代鼓吹无神论或某些其他异端邪说一样危险,这真是个有意思的现象。当我们在那些由意识形态化的政府进行专制统治的国家中也发现这一现象时,它的重要性就不言而喻了。(甚至在希特勒统治下的德国,谈论集中营和死亡集中营也要比持有或者说出某种关于反犹主义或种族主义的“异端邪说”危险得多,虽然集中营的存在不是秘密。)更让人困惑的是,事情竟然发展到了这样的地步，即不受欢迎的事实真理尽管在自由国家里得到宽容对待,但是它们却经常被有意无意地转化为意见,就好像德国支持希特勒,或法国1940年在德军面前的溃败,或者梵蒂冈在二战期间的政策不是有史可依的事实,而只是意见的事情。因为这些事实真理直接具有政治上的重要性,这里有危险的,不仅是在一种共同和通常
236 被认可的实在框架内,两种生活方式之间或许不可避免的张力。这里,遭遇危险的是共同的事实实在本身，而这确实是个第一紧要的政治问题。因为,事实真理,尽管与哲学真理相比没有什么好争辩的,而且很明显每个人都能掌握它,但是,当它被暴露在市场上时,它却经常遭到跟哲学真理类似的命运。也就是说,它不是要与谎言和深思熟虑的篡改作战,而是要与意见作战。所以,也许值得再度开启那古老的、显然已经过时了的真理与意见相对的问题。

因为从真理讲述者的角度看,将事实转化为意见,模糊两者之间界线的倾向,并不比真理讲述者的古老困境带给人更少的困惑。那个古老困境曾在柏拉图的洞穴比喻中得到极为生动的表达。当哲学家从他造访永恒理念天空的孤独旅程中返回,回到洞穴之后,他试图将他获得的真理与多数人分享,真理却在众人的各持己见(众人的意见在哲学家眼

里只是幻觉)中消失得无影无踪,并被拽低到意见的不确定层次上,于是,在回到洞穴之后,真理自身也以“对我来说好像”(δοκεῖ μοι)的外貌显现,而这种意见(δόξαι)正是哲学家在离开洞穴前希望一劳永逸地留在身后的东西。可是,事实真理报道者遭遇到的情况甚至还要糟糕。他并不是从任何人类事务之外的领域中回来的，而且他也不能安慰自己说,他已经变成了一个与这个世界格格不入的人。同样地,我们也没有权利用这样的看法来安慰我们自己,即他的真理,如果是真理的话,就不属于这个世界。如果他那简单的、关于事实的陈述,即被身体的眼睛而不是精神的眼睛亲眼目睹的真理,都无法被接受的话,那么人们就不免要怀疑,政治领域的内在本性就是要拒绝或扭曲任何一种真理,仿佛人们不能与真理那不屈不挠的、直白的、不被说服的顽强妥协一样。如果真是这样的话,那么事情比柏拉图设想的还要让人绝望。因为,柏拉图在孤独中找到和实现的真理,从定义上来说就超越了多数人的领域,即超越了人类事务的世界。(可以理解,哲学家在他的离群索居中,受到将他获得的真理作为一种标准,强加在人类事务之上的诱惑;这样,他就把内在于哲学真理的超越性等同于完全不同的一种“超越性”,即从 237
众多对象中分离出来作为它们衡量标准和准绳的超越性。于是,多数人反对这个标准就不难理解了，因为它事实上是从人类事务领域之外的一个领域中推衍出来的，它们之间的联系只能靠混为一谈来获得辩护认可。)哲学真理一旦进入市场,它自身的性质改变了,变成了意见,变成了真正的μετάβασις είς ἄλλο γένος，即不仅仅是从一种说理类型向另一种说理类型的转向，而是从一种人类存在方式向另一种人类存在方式的转向。

与哲学真理相反,事实真理总是与他人相关的:事实真理涉及到事件和状况,而许多人卷入了这些事件和状况;所以事实真理建立在许多人的见证基础上,依赖于多数人的证实;事实真理的存在取决于它被人们谈论的程度,即使人们只是在私人场合谈论它。事实真理在本质上是政治的。事实与意见尽管必须被分开对待，但它们彼此并不相互冲突；它们属于同一领域。事实促成了意见的产生，而为不同兴趣和激情所激发的意见虽大相径庭，但只要它们尊重事实真理，就是正当的。反之，除非来自事实的信息得到保证，事实本身没有争议，否则意见自由就是个闹剧。换言之，正如哲学玄思靠理性真理得到滋养一样，政治思想靠事实真理得到滋养。

但是，独立于意见和解释的事实，到底存在与否？难道历代的历史学家和历史哲学家不是证明了不可能弄清楚不带解释的事实吗？因为事实必须首先从杂乱无章的一大堆纯粹事件中挑选出来（而挑选的原则肯定不是事实资料），然后被编织进一个只能从某个视角来讲述的故事当中，这个故事与原来发生的事情毫无关系。无疑，历史科学中内在的这些混乱和其他更多的混乱都是真实的，但它们都不是反对事实存在的理由，也不能为模糊事实、意见和解释之间的分界线辩护，更不能作
238 为历史学家随意编排事实的借口。即使我们承认每一代人都有权书写自己的历史，我们承认的也只不过是每一代人都有权按照自己的视角重新编排事实；我们并没有承认我们有权利去触动事实本身。为了说明这一点，也为了不再继续在这个问题上纠缠不清，我想讲一个故事：二十年代，克莱蒙梭在他去世前不久，曾和一位魏玛共和国的议员就第一次世界大战爆发的罪责问题进行过一场友好的谈话。克莱蒙梭被问道："未来的历史学家会如何看待这个棘手而又充满争议的问题？"他回答道："我不知道。但是我可以肯定的是，他们不会说，是比利时入侵了德国。"我们在这里考虑的就是这类最无情的基本事实，它们说出的真相牢不可破，即使历史主义最极端和最善于诡辩的信奉者也必须遵守。

事实的真相是，在1914年8月4日，德国军队越过了比利时的边界，要想把这个事实从历史上抹去，恐怕需要比历史学家随心所欲的古怪念头多得多的东西才办得到；差不多需要攫取足以统治整个文明世界的权力。但是，这样一种权力垄断并非不可想象，如果权力，无论是国家

权力还是社会权力有兴趣在这类事情上保持最后发言权的话，事实真理的命运就不难想象了。这不免又让我们回到这样的怀疑当中，就是与所有形式的真理相敌对或许就是政治领域的本性，以至于为什么要尊奉事实真理这样的问题，也让人感到有一种反政治的态度隐含在其中。

三

当我说与理性真理相对的事实真理并不与意见相左的时候，我只说对了一半。所有真理，包括各种类型的理性真理和事实真理，与意见不同的地方都在于它们有一种断言有效性的模式。真理本身带有一种强迫性要素。在职业的真理讲述者身上，专断性倾向经常表现得令人遗
239 憾的明显，但这与其说是性格的缺陷引起的，不如说是由于长期生活在一种强制状态下的习惯反应。“三角形的内角之和等于正方形的两角之和”，“地球围绕着太阳转”，“宁可受不公正对待也不做不公正的事”，“1914年8月德国入侵了比利时”，这样一些陈述彼此很不相同，它们成为真理的方式也非常不一样，但是，它们一旦被了解为真并被宣告为真的，那么它们共同具有的特点就是，它们到达了一个不再需要协议、争论、意见或同意的地方。对那些已接受它们的人来说，有多少人持相同主张或没有多少人持相同主张都不会改变它们的真；说服或讨论不再起作用了，因为陈述的内容不再具有说服的性质，而只具有强迫的性质。（因此，在《蒂迈欧篇》中，柏拉图在有能力认识真理的人和只是碰巧持有正确意见的人之间划了一条界线。对于前一种人来说，认识真理［νοῦς］的器官是通过教育唤醒的，而这当然意味着一种不平等性，可以说成是强迫的一种温和形式，而对于后一种人来说，他们只需要被说服。柏拉图说，前者的观点是坚定不移的，而后者总是可以被说服来改变他

们的主意。[1])里维耶尔的梅尔西埃(Mercier de la Rivière)曾经就数学真理适用于所有类型的真理作出过如下评价:“欧几里德是一个真正的专制者;他留给我们的几何学真理是绝对专制的法则。”(Euclide est un véritable despote; et les vérités géométriques qu'il nous a transmises, sont des lois véritablement despotiques.)以差不多同样的口吻,格老修斯在大约一百年前就坚称(那时他想要限制绝对君主的权力),“甚至上帝也不能使2乘以2不等于4”。在这句话中,他寻求真理的强制性力量来对抗政治权力;他的兴趣并不在于他话中隐藏的观点,即全能上帝也是有限的。这两段话都表明了真理从纯粹的政治立场看,从权力的角度看是什么样的,问题是权力是否不仅能够且应当为宪法所监督,为权利法案所监督,而且能够且应当为多重性的权力所监督,正如在一个制约平衡系统中,用孟德斯鸠的话来说,“以权力制约权力”(le pouvoir arrête le pouvoir)。就是说,通过来自于政治领域和属于政治领域本身的要素使权力得到监督。但是,不能靠某些在外部的,源于政治领域之外的东西来监督权力,这些东西与公民的愿望与渴求无关,就像它们和暴君的欲
240 望无关一样。

从政治的视角看,真理有一种专制的特征。它为暴君们所憎恶,他们的恐惧不无道理,因为他们害怕同一种他们不能垄断的强制性力量竞争。在基于同意和痛恨强制的政府的眼里,真理则有一种不太稳固的地位。事实处在协议和同意之外,所有关于事实的谈论,即所有基于正确信息的意见交换,都无助于事实的确立。人们可以就不受欢迎的意见进行争论,拒绝它或与之妥协,但是不受欢迎的事实却有一种激怒人的顽固特征,就是说,除了彻头彻尾的谎言外它不被任何东西所动摇。麻烦在于,事实真理像所有其他真理一样,专横地要求被承认并排除争论,而争论恰恰构成了政治生活的本质。如果从政治的角度看,与真理打交道的思想和交流模式的确必定是专断的;它们不考虑其他人的意

[1] 《蒂迈欧篇》,51D—52。

见,而考虑其他人意见是所有严格的政治思考的标志。

政治思考是代表性的。我通过从不同视角考虑一个特定的问题,通过使那些不在场的人的观点浮现在我心中，而形成了一个意见；就是说,我代表他们。这个代表过程并不是盲目地采取那些站在其他某处的人的实际观点,而是从一个不同的视角来看世界;这不是一个移情的问题,仿佛我力图成为别的什么人,或像别的什么人一样去感受;也不是看哪边人多，然后加入大多数人一边，站在我实际上并不认同的立场上,但仍然按照我自己的认同去生活和思考。在思考一个特定问题时,我越是能够在我心中浮现出更多人的立场,我就越能更好地想象,如果我处在他们的地位,我的感受和思考会是如何,我的代表性思考能力就越强,我最后得出的结论、我的意见就越有效。(正是这种“扩展的智性”使人有能力判断;这正是康德在他的《判断力批判》第一部分中发现的,尽管他没有认识到他的这一发现的政治和道德意蕴。)意见形成的过程是由那些用自己的头脑站在他人的立场上思考的人所决定的，而这种 241
想象力运用的唯一条件是，中立、不偏不倚和摆脱自己私人利益的束缚。由此,在我形成一个意见时,即使我回避任何同伴,离群索居,我也并不是处在哲学思想的孤独状态中,完全只跟我自己在一起;我仍然停留在这个普遍的相互依赖的世界中，在这里我可以代表任何其他人的意见。当然,我可以拒绝这样做,形成只考虑我自己利益或者我所属团体利益的意见;的确,在老于世故的人们中间,恐怕没有什么比盲目的固执己见更常见的了，而这在缺乏想象力和无力作出判断的人们中间更加明显。然而,意见的品质,正如判断的品质一样,取决于它无偏私的程度。

没有任何意见是自明的。在意见之事上，跟在真理之事上不同的是,我们的思考是流动的、游离的,就像意见本身一样,从一处到另一处,从世界的一个部分到另一个部分,穿越各种各样相互冲突的观点,直到最后从所有这些特殊性中上升到某种无偏私的普遍性。在这个过程中，特殊问题被迫敞开自身，从每个可能的视角、所有不同方面显示自己，直到最后被人类理解力的全部光芒覆盖和照得透亮。与意见形成的过程相比，真理陈述有一种特殊的不透明性。虽然理性真理启迪了人类的理解力，事实真理滋养了意见，但是，即使这些真理不是全然模糊晦暗的，却也不是透明的，它们的本质中有一种拒绝进一步阐明的特性，正如抗拒光照是光的本性一样。

此外，在我们与事实和事实真理相遇的地方出现的这种不透明性，比其他地方的不透明性更显著和令人恼怒。因为，事实没有充分的理由要成为它们所是的那个样子；它们永远本可以是别的什么，而这种令人不快的偶然性根本上来说是无限的。正是因为事实的偶发性，使得前现代哲学拒绝严肃对待遍布着事实性的人类事务领域，或者相信，即使在
242 构成着世界进程的事件序列“可悲的偶发性”（康德）当中，也能找到什么有意义的真理。没有哪一种现代历史哲学能够与纯粹事实性那难以对付的、不合情理的顽固性达成和解；为了将那显然是任意的“事情可以是另一个样子”（这是自由的代价）的东西，从人们唯一真正不受约束的领域中清理出去，现代哲学家们用魔法召唤出各种各样的必然性，从世界精神的辩证必然性或物质条件的辩证必然性，到一种据说是不变的、已知的人类本质的必然性。的确，在回顾中，即从历史眼光看，每个事件序列看起来都不可能以其他的样子发生，但这是一个人的视觉上的，或者说存在上的假象：因为，在任何给定的情形中，现实（按其定义）如果不是消灭了所有其他原初内在的可能性的话，那么就没有什么事情能够发生。

换言之，事实真理并不比意见更自明，这也许是意见持有者发现怀疑事实真理就像怀疑另一个意见一样容易的原因之一。此外，事实证据是通过目击者的见证和历史记载、文献、遗址等确立的，而目击者的见证，众所周知是靠不住的，文献遗址等也可以被怀疑为伪造的。在有争议，只有其他人的见证，而没有第三方或更高一级可以引证的情况下，

争议的解决通常是以多数人一方为准；也就是说跟处理意见争论的方式一样，是一个完全让人无法满意的程序，因为没有什么能防止大多数证人不作出错误的证言。相反，在某些情况下，随大流的感情更促使人们作出错误的见证。换句话说，就事实真理遭遇意见持有者的敌对程度而言，它至少跟理性哲学真理一样脆弱。

之前我注意到，在某个方面，事实真理讲述者比柏拉图的哲学家面临的处境更糟糕。因为，他的真理没有一个超越的来源，甚至没有诸如自由、公正、荣誉和勇气这类政治原则的相对超越性质，而所有这些原则是可以激发人类的行动并显现在人类行动中的东西。现在，我们应当 243
可以看到，这样一个不足导致了超出我们想象的严重后果：不仅关系到那说出真理的人，更重要的是，关系到他说出的真理能否幸存下来。激发了人类行动并在人类行动中显现出来的原则，也许不能与真理那让人非接受不可的证据相抗衡，但我们将看到，他们足以与意见内含的强大说服力相匹敌。我以苏格拉底的话“宁可受不公正对待也不做不公正之事”为例，来说明一个哲学陈述既然与人类行为有关，因而就有政治意蕴。我选择这句话部分是因为，这句话已经成为西方伦理思想的开端，部分是因为，就我所知，这句话是唯一可以直接从特定的哲学经验中推出的伦理命题。（康德的绝对命令，在剥除了其中的犹太—基督教成分后，可以成为这个领域内唯一可与上面这句话相竞的对手。因为犹太—基督教成分造成了绝对命令的表述是命令式的，而不是简单陈述式的。但为康德的绝对命令奠定基础的原则是无矛盾律，如偷窃者是自相矛盾的，因为他想把偷来的东西占为己有，这条公律对于思想条件的有效性实际上是苏格拉底第一个发现的。）

柏拉图对话一再告诉我们，苏格拉底命题（一个陈述，而不是一个命令）听起来是多么自相矛盾，当它在市场上，在那个意见彼此攻讦的地方讲出来是多么容易受攻击，而苏格拉底不仅要向他的敌人们，而且要向他的朋友和学生们证明它，令他们满意，是多么力所不逮。（最戏剧性的段落可以在《国家篇》的开头找到。[①]当苏格拉底徒劳地试图说服他的敌人色拉叙马霍斯，公正比不公正更好的时候，他的学生格老孔和阿得曼托斯告诉他说，他的证明远不足以使人信服。苏格拉底赞美他们的发言："在你们的本性中必定有某种神圣品质，如果你们能够如此雄辩地为不公正的原因辩护，却仍然不能说服自己相信，不公正比公正更好的话。"换言之，早在辩论开始之前，他们就已经相信了公正比不公正更
244 好，而他们所说的支持这一陈述真实性的一切，不仅没能说服不信的人，甚至也没有力量确证他们自己的信念。)在柏拉图的各种对话录中，所有能为这一信念辩护的话都已经说尽了。主要的论证是这样的，对于人来说，作为一个人(being one)，即使和全世界不一致，也要比和自己不一致，和自身相矛盾要好[②]。对哲学家来说，这确实是一个强有力的论证，因为按照柏拉图的说法，他们的思考以和自己进行无声对话为特征，因此，他们的存在依赖于和自己不断推进的交流。他仍然是一个人，但是却分裂为两个；于是，在这两个进行思想对话的伙伴之间的基本矛盾会破坏哲学思考的条件。[③]换句话说，因为人自身总是有一个他永远也不能摆脱的同伴，所以他最好不要和一个谋杀犯或者一个说谎者生活在一起。或者这么说吧，既然思想是在我和我自己之间进行的无声对话，我就必须小心维护这位同伴的完整性不受损害；否则我肯定会彻底丧失思考的能力。

① 见《国家篇》，367。可以与《克里同篇》，49D比较："因为我知道，只有一些人持有，或者有时持有，这种意见。在那些行动和不行动的人之间，没有共同的想法；他们必然会因为目的不同而相互轻视。"

② 见《高尔吉亚篇》，482，苏格拉底告诉卡里克里斯(Callicles)，他的对话者，他将"不仅不能和自己取得一致，而且终其一生，他都会自相矛盾"。之后苏格拉底补充道："我宁愿整个世界都和我不一致，反对我，也不愿意，我和我自己不一致，自相矛盾。"

③ 关于将思想定义为我和我自己之间沉默的对话，参见《泰阿泰德篇》，189—190，以及《智者篇》，263—264。正是在这一传统之下，亚里士多德将人们对话的朋友称之为αὐτὸς ἄλλος，亦即另一个自己。

对哲学家而言，或者毋宁说，对作为一个思想存在的人而言，这一关于做不正义的事还是遭受不正义的伦理学主张，并不比数学真理更少强制性。但是对一个作为公民存在的人，一个关心世界和公共福利胜过关心自身幸福（关心自身幸福也包括了，例如，关心他“不朽灵魂”的“健康”超过关心他可朽坏身体的需要）的行动存在而言，苏格拉底的命题就根本不是真的。任何共同体的灾难性后果都始于，极力想要遵循从单个的人那里得出的伦理教训，无论是苏格拉底的、柏拉图的，还是基督教的。这一点已经被人们多次指出了。早在马基雅维利建议保护政治领域，使之免受未经稀释的基督教信仰的侵害（那些拒绝以恶抗恶的人却允许坏人“任他们做尽恶事”）之前很久，亚里士多德就警告人们，不要让哲学家们在政治问题上发言。（出于职业原因不关心“什么对他们自己来说是好的”的那些人，也不能相信他们能够考虑什么对他人是好的，更不用说让他们考虑“公共的善”，共同体的实际利益了。）[①] 245

既然哲学真理涉及的是处在单数状态下的人，那么它在本质上就是非政治的。如果哲学家希望他的真理征服多数人的意见，他就会遭受失败，而他可能从他的失败中得出结论说，真理是软弱无力的。这是一个老生常谈，其意义仅仅就像一个数学家不能化圆为方，却哀叹圆形不是正方形一样。然后，他可能像柏拉图一样，受哲学真理的诱惑，企图说服让一些有哲学爱好的暴君，在幸运的，但是极少可能成功的情况下，建立起一个“真理”的专制统治。我们主要从各种各样的政治乌托邦中了解过这种专制统治，从政治上来说，这类乌托邦和其他专制形式一样暴虐。而且极少可能他的真理能在不靠暴力协助的情况下取胜，除非人民恰好赞成他的真理，这样，他的胜利也是皮洛士式的胜利（Pyrrhic victory）[②]。因为，真理赢得自身的胜利，不是由于它本身的强制性质，而

① 《尼各马可伦理学》，book 6，1140b9，1141b4。

② 指代价惨重，得不偿失的胜利，Pyrrhus是Epirus国王，公元前279年击败罗马人，但他的国家在这场战争中付出了惨重的代价。——译注

是由于多数人的赞同，而这些人也许明天就会改变主意，去赞同别的什么东西；于是，曾经的哲学真理就变成了纯粹的意见。

然而，既然哲学真理自身就带有一种强迫性要素，那么，它在一定条件下诱惑政治家的力量，一点也不少于意见诱惑哲学家的力量。所以，在《独立宣言》中，杰弗逊宣告了某种“自明的真理”，因为他希望将革命者之间基本的共识排除在争议和辩论之外；像数学公理一样，它们应该表现出“人们的信仰”，“不依赖于人们自身的意志，而是不自觉地追随呈现在他们精神面前的证据”。[①]然而，在说出“我们认为这些真理是自明的”时，杰弗逊却让步了，尽管他没有意识到这一点，即“所有的人被造都是平等的”这一命题不是自明的，而是需要达成共识和同意。因为如果平等与政治有关，它就是一个意见的问题，而不是一个“真理”的问题。另一方面，存在着与这一意见相应的哲学或宗教命题，诸如所
246 有人在上帝面前平等，在死亡面前平等，或者在他们属于理性动物这同一物种的意义上平等，但是这些命题都没有什么政治的或实践的影响，因为那使人平等者，无论是上帝、死亡，或自然，都在人际交往发生的领域之上或之外。这样的“真理”不是在人们之间产生的，而是在人们之上产生的，它们中没有一个奠定了现代或古代，特别是古希腊对于平等之共识的基础。所有人被造都是平等的不是自明真理，也不可能被证明。我们坚持这一意见，是因为只有在平等的人们中间才可能有自由，而且我们相信，与自由人相伴的快乐和满足比占统治地位的可疑快乐更可取。对自由的偏爱在政治上有着最重大的意义，因为很少有东西像它一样能让人们互不相同，个性迥异。人们不禁要说，他们的为人品质，以及任何一种相互交往的品质，都端赖于诸如此类的选择。然而，这是意见的事情而不是真理的事情，正像杰弗逊大大违背自己的意愿所承认的那样。它们的有效性取决于自由同意和达成共识；它们的目的地在游离的、代表性的思考中抵达；人们通过说服和劝阻的方式进行意见交流。

① 见杰弗逊(Jefferson)的《弗吉尼亚宗教自由法案》。

苏格拉底的命题“宁可受不公正对待也不做不公正的事”,不是作为一个意见说的,而是作为一个真理说出的,尽管人们大概怀疑它是否有过直接的政治影响,它作为一个伦理教导对实践行为的效果是不可否认的;只有对信仰者共同体有绝对约束力的宗教戒律,才可以声称获得过比之更大的认可。这个事实难道不是与人民普遍承认的,哲学真理的软弱无力相矛盾吗?既然我们从柏拉图的对话中得知,任何时候,苏格拉底都既没有说服他的朋友,也没有说服他的敌人接受这个命题,我们就必须问我们自己,这个命题到底是如何获得其高度有效性的。显然,这要归于一种颇不寻常的说服力;苏格拉底决定把自己的生命押在这个真理上,从而树立一个典范,不是他出现在雅典法庭上的时候,而是他拒绝逃脱死刑的时候。这种以典范来教导的方式,确实是哲学真理能够在不受歪曲或滥用的情况下“说服”的唯一形式;[①]同样的,哲学真理能够成为“实践的”或者激励人们行动,而无须触犯政治领域的规则, 247
只有在它设法以一个典范的面目出现的情况下才有可能。这是一个伦理学原则被证实和确证有效性的唯一机会。举例来说,为了确证勇敢的观念,我们可以唤起阿喀琉斯的典范,为了确证善的观念,我们很容易想到拿撒勒的耶稣或者圣方济各;这些典范是以激励行动的方式来进行教诲或说服工作的,因此,只要我们试图做出一个勇敢的行为或一个善的行为,我们似乎就在模仿某个人:模仿基督(imitatio Christi),或者任何其他的人。就像杰弗逊所说的,人们也经常评论的那样,“要使子女有孝敬父母的真实持久意识,阅读《李尔王》比读世上任何干巴巴的伦理学和神圣经典,都更能在心灵上留下深刻印象”[②],康德也说,“站在牧师或哲学家跟前学到的普遍规则,甚至从个人经验中学到的东西,都不

① 这就是尼采在“叔本华作为教育家”这个评论中的理由:“我把自己变成一个哲学家,正如他把自己作为一个典范一样。”

② 致史密斯(W. Smith)的信,1787年11月13日。

如美德或圣洁的典范更有效。”[①]原因如康德所解释的，我们总是需要“直觉……来验证我们概念的实在性”。“如果概念是纯粹的智性概念”，例如三角形概念，“那么直觉是随着先验图式(schemata)的名称来的”，先验图式如三角形的理念，只能为精神的眼睛所洞见，但对于认识所有真正的三角形是必不可少的；然而，如果概念是实践的，与行为相关的话，“直觉就被称为典范”。[②]与借助想象被我们的精神自行创造出来的先验图式不同，典范来自历史和诗歌，正如杰弗逊指出的，通过这些典范，一个完全不同的“想象的领域展示在我们面前，供我们取用”。

这种从理论的或思辨的陈述向典范性真理的转化，一种只有道德哲学能够进行的转化，是哲学家的临界经验：树立一个典范是他可以获得的唯一“说服”众人的方式，树立典范的同时他也开始了行动。今天，很难再有任何哲学陈述会受到如此严重的关切，以致到了危及哲学家生命的地步(无论如何大胆)，这种使哲学真理有政治效力的罕见机会也消失了。然而，在本文中，重要的是要注意到，对于理性真理的讲述者
248 来说，这样一种可能性确实存在着；对于事实真理的讲述者来说，这样 248
的机会却无论如何都不存在，对他们来说，在这方面和在其他方面一样，他们的处境更糟。事实陈述不仅不包含任何人们可以据之来行动，从而使之在世界中凸显出来的原则，而且事实陈述的内容也拒绝这样的证实方式。一个讲述事实真理的人，即使在极稀少的事情上他愿意以生命来捍卫某个特殊事实，他获得的也只能是失败。在他的行动中展现出来的可能是他的勇气，也可能是他的顽固，但绝不会是他想说出的真理，也不是他忠于真理的品质。因为，一个说谎者为何就不能以巨大的勇气坚持他的谎言呢，尤其是在政治之中，当他为爱国主义所鼓舞，或

① 《判断力批判》，第32段。

② 同上，第59段。

者对其他什么合法团体心存偏爱的时候?

四

事实真理的标志是,它的反面既不是错误,也不是幻觉或意见,它们中没有一个能反映个人忠于真理的程度,而是深思熟虑的伪证或谎言。错误不用说总是可能的,而且就事实真理而言甚至更为常见,在这方面事实真理与科学真理或理性真理并没有什么不同。但是关键在于,在事实方面存在着另一种可能性,即深思熟虑的伪证,后者并不与命题属于同一类,因为命题无论对错,总是想要说出实情是什么,或者事情在我看来是怎样的。例如德国在1914年8月入侵了比利时这样一个事实真理,只有人们把它放到一个阐释性的语境下,它才获得了政治意蕴。然而它的反命题,就是被还不懂得重写历史之艺术的克莱蒙梭认为是荒谬的那个命题,却不需要任何语境就具有某种政治意蕴。后一命题显然是一个想要篡改历史的企图,而篡改本身就是一种行动。同样的结论也适合下面的情形,当说谎者缺乏权力来坚定他的谎言时,他并不坚持它的陈述具有福音一般的真理性,他会假装声明这不过是他的“意见”,他拥有宪法赋予的发表自己意见的权利。这是颠覆性集团常用的手法, 249
而在政治上不成熟的公众当中造成的迷惑也是相当严重的。模糊事实真理与意见之间的分界线是说谎采取的众多形式中的一种,而所有这些形式都是行动。

说谎者是一个行动的人,而真理讲述者,无论他说出的是理性真理还是事实真理,他都绝不是一个行动的人。如果言说事实真理的人想要在政治上有所作为,以便让自己所说的更有说服力,他更经常采取的方式是,花大量的工夫来解释为什么他的特殊真理能最佳地服务于某个集团的利益。正如哲学家的真理变成意见持有者中间压倒多数的意见,只不过让他赢得了一场皮洛士式的胜利一样,当讲述事实真理的人进入政治领域并把自己和党派利益与权力组织搅在一起时，他也丧失了那唯一使他的真理显得可信的特质，亦即丢掉了他个人忠于真理的本性，因为，忠于真理的本性是由中立、正直、独立来保证的。如果一个职业的真理讲述者恰好在真理和利益之间发现了某种令人愉快的一致性，那就更有理由怀疑他是一个政治人物。相反，说谎者出现在政治舞台上则不需要这类可疑的调整；他总是有这样的巨大优势，可以说，他已经在政治舞台上了。他天生就是个演员；他讲一些事实并非如此的话，是因为他希望事情本来和实情不一样，也就是说，他想改变世界。他利用了类似于我们的行动能力，即改变现实的那种力量，这种无可争辩的神秘能力使我们能够在天上下瓢泼大雨时说“阳光灿烂”。如果我们像某些哲学希望我们所是的那样，在行为上完全受条件决定，我们就永远做不成这样一个小小的奇迹。换言之，我们说谎的能力，并不一定是我们说出真理的能力，属于为数不多的证明人类自由的有力证据之一。无论在何种境况下我们都能改变环境，是因为我们有相对的自由，但正是这种自由被说谎癖滥用和扭曲了。如果说陷入必然性的陷阱和暗中
250 否认行动的自由，是职业历史学家难以抗拒的诱惑的话，那么对职业政治家来说几乎同样难以抗拒的诱惑则是，高估这种自由的可能性，并暗中容忍谎言对事实的否认或扭曲。

确实，有组织的撒谎对于行动来说是一个边际现象，但麻烦在于，说谎的反面，即单纯地说出事实，并不导致任何行动；在通常情况下，说出事实只倾向于按照事情的本来面目接受事实。（当然，这不是否认，政治组织可以合法地使用揭露事实的手段，或者否认，在特定的情况下，引起公众注意的真相可以极大地激发和强化民族及社会团体的诉求。）忠于真理从来没有被算作一种政治美德，因为，它确实没有为改变世界和环境作出过多少贡献，而改变世界和环境，是最正统的政治行动。只有在一个共同体开始着手有组织地在原则问题上撒谎，而不仅是对个别的事件说谎时，忠于真理，不为权力和利益扭曲事实的力量所动摇，

才成为首要的政治要素。在每个人都对每件重要的事情说谎的地方，真理讲述者，无论他是否意识到，他都开始了行动；也让自己卷入了政治活动，因为，在他艰难保存下来的让人讨厌的事件中，他已经向改变世界迈出了第一步。

然而，在这种情形下，他将很快再次发现自己陷入一种令人烦恼的不利状态。早些时候，我前面提到过事实的偶然性，即事实永远可能是另一个样子，因此，事实本身并不具有自明的印记或使人信服的力量。由于说谎者可以自由涂抹“事实”来迎合他的听众的利益喜好，或者单单满足他们纯粹的期望，所以他比真理讲述者有更大的胜算来说服听众。的确，他常常更有道理让人们站在他一边；他的解释听起来会更合逻辑，因为在他的叙述中，意料不到的因素，这一所有事件的最显著特征之一，都消失了，真是不幸中的万幸。用黑格尔的话来说，不仅仅是理 251
性真理让常识头足倒置；现实也频频冒犯常识推理的正当性，不比它冒犯某些团体的利益和偏好来得少。

现在，我们必须将注意力转向相对较近发生的，大规模操纵事实和意见的现象，这在历史的重新书写中，在形象塑造中，在政府实际的政策中已经变得很明显了。传统的政治谎言，从外交史和治国艺术史中一眼就能看出，它要么考虑的是真正的秘密，即从不公开的事实，要么考虑的是意图，即真实意图无论如何都不会与最后造成的事实同样可靠；像所有那些只在我们自己心中流动的东西一样，意图仅仅是潜在的可能性而已，意图成为谎言的事情常常有可能在最后变成真的。与传统政治谎言相比，现代政治谎言集中力量对付的，却是那些压根儿就不是秘密，而是实际上人人皆知的事情。这在那些见证人还活着的情况下重写当代历史的例子中十分明显，但在各种各样的塑造形象工程中也同样是如此，在塑造形象的过程中，每个众所周知的既成事实都可能被否认和拒斥，只要它们损害到被塑造的形象；因为一个形象和一幅老式肖像不同，它不打算美化现实而是为现实提供一个面面俱到的替代品。且由于现代技术和大众传媒的运用，这个替代品在公众眼里比原型更真实。我们最后还要面对一些像戴高乐和阿登纳这样极为受人尊重的政治家，他们已经能够根据一些明显的非事实来制定他们的基本政策，这些非事实包括，法国属于上一次世界大战的战胜国，因而也在几大强国之列，并且“纳粹的野蛮行径只影响到这个国家很小的一部分”。[①]所有这些谎言，无论它们的始作俑者认识到与否，都包含了一种暴力因素；有组织的撒谎总是试图摧毁它已经决心要否认的东西，虽然只有极权主义政府有意识地把制造谎言作为谋杀的第一步。当托洛茨基听说他在俄国革命中没有起过任何作用时，他就必定知道他的死亡令已经被签
252 署了。显然，要使一个公众人物从历史记载中被抹除更为容易，只要同时能把他从生活世界中除掉。换言之，传统谎言与现代谎言之间的区别更多时候等同于藏起来与消灭之间的区别。

另外，传统谎言只关注具体事件，绝不打算真正欺骗每一个人；它针对的是敌人，并且只想着要骗过他。这两条界限制约了传统谎言对真理的伤害，以至于当我们回顾时，发现它几乎没什么害处。因为事实总是在一个特定背景中发生的，一个具体谎言，即一个并不企图改变整个背景的捏造，只是在事实的织布上撕开了一个洞。正像每个历史学家都知道的那样，人们可以通过注意到前后的不一致，漏洞或人为修补的痕迹来识破谎言。只要织物整体是完好的，谎言最终会自行暴露。第二条界限涉及到那些从事欺骗的人。过去干这个行当的只限于政治家和外交家的有限圈子，这个圈子里的人都了解真相并能够保存真相。他们不太可能成为他们自己谎言的受害者；他们可以欺骗其他人，但不会欺骗

---

① 关于法国，见《外交事务》，1965年7月一篇优秀的文章“戴高乐：姿态与政策”。阿登纳的引言出自他的《回忆录 1945—1953》，芝加哥，1966，第89页，在这段文字中，他将这个想法混入占领军的观念之中。但是他在他的总理任职期间，多次重复了这一想法的要旨。

自己。这两条界限减弱了这种古老说谎艺术的影响范围,可是在我们今天遇到的对事实的大规模操控中,这两条界限显然不存在了。

那么,这些界限究竟有什么意义呢,为什么我们有理由说它们减弱了伤害范围?为什么自我欺骗在形象塑造职业中成了一个不可缺少的工具呢?为什么说谎者同时为自己的谎言所欺骗,比起他仅仅欺骗别人,对世界和对说谎者自己来说更糟糕呢?说谎者为自己所作的道德辩护是,他因为厌恶说谎,所以不得不在欺骗他人之前先让自己相信谎言,就像《暴风雨》中的安东尼奥一样,他不得不做“他的记忆的罪人,去相信他自己的谎言”。除此之外,说谎者还能提供更好的道德辩护吗?最后,可能最让人烦恼的是,如果现代政治谎言是如此巨大,以至于它们要求对整个事实结构进行彻底重新编排,即制造另一种现实,使得谎言可以在其中弥合得天衣无缝,就如事实在它原初的背景中浑然一体一 253
样,那么有什么东西可以阻止这些新的故事、新的形象,这些不是事实的事情,成为现实和事实性恰如其分的替代品呢?

一则中世纪轶事说明了想要对其他人说谎同时又不欺骗自己是多么困难。这是个在一个小镇的瞭望塔上发生的故事。小镇瞭望塔上有一个哨兵日夜观察有无敌人靠近,一旦敌人来临,他的职责就是要警告镇上的居民。这个哨兵是个爱开玩笑的人,有一天晚上,他敲响了警钟,目的只是要吓吓镇上的居民。结果他的成功是势不可挡的:每个人都向城墙上冲去,最后一个冲上去的是哨兵本人。这个故事告诉我们,我们对现实的理解力,在很大程度上取决于我们与我们的同胞对世界的共享,而要坚持自己不与众人分享的东西,无论是真理还是谎言,则需要十分强大的性格力量。换句话说,一个说谎者越是成功,他就越有可能陷入他自己编造的谎言当中。此外,故事中那个自欺欺人的,最后证明了和他的受害者在同一条船上的爱开玩笑的家伙,却显得比一个冷血的,只想站在一边欣赏他的恶作剧的说谎者,更值得信任。只有自我欺骗有机会伪造一副诚实的外表,在一场关于事实的辩论中,唯一有说服力的要素是个人形象,有时甚至胜过了快乐、恐惧和利益。

当代道德偏见倾向于严厉对待冷漠的说谎,而常常可谓高度发达的自我欺骗的艺术,却通常得到了更大的宽容对待和许可。反对当代这种价值评判的例子在文学作品中很少见,可以引用的一个例子是《卡拉马佐夫兄弟》开头发生在修道院中的著名场景。那个说谎成癖的父亲问斯塔雷兹(Staretz):“我要怎么做才能得到救赎?”斯塔雷兹回答说:“最重要的是,不要再对自己说谎!”陀思妥耶夫斯基没有添加任何解释或进一步的说明。支持“宁可对其他人撒谎也不要欺骗自己”这个主张的论辩会指出,冷漠的说谎者仍然意识得到真相和虚假之间的区别,因此他想要对其他人隐匿起来的真相仍然还没有被彻底清除出这个世界;这
254 个真相在他自己身上找到了最后的避难所。他的谎言对于现实的伤害既不完全,也不彻底,而且,出于同样的原因,他的谎言对于他自己的伤害也既不完全,也不彻底。他说谎,但是还不是一个说谎者。用斯塔雷兹的话来说,他和他所欺骗的世界都还没有被排除在“拯救”之外——

从现代的事实操控之中产生的危险,即谎言的完整性和潜在的终结性,是从前的时代所不知道的。即使在自由世界里,政府没有独霸的权力来决定说什么事实或不说什么事实,巨型的利益组织也概括出了一套合乎理性(raison d'état)的思维框架,而这是从前仅限于处理外交事务,和在最坏情况下面对迫切严峻的危险时才加以运用的法则。政府层面的国家宣传机器也从这些商业操作和麦迪逊大道营销法则中学到了更多技巧。为国内消费量身定制的形象宣传,同针对国外竞争对手的谎言还有所不同,因为前者可能变成所有人的现实,而且首先是那些形象塑造者自己的现实,而仍然忙着准备“产品”的他们,还沉浸在仅仅猜测他们潜在的受害者数目的假象中。无疑,这些虚假形象的始作俑者“激发了”隐藏的劝说者,原本只想在社会层面或国家层面上欺骗敌人,但结果是整整一群人,甚至整个国家,都照着谎言的罗网来判明方位,尽管他们的领袖本来是想用它来制服对手的。

于是,接下来发生的事情几乎就自动出现了。被欺骗团体和被欺骗者本人的主要努力是要尽力维护宣传形象不受损害，而这个形象受到的威胁与其说来自敌人和真正的敌对利益集团，不如说来自那些团体之内的,试图摆脱谎言势力的人,即那些坚持说出与形象不符的事实或事件真相的人。当代历史充满了这样的例子:人们感到说出事实真相的人比真正的敌人更危险,甚至更抱有敌意。我们一定不把反对自我欺骗的论证和对“唯心主义者们”的抗议混为一谈,且不论“唯心主义者们”有何优点,至少他们认为撒谎根本上是错误的,也反对欺诈敌人的古老艺术。从政治上说,关键在于,现代自我欺骗的艺术有可能把一个对外 255
事务转变成一个内部事务，于是一桩国际的或团体间的冲突将会意外地引发国内政治冲突。冷战期间,冷战双方搞的自我欺骗多得数都数不清,但显然它们都有各自适用的场合。对大众民主的保守主义批评经常描绘出这种形式的政府给国际事务造成的危险，可是却不提及君主制或寡头制的危险。他们的论点的力量在于这个无可否认的事实,即在充分民主的条件下,没有自我欺骗的欺骗几乎是不可能的。

在我们当前遍及全球、覆盖许多个独立国家的交流体系下,没有任何一个现存的强国强大到足以把它的“形象”打造得万无一失。因此,形象只能保持相当短的寿命;不仅在堆砌它们的砖头轰然倒塌,现实再次浮现在公众面前时,它们可能被推翻,甚至在这一切发生之前,事实碎片不断的冲击就可能导致在相互冲突的形象中进行的宣传战争瓦解。然而,这并不是现实报复那些胆敢挑衅它的人的唯一方式,甚至也不是最重要的方式。即使在一个世界政府或者什么现代版的罗马和平治下,也根本不可能指望形象的寿命能延长到什么程度。这一点在相对封闭的极权主义政府和一党专制体制中体现得最为清楚，虽然它们在保护意识形态和形象不受现实与真相影响方面是最有效的体制。[对于历史记载的更正从来不是一帆风顺的。我们从一份在斯摩棱斯克的档案中发现的1935年备忘录中读到，在进行这类事情时要遇到数不胜数的困难。例如,"应该拿季诺维也夫(Zinoviev),加米涅夫(Kamenev),李科夫(Rykov),布哈林(Bukharin)等人在党代会、中央委员会全体会议、共产国际、苏维埃会议等等会议上的讲话怎么办呢?还有那些由列宁和季诺维也夫……及其他人共同撰写或编著的马克思主义文选?那些加米涅
256 夫编撰的列宁文集?……托洛茨基为《共产国际》某一期写的文章怎么办?要不要把整卷给没收了?"[①]这确实是一些让人头疼的问题,而斯摩棱斯克档案没有包含对这些问题的答复。]他们的困难在于,为了给一个真实的故事提供一个替代品,他们必须不断地伪造事实;改变场景需要用一本历史书来替代另一本历史书,更换百科全书和参考书上的书页,删除一些名字,为了让另一些此前不为人知或很少为人所知的名字彰显出来。尽管这种持续的不稳定性并没有暗示出真相会是什么,但是它本身就是一个暗示,而且是一个强有力的暗示,暗示了所有与事实世界有关的公共言论的谎言性质。人们常常发现,长期洗脑造成的最确定结果,是一种特殊的玩世不恭:对任何真理都绝对拒绝相信,不管这个真理有多么可靠的依据。换言之,持续完整地用谎言代替事实真理的后果,不是谎言到了现在终于被接受为真理和以及真理被毁谤为谎言,而是我们在真实世界中确定方位的官能被摧毁了,其实与错误相对的真理范畴只是为了在世界中定向所用的思维手段。

对于这个麻烦,没有任何补救措施。这也是所有事实性现实令人不安的偶然性的另一面。既然在人类事务领域中实际发生的每一件事情都可能是另一个样子,那么撒谎的可能性就是无穷无尽的了,而正是这种无穷无尽导致了谎言的自我毁灭。只有偶尔说谎的人才有可能毫不动摇地坚持某个伪造事实;而那些不断调整形象和故事来适应持续变化之形势的人,会发现自己飘浮在潜在性无限广阔的地平线上,从一个

---

① 部分资料见摩尔(Merle Fainsod)的《苏联统治下的斯摩棱斯克》,剑桥,马萨诸塞,1958,第374页。

可能性漂移到下一个可能性，无法把握住任何一个他自己编造出来的东西。他们距离为现实和事实制造一个替代品的目标还很远，却已经把事实真相倒转回潜在性上了，而事实真相最初就是从潜在性起锚的。事实真相最确实的事实性标志，恰恰是这种顽固的在场(stubborn thereness)，其内在的偶然性最终挫败了一切想要进行确凿解释的企图。257
相反，形象永远都能被解释得妥妥当当、无可挑剔，这让它们有胜过事实真理的暂时优势，但它们永远不能与事实真理的牢固性竞争，原因很简单，事情恰好就是这个样子，而不是别的样子。这就是我们为什么说，持续的说谎打一个比方来说就好像把我们脚下的大地抽走，而不提供任何能够让我们站立的基础。(用蒙田的话来说就是："如果虚假事实和真理一样，只有一副面孔，我们就能清楚地知道我们在哪里，因为我们可以有把握地选择与说谎者告诉我们的相反的东西。但是，真理的反面有一千种样子，可能性是无穷无尽的。")为我们认识现实和辨认方向的官能提供基础的一切东西都在颤抖、摇晃的经验，是处在极权统治下的人们最常见、最真切的经验。

因此，说谎与行动、说谎与改变世界，简短地说，说谎与政治之间不可否认的同流合污，恰恰受到了向人的行动能力开放的那种东西之本质的限制。一个坚定的形象制造者在以为他可以通过对实际发生的事情编织谎言来扭转形势，以为反正每个人都巴不得此事没发生过的时候，他就已经错了。波特金村庄(Potëmkin's village)的建立，受到不发达国家的宣传家和政治家的亲切欢迎，但它并没有促成任何真实事物的创建，只不过在"造假"(make believe)工程上更为扩大和完善。向行动开放的不是过去或现在(就现在是过去的结果而言)，而是未来，当然，所有事实真理都涉及到过去。如果把过去和现在都当成未来的一部分，也就是把它们变回到它们从前的潜在性状态，那么政治领域就不仅被剥夺了它主要的稳定性力量，而且被剥夺了它的起始之点，也就是变化、开端启新之点。此后开始的，就只是在绝对贫乏中的持续变动和蹒跚不前，而这正是许多不幸诞生在一个宣传时代中的新国家的典型特征。

事实在权力手中不可靠是显而易见的，但在这里的要点是，权力由于其本质所限，永远不能创造一个替代品来代替事实性现实的牢固性，因为事实性现实属于过去，已经进入了一个无法触及的领域。事实顽固
258 地维护自身，它们的脆弱性与巨大弹性奇怪地联系在一起——而同样的不可逆反性，是所有人类行动的标志。就顽固性而言，事实高于权力；它们也不像权力的形成那样倏忽即逝：权力产生于人们为了一个共同的目的走到一起来的时候，而一旦目的达到或丧失，权力也就随之消失了。这样一种转瞬即逝的特征，使权力在追求持久性方面成了一种极不可靠的工具，不论是哪一种持久性，因此，不仅真理和事实在它手里是不可靠的，非真理和非事实在它手里也不可靠。确实，对于事实的政治态度必须走在一条介于两种危险之间的极狭隘道路上，一种危险是把事实当成人们不能阻止或无力改变的某种必然发展的结果，另一种危险是否认它，或企图把它从世界中抹除。

五

在结论中，我回到我在文章开头提出的问题。尽管真理是无权的，又总是与已有的各种权力处在硬碰硬的对抗当中，但它自身有一种力量：无论那些大权在握者如何努力，他们也不能发现或发明一种可行的真理替代品。说服和暴力能够摧毁真理，但不能替代它。而这一点适于理性或宗教真理，也同样明显地适于事实真理。从真理的角度看政治，意味着站在政治领域之外的一个立足点上，这个立足点正是真理讲述者的立场，如果他试图直接干涉人类事务和用说服或暴力的语言讲话，他就丧失了自己的立场，从而也丧失了他不得不讲述的东西的效力。正是这种立场以及它对政治领域的重要性，是我们现在必须关注的。

政治领域之外的立足点，即我们所属的共同体以及我们的同伴之外的立足点的明显特征就是，它是各种独自存在(being alone)的模式之一。在言说真理的存在模式当中，引人注目的有哲学家的孤独(solitude)， 259
科学家和艺术家的孤立（isolation)，历史学家和法官的中立(impartiality)，以及事实调查人、证人和记者的独立。(这里的客观中立不同于早些时候提到的有限的、代表性的意见，因为这种中立态度并不是在政治领域内获得的，而是一个置身事外的人在那类事业上必需的。)这些独自存在的模式在许多方面大相径庭，但是它们都有一个共通之处，那就是，只要它们中的任何一个存在着，就不可能有任何政治承诺和对某项事业的忠诚。当然，这些存在模式是人所共有的；它们本身就是人类存在的模式。只有当它们中的某一个被采取为一种生活方式时，它才可能与政治的要求相冲突，即使那时生活并非处在彻底的孤独、孤立或独立中。

十分自然地，只有在冲突事件中，我们才意识到真理非政治的，甚至潜在反政治的本性，即让真理实现吧，哪怕世界毁灭(Fiat veritas, et pereat mundus.)。到现在为止我都在强调事情的这一面，但这还不是故事的全部。我们还没有考虑到某些为现存权力建立和支持的公共机构，在那里，与所有流行的政治规则相反，真理与忠于真理一直构成着言说和行事的最高标准。在这些机构中值得注意的是司法机构，它作为政府的一个分支和直接的正义执行部门，受到谨慎保护，以抵挡社会和政治权力的伤害。还值得注意的是所有由政府指派的、教育其未来公民的高等教育机构。假如学园(Academe)[1]回忆它的古老源头的话，它一定会记得，它是城邦最坚决、最有影响力的反对者一手创建的。的确，柏拉图的梦想并没有成真：学园从来没有变成一个反—社会，我们也从来没有听

① Academe是柏拉图在雅典建立的学园，也是西方高等学术机构的源头。——译注

说过大学有任何攫取权力的企图。但是柏拉图从来没有梦想过的事情倒是变成了现实:政治领域认识到,除了司法部门的客观中立外,它还需要在权力斗争之外有一个独立机构;无论高等教育机构是私立的还
260 是公立的都不重要,这不仅仅是因为它们的安全乃至存在都取决于政府的良好愿望。而是因为,很不受欢迎的真理是从大学里出现的,很不受欢迎的判决也时不时地从法官的长椅上宣布出来;这些体制,就像真理其他的避难所一样,一直遭遇到来自社会权力和政治权力的种种威胁。然而,仅仅由于这些避难所的存在,以及与它们合作的被假定是独立无私的学者们的存在,真理在公众中获胜的机会才大大增加了。几乎无法否认,至少在宪政国家中,政治领域都认识到,它的存亡有赖于这些它无权去触碰的人和机制的存在,哪怕是在它跟它们发生冲突的情况下。

今天,由于学术机构在职业教育方面的成效和在自然科学划分上的推进(在自然科学方面,纯粹研究出人意料地产生了许多对整个国家来说都意义重大的成果),它本真的政治意蕴就很容易被人们忽略。没有人能够否认大学的社会和技术效用,但这种重要性不是政治的。据说旨在发现、保护和解释事实真理及人类文献的历史科学与人文科学,在政治上的意义更加重大。事实真理的讲述包含了比记者提供的日常消息多得多的东西,尽管没有记者的新闻报道,我们就无法在一个不断变化的世界中找到方向,不是从比喻而是完全从字面意义上说我们根本不知道我们身在何处。当然,这也是新闻报道最直接的政治重要性;但是,如果媒体真的想要变成"政府的第四个分支",那么它就应当比司法机构受到更严密的保护,以免除政府权力和社会压力的伤害。因为,严格说来,这种十分重要的、提供消息的政治功能是在政治领域之外行使的;没有任何行动或决定应当牵涉在内。

现实不等于事实和事件的整体,而是大于事实和事件的整体,尽管这个整体是无法确定的。谁说什么(who says what is)——λέγει τὰέόντα——

总是在讲一个故事,在这个故事中,特殊事实丧失了其偶然性,获得了 261
某种可理解的意义。伊萨克·狄尼森(Isak Dinesen)所说的,“所有的悲伤都可以忍受,只要把它们放到一个故事里,或者讲一个关于它们的故事”,绝对是真的。她不仅是我们时代最伟大的讲故事人之一,而且在她知道自己在做什么这一点上,她几乎是独一无二的。她本来还可以加上一句:欢乐和祝福,只有在人们能够谈论它们并把它们讲成一个故事时,才是可以承受的和有意义的。就事实真理的讲述者也是一个讲故事人而言,当一个人开始讲一个故事时,他就开始“与现实和解”。与现实和解,被黑格尔,这位最杰出的历史哲学家理解为一切哲学思想的最终目的,而确实,它也超越了单纯追求博学而成为一切历史编纂学的秘密动机。历史学家就像虚构作家一样(一部好小说绝不只是一个简单大杂烩或纯粹虚构的产物),在他将给定的、纯粹偶发事件的原材料转化为一个故事时,必须起到像诗人将心情或心灵活动转化为诗歌一样的效果:将伤痛转化为哀歌,将欢乐转化为赞颂。与亚里士多德一道,我们在诗人的政治功能中看到一种净化(catharsis)的工作,清除或涤净所有妨碍人们行动的情绪。讲故事之人,即历史学家或小说家的政治职能在于,教我们按照事情的本来面目接受它们。从这种接受而来的忠于真理,带来了判断的能力,再次引用狄尼森的话,就是“最后我们将被赋予去看以及再度审视的权利,而这就是所谓审判日的那一天”。

毫无疑问,所有这些与政治相关的职能都是在政治领域之外进行的。它们需要的是无献身(non-commitment)和无偏私,在思考和判断中摆脱私人利益的影响。对真理的无私追求有着漫长的历史;其源头在典型性上先于我们所有的理论传统和科学传统,也先于我们的哲学传统和政治思想传统。我想可以把它追溯到荷马选择不仅歌颂特洛伊人的事迹,而且同样歌颂亚该亚人事迹的那一刻。荷马之赞颂赫克托耳,那
262 个被击败的敌人的荣耀事迹,丝毫不亚于他对阿喀琉斯,他本族英雄的荣耀事迹的赞颂。这在荷马之前是从来没有过的;没有其他文明,无论

它有多么辉煌，能以同样的眼光来审视朋友和敌人，看待成功和失败。自荷马以来，这一条也没有被当成人们作判断的终极标准，尽管这是对待人生命运的一个基本法则。荷马式的无偏私响彻了整个希腊历史，并激励了第一位伟大的事实真理讲述者，即成为历史之父的希罗多德：希罗多德在他故事的第一句就告诉我们，他的写作是为了让“希腊人与野蛮人的伟大的、令人惊叹的业绩，不丧失其应得的荣耀赞赏”。这就是全部所谓客观性的根源，不顾一切地追求智识完整性这种古怪的、在西方文明之外不为人所知的激情。没有它，科学就不可能产生。

既然我在这里从真理的角度，即从一个政治领域之外的角度来谈论政治，我就没能提及，甚至是忽略了在政治领域内展示的伟大和尊严。我们谈到的政治领域似乎只是一个党派利益冲突的战场，在那里除了满足和获利，除了党同伐异和统治欲之外，什么都不值一提。简言之，我对政治的这番处理仿佛是我也相信，所有公共事务都受利益和权力的统治，如果我们不为了考虑生活必需品的话，就根本不需要什么政治领域。造成这种扭曲的原因在于，事实真理只在人类事务的最低层次上与政治发生冲突，就像柏拉图的哲学真理在相对较高的意见和同意层次上，与政治发生冲突一样。站在这个角度，我们仍然不明白政治生活的实际内容：那种处在我们的同伴当中，和我们的同伴一起行动，公开展现自己所带来的快乐和满足，那种让自己以言语和行动切入世界，因此获得和保持了我们的人格同一性，并开启了全新事物的快乐和满足。不过，我在这里想要表明的是，这整个领域，不论多么伟大，仍然是有限
263 的，它并不囊括人和世界的全部存在。它被那些人们不能任意改变的东西所限制。而只有尊重它自身的界限，这个我们自由行动、自由改变的领域才能不受损害，保存它的完整性和遵守它的承诺。在概念上，我们也许可以把真理称为我们不能改变的东西；用比喻来说，真理是我们站
264 立于其上的大地和笼罩在我们头顶上的天空。

第八篇
对太空的征服以及人的地位

“人对太空的征服是提高了他的地位呢，还是降低了他的地位？”[①]这是一个向外行人，而不是向科学家提出的问题。这个问题的提出，是为人文主义者对人的关怀所激发的，与物理学家对于物理世界真实性的关心截然不同。要理解物理真实性，似乎不仅需要放弃人类中心主义或地球中心主义的世界观，而且还要求更极端的，对所有神人同形同性(anthropomorphic)的因素与原则的摒弃，因为这些因素与原则，既不是来源于那个向人类五官开放的世界，也不是来自人心灵固有的范畴。这个问题假定了，人是我们已知的最高级存在，这是我们从罗马人那里继承下来的一个假定，罗马的人文精神(humanitas)与希腊的精神框架是如此迥异，以至于在希腊语言中竟无以名之。[希腊语言和思想中缺少

① 这个问题是由《当代伟大观念》(1963)的编辑们提出的一个“太空讨论会”问题，重点在于“太空探索对于人对自己的看法有什么影响，以及对人之为人的条件有什么影响。这个问题并不将人考虑为科学家，也不将人考虑为生产者或者消费者，而只关心人作为人”。

人文精神这个词的原因在于，与罗马人成鲜明对照，希腊人从来没有产
265 生过人是最高存在的念头。亚里士多德将这样的信念直斥为荒谬(atopos)。][1]这种关于人的看法对科学家来说更加陌生，对他们来说人不过是有机生命的一种特例，人的住所，即地球，包括只适合于地球的规律，都只不过是支配着无垠宇宙的绝对普遍法则的一个特例而已。显然，科学家不允许自己去问：我的研究结果会对人的地位（或者说，对人的重要性、对未来）造成什么影响？现代科学引以为傲的地方正在于，它已经能彻底将自己从所有这些人类中心的，亦即真正人文主义的考虑当中摆脱出来了。

这里提出的这个问题，就它是向外行人提出的而言，必须根据常识和以日常语言来回答（如果能够被回答的话）。这个回答不大可能说服科学家，因为科学家已经在事实和实验的强制说服下，被迫放弃了感觉经验和常识，而对我们来说，常识正是我们赖以沟通五官感觉，获得对实在的整个认识的关键。科学家还被迫放弃了普通语言，因为即使普通语言中最复杂、最精微的概念表达也无法摆脱感官世界的限制，也就是说，仍然跟我们的常识联系在一起。对于科学家来说，人只不过是宇宙的一个观察者而已，而宇宙的表现形式是多种多样的。现代科学的进步已经十分强有力地证明了，这个被观察到的宇宙，从无限小到无限大，不仅逃脱了粗陋的人类感觉的把捉，而且逃脱了为了使感觉更加精细而制造出来的庞大精密器具的把捉。现代物理研究涉及的数据看起来就像是“从真实世界发出的神秘线索”。[2]严格说来，它们不是现象、表象，因为我们在哪儿都不会遇见它们，无论是在我们的日常世界里，还是在实验室里；我们知道它们的存在，仅仅因为他们以某种方式影响了我们的测量仪器。埃丁顿(Eddington)为此打了一个生动的比方，说这种

---

① 《尼各马可伦理学》，Book 7，第7章，1141a，20以下。

② 马克斯·普朗克，《现代物理学眼光中的宇宙》，1929。引自《当代伟大观念》，1962，第494页。

影响“类似于一个电话号码对一个用户”。[①]问题的关键是，埃丁顿毫不犹豫地假定这些物理数据来自一个“真实的世界”。这个世界从内涵上 266
说要比我们居住的世界更真实；但麻烦在于，那些物理上存在的东西却从不显现。

现代科学（终将和实际上已经把我们带上了月球）的目标，不再是“增进和安排”人类经验[如尼尔斯·玻尔（Niels Bohr）[②]所描述的那样，他自身的工作已经使他的用词显得十分陈旧]；毋宁说，它要发现的是在自然现象将自身揭示给人的感官和心灵时，它背后隐藏着什么东西。假如科学家反思过人类感觉和思维器官的本质，假如他提出过什么是人的本质，人的地位应当如何，科学的目标是什么，为什么人要追求知识，抑或生活是什么以及什么使人的生活区别于动物生活等等诸如此类的问题的话，他就永远不可能到达现代科学今天所屹立的位置。对这些问题的回答将会起界定的作用从而限制他的探索。用尼尔斯·玻尔的话说，“只有拒斥通常意义上对生活的解释，我们才有可能考察它的特性”。[③]

这里提出的问题对科学家作为科学家来说没意义，并不能成为反对这个问题的理由。它对外行和人文主义者提出挑战，促使他们评判科学家正在做什么，因为他们所做的事情关涉到全人类，而这个争论理所当然要有科学家们本人的参与，因为他们也是我们的公民同胞。但是，在这场争论中给出的所有答案，无论是来自外行、哲学家，还是科学家们的答案，都是非科学的（虽然不是反科学的）；因为这些答案的真伪永远得不到证明。它们的真与其说类似于科学命题的那种强制有效性，不如说类似于一致同意的有效性。即使在这些答案是由离群索居的哲学家们给出的时候，也是在他们同许多人交换意见之后获得的，虽然其中

① 引自J. W. N. 沙利文（J. W. N. Sullivan），《科学的界限》，导师书库，1949，第141页。

② 见沙利文的《原子物理学与人类知识》，纽约，1958，第88页。

③ 同上，第76页。

的许多人也许已不在人世。这样一种真理永远不能要求人们的普遍同
267 意,但是它通常比科学那种强制性的和可证实的真命题更长久。特别是在近年来,科学命题有一种令人不舒服的倾向,那就是,它从不停在原地不动,尽管只是在某个给定时刻对所有人有效且必须对所有人有效。换言之,诸如生活、人、科学或知识这样一些概念从定义上来说就是前科学的,但问题是,科学现阶段的发展达到了对世俗空间的征服和对宇宙空间的入侵这一点是否在极大程度上改变了这些问题, 使这些问题不再有意义了。因为,问题的关键在于,现代科学,无论它的起源和它最原始的目标是什么,它已经改变和重构了我们所生活的世界。这一改变是如此激烈,以至于可以说,那些仍然信任常识和用日常语言交流的外行和人文主义者, 已经触及不到实在了; 他们只理解向他们显现的东西,不理解现象背后的东西(就像试图要理解一棵树,却不考虑树根);并且他们的问题与焦虑纯粹是由无知引起的,因此无关紧要。人们怎么还会怀疑, 一种能够让人征服宇宙空间和走向月球的科学已经提高了人的身份呢?

这样一种回避问题的态度,的确是非常吸引人的,如果我们真的不得不生活在一个只有科学家们"理解"的世界中的话。这样,科学家们具有的高等知识将使他们成为统治"多数人"的"少数人",也就是统治所有不是科学家的人,从科学家的角度来看,他们都是些外行人,无论他们是人文主义者、学者还是哲学家,简言之,所有这些人之所以提出前科学的问题,不过是由于无知。

然而,科学家和外行之间的这一分界线与实情相距甚远。事实上,不仅科学家的大半生是在一个和他的同胞们共享的感觉世界、常识世界、日常语言世界中度过的,而且他在进入他自己科学活动的特殊领域中的每一个点上, 都非常强烈地感受到外行人提出的幼稚问题和他们的焦虑,尽管他们的方式大相径庭。当科学家走进实验室开始工作,开始用数学语言交流时, 科学家不仅将外行人和他们有限的理解抛在身

后，也将他自身的一部分和他自己的理解力抛在了身后，而这种理解力 268
仍然是属于人类的。马克斯·普朗克是对的，现代科学的奇迹确实在于，这种科学清除了“所有神人同形同性论的要素”，因为正是人自己完成了这项清除工作。[1]众所周知，这种非人类中心，非地球中心（或太阳中心）的科学遭遇到理论上的混乱，是因为它的数据拒绝接受任何来自人类大脑的自然心智范畴的处理。用薛定谔的话来说，我们试图“征服”的新宇宙不仅在“实践上是不可接近的，而且甚至是不可想象的”，因为“无论我们怎样设想它，都是错的；也许它不是像一个‘三角形的圆’那样无意义，但并不比一个‘有翅膀的狮子’更有意义”。[2]

还存在其他一些不那么理论性的困难。电脑（electronic brains）和所有其他机器一样具有干人的工作的能力，而且比人干的还要快，还要好。然而它们可以替代和扩大人的脑力（而非人的劳动力）的事实，却并不会困扰到那些知道如何区分人类心智（mind）和下一手好棋所必须的“智能”（intellect）的人[3]。的确，这一点证明了脑力和劳动力属于同一个范畴，而我们称作智力的，能够用IQ值来测量的东西，很难说跟人类心智有什么关联，除了是人类心智不可缺少的必要条件之外。虽然有些科学家宣称，计算机可以做“人脑所不能**领会**之事”[4]，但这总的来说是一

① 普朗克，见前引书目，第503页。

② 见普朗克《科学与人文主义》，伦敦，1951，第25—26页。

③ 当这篇文章在1963年第一次问世时，约翰·吉尔摩尔（John Gilmore）在一封尖锐的批评性的来信中，很好地描述了这个问题：“在过去的几年中，我们事实上在编写使这些机器表现出行为的电脑软件上很成功，任何不熟悉程序编写的人都会毫不犹豫地将这些行为描述为有智能的，甚至是高度智能化的。例如，亚历克斯·伯恩斯坦（Alex Bernstein）就设计出一个程序，使机器能够下象棋而且下得极为出色。具体说来，他比伯恩斯坦下得还要好。这是一项令人印象深刻的成就；但这项成就属于伯恩斯坦，而不属于机器。”我曾经被乔治·伽莫夫（George Gamow）的一个评论所误导（见注释10）并修改了我的文章。

④ 乔治·伽莫夫（George Gamow），《当代伟大观念》，“物理科学与技术”，1962，第207页。着重号为阿伦特所加。

个奇怪的、令人担忧的主张;因为领会实际上是心灵的功能,从来不会是脑力机械运动的结果。假如这是真的而不单纯是一个科学家自我误解的特例的话,那么我们就置身于机器的包围中,尽管我们设计制造了它们,它们的所作所为我们却毫不理解。但即使我们停留在严格的理论框架内,那个已开始困扰伟大科学家们自己的矛盾就足够严峻,足以警
269 醒外行人了。而经常被提及的所谓社会科学相对于自然科学的"落后",或人类政治发展相对于人类科学技术知识的"落后",不过是个让注意力从这场争论引开的话题;它只会使人们注意不到主要问题,即人能够做,而且能够成功地做他无法用日常语言理解和表达的东西。

也许值得我们注意的是,首先在老一代的科学家当中,像爱因斯坦和普朗克,玻尔和薛定谔这样的人,对主要由于他们自己的工作导致的状况抱有最深重的忧虑。他们仍然深深扎根在这样一种传统之中,这种传统要求科学理论满足某些完全是人文主义的要求,例如简单性、美与和谐。一个理论仍然被假定要"令人满意",也就是说,令人类的理性满意,因为它将为"拯救现象"服务,亦即能解释所有观察到的事实。甚至今天,我们也仍然听到这样的话:"现代物理学家出于美学理由而倾向于相信普遍相对论的有效性,因为它在数学上如此优美,而且在哲学上如此令人满意。"[①]在普朗克的量子力学要求牺牲因果性时,爱因斯坦的极端不情愿已经为人所共知;他反对的主要理由是,随着因果性的消失,所有的法则性当然都将从宇宙中消失,似乎上帝在用"掷骰子"的方式统治着宇宙。而根据玻尔的看法,"改造和统一整个古典物理学的大厦……为我们的世界图景赋予一种超乎从前所有期望的统一性"主导着他的发现,所以几乎是自然而然的,爱因斯坦也试图通过"寻找一个更完善的概念",通过一种新的和更超越的普遍化,来跟上他的同事和

① 赛尔焦·德本内代蒂(Sergio de Benedetti),引自沙利文《当代伟大观念》,"物理科学与技术",1961,第198页。

他的后继者的新理论[1]。于是马克斯·普朗克就可以说，相对论是“古典物理学的终结和顶峰”，是它“皇冠上的明珠”。虽然马克斯·普朗克本人完全意识到了量子力学与相对论相反，标志着与古典物理学的彻底决裂，但他仍然认为，它对“物理学的健康发展是必要的，因为在我们对 270
这门科学的思考中，不仅假定了普遍法则的存在，而且假定了法则的严格因果性质”。[2]

可是玻尔更进了一步。对他来说，因果性、决定论，以及规律的必然性都属于“我们必然带有偏见的概念框架”范畴，而当他“在原子现象的规律性中”遇到了“一种全新的，公然挑战决定论图景的描述”[3]时，他不再感到恐惧了。麻烦在于，这个图景不仅拒绝了带有人类精神“偏见”的描述，而且拒绝了每一种人类语言的可理解描述方式；于是根本就无法描述了，只能用数学方程来表达，但不能描述。玻尔仍希望，既然“经验只有在一个逻辑框架内才是可表述的”，那么这些新经验将在一定时间内通过“概念框架恰如其分的扩展”而找对位置，从而也消除所有当前的矛盾和“明显的不和谐”。[4]但是这个希望恐怕没法实现了。人类理性的范畴和观念最终都根源于人类的感觉经验，所有描述我们精神能力的术语以及我们大部分的概念语言，都是从感官世界中派生出来的，并以隐喻的方式使用。此外，所谓令我们思考的大脑，跟人身体的任何其他部分一样，是有空间的，受地球限制的。正是靠着从这些隶属于地球的条件中抽离出来，通过诉诸想象和抽象的能力，人类心智被高举到超出地球的重力作用领域，得以从宇宙的某一点上俯瞰地球。这也是现代科学所取得的最高荣耀，同时，也是它最令人困扰的成就。

1929年，以原子分裂和征服宇宙空间的希望为标志的原子革命到

---

① 玻尔，见前引书目，此处第70页，第61页。

② 普朗克，见前引书目，此处第493页，第517页和第514页。

③ 玻尔，见前引书目，此处第31页，第71页。

④ 同上，第82页。

来之前不久，普朗克要求数学方程获得的结果“必须被转译为我们的感官世界的语言，如果它们对我们有任何用处的话”。自他写下这些话以
271 来，三十年过去了，这种转译已经变得越来越不可能了，而同时，物理世界观和感官世界之间联系的丧失也变得更加显著了。但是，在本文中也许更令人惊恐的是，这绝不意味着这种新科学的成果没有实践的用途，或者普朗克一度预言的将数学方程转换为普通语言，从而产生一种新的世界观的可能性必定要失败，“不会强过一个在第一缕清风的挤压下就要破灭的肥皂泡”。[①]相反，我们不禁要说，作为这个和感官世界毫无关联、拒绝一切人类语言表述的理论的后果，我们居住的星球灰飞烟灭的可能性，要远远大于一场飓风引起的让理论像肥皂泡一样破灭的可能性。

我想，完全有道理说没有比权力意志对科学家的心灵来说更陌生的东西了。可是正是这些科学家们，掀起了世界前所未见的最激进、最迅即的革命进程。没有什么比希望“征服空间”，走上月球更遥远的了。这样一些愿望，也并非是由在视觉诱惑(temptatio oculorum)的意义上不适当的好奇心所驱使。的确，正是科学家对“真正实在”的探索使他们失去了对表象，对按自己的方式把自己揭示给人类感官和理性的现象的信任。他们曾为一种非同寻常的对和谐和法则的热爱所激励，正是和谐和法则教给他们：如果他们想要发现整体，即宇宙的全部美和秩序的话，就应当远离任何纯粹给定的事物或事件序列。这或许可以解释为什么当他们的发现被用于发明最具杀伤力的武器时，他们并不十分沮丧，而当所有他们最珍爱的必然性和法则性理想被击碎时，他们却深深为之懊恼。当科学家们发现，在物质中没有什么是不可分的时候，必然性和秩序性的理想就丧失了[没有最小的不可分微粒(a-tomos)，我们就生活在一个不断扩张的，没有限度的宇宙内]。在“真正实在”，即物理世界，已经完全从人的感觉范围内隐退，从所有为了弥补人类感官的粗糙

① 普朗克，见前引书目，此处第509页，第505页。

而建造的仪器探测范围内隐退的情况下，科学家们发现此类理想丧失的可能性几乎就是无限大的了。从中似乎可以得出结论说，因果性、必 272
然性以及法则性都是内在于人类大脑的范畴和仅仅适用于地球生物之常识经验的范畴。一旦这些生物离开他们在地球上的居所，他们"理性地"要求的任何东西就都失效了。

现代科学事业开始于前人未曾想过的思想（哥白尼想象他"站在太阳上……俯视行星"）[①]，前人所未见的事物（伽利略的望远镜突破了地球和天空的距离，并且将星球的秘密"以全部感觉的确定性"带到了人类认识面前）[②]。现代科学在牛顿的引力法则中获得了它的经典表达。在其中，同一个方程式涵盖了天体运动和地球上物体的运动。当爱因斯坦引入一个"自由地在空间中取向定位的观察者"而不仅仅是站在固定一点，如太阳上的观察者时，他确实只是统一了这种现代科学。而且他证明了，不仅哥白尼，而且牛顿也要求"宇宙应该有某个中心"，尽管这个中心不再是地球了。[③]事实上，显然，科学家们最强烈的理智动机是爱因斯坦所谓的"追求统一性的努力"，而如果他真要诉诸权力的话，那也是抽象与想象互为纽结的、强大而令人生畏的权力。甚至今天，当几十亿美元年复一年地被用于极其"有用"的项目，而这些项目都是纯粹理论科学发展的直接结果的时候，当国家和政府的实际权力取决于成千上万的研究者的表现的时候，物理学家仍然有可能看不起所有那些空间科学家，说他们不过就是些"水管工"。[④]

然而，令人伤感的事实真相是，感觉及现象世界和物理世界观之间断裂的纽带，还要靠"水管工"而不是靠纯科学家来重建。是技术人员，

① 见布罗诺夫斯基(J. Bronowski)，《科学与人类价值》，纽约，1956，第22页。

② 见《星星的线索》，译文引自《伽利略的发现与意见》，纽约，1957，第28页。

③ 见爱因斯坦《相对论，狭义相对论和广义相对论》(1905 & 1916)，引自《当代伟大观念》，1961，此处第452页，第465页。

④ 沙利文，见前引书目，第189页。

今天在所有“研究人员”中占绝大多数的技术人员，把科学家们的研究
273 成果带回到了地球上。尽管科学家仍为各种矛盾所困扰，并且其中最令人困惑的是，整个技术发展可以在他的研究结果之外进行的事实，证明了他的理论和假设的“可靠性”，要比任何单纯的科学观察或实验更令人信服。千真万确，科学家自己并不想到月亮上去；他知道，一艘携带着完美体现了人类智慧的仪器的无人驾驶宇宙飞船，要比几十个宇航员能更好地完成探测月球表面的工作和实现他的目标。然而，人类世界的实质性改变，对空间或对不管我们想如何命名的这个对象的征服，只有当载人飞船被送往太空时才能实现，也就是说，只有当人自己能够涉足到迄今为止只有人类的想象及抽象能力才能企及的地方，或者人类的设计及其制造能力够得着的地方时，人类才实现了对空间的征服。可以肯定，所有我们现在计划要做的就是探索我们在宇宙中紧邻的周围环境，这是人类能够触及的宇宙中的无限小的一块地方，但即使这个旅行也要靠光速才能进行。从人一生的长度，这一当前所剩的唯一绝对限制来看，人一点都不可能走得更远。但是，即使是为了这项有限的工作，我们也不得不离开我们的感官和身体所属的世界，不仅是在想象当中离开，而且是在现实中离开。

似乎爱因斯坦想象的“在空间内自由定位的观察者”——这无疑是人类精神及其抽象能力的创造——正在被一个有身体的观察者所接替，而且他表现得必须仿佛他只是一个单纯抽象或想象出来的儿童。正是在这一点上，新物理学世界观的所有困惑入侵了，正如实在入侵了人的日常世界并使他的“自然的”，即受地球所限的常识失灵了一样。于是，他在现实中遭遇到爱因斯坦著名的“双胞胎悖论”。这个佯谬假设，“一对双胞胎兄弟，其中一个以相当大的、接近光速的速度进行空间旅行，当他返回地球时，他发现他地球上的兄弟要么比他老，要么已是他的后人记忆中的模糊影像”。①尽管许多物理学家都发现这个悖论是块

① 沙利文，前引书目，第202页。

难啃的骨头，但作为这个悖论基础的“钟表悖论”，似乎已经被实验证实 274
了，以至于解决这个悖论的唯一选择看来就是，假设地球上的生物在任何情况下都受到某种时间概念的限制，而且可以证明这个时间概念不属于“真正实在”，只属于单纯表象。我们已经到了像笛卡儿一样激进地怀疑实在本身的地步。笛卡儿怀疑乃是现代对于科学发现的第一个哲学回答，它也可以成为物理式样的一个主题，只要稍稍改变一下笛卡儿的著名格言，变成我疑故我在，并稍微调整一下他的这一信念，即无论事实状况和真相如何，就它们被给予你的感官和理性而言，你都不能“怀疑你的怀疑”，不能“不确定你是否在怀疑”。①

太空事业的巨大前景在我看来是毋庸置疑的，所有在纯功利主义的层面上反对它的理由，如说它太昂贵了，不如把钱投到教育和提高公民素质上，投到反贫困和对抗疾病的斗争中，或者投到任何人们能想到有价值的目的上，听起来都有些荒谬，和当前危险的，并且后果至今无法预料的事情没有什么干系。此外，还有另一个原因让我认为这些反驳都离题万里，不切实际。因为这项事业本身只有通过人类科学能力的惊人发展才能出现，而科学的完整性不仅要求功利主义的考虑，还要求对人类身份的反思，但后者被搁置起来了。自哥白尼时代以来，难道科学的每一次进步几乎不是自动导致人类身份的降低吗？难道这个经常被重复的论调，即正是人自己在追求真理过程中贬低了他的尊严，从而再度证明了他的优越性并且甚至提升了他的身份，不是比诡辩强点吗？或许事情正是往这个方向发展呢。然而，无论如何，作为科学家的人，是不会关心他自己在宇宙中的身份或在生物生命进化阶梯中的位置的；这种“不关心”是他的骄傲、他的荣耀。在物理学家知道如何分裂原子的那 275

① 我的引文来自笛卡儿的对话“以自然之光追寻真理”，在这篇对话中，他在怀疑这个问题上的立场比在《哲学原理》中更为明显。见霍尔丹(E. S. Haldane)与罗斯(G. R. T. Ross)编辑的笛卡儿的《哲学著作》，伦敦，1931，第一卷，第324页，第315页。

一刻，他们就毫不犹豫地分裂了原子，尽管他们完全清楚地认识到了他们的做法可能带来的巨大破坏性。这个简单的事实表明了科学家本身甚至不关心人类在地球上的生存，在此事上不关心这个星球本身的存在与否。所有“原子和平”协会，所有关于不要不明智地使用这一新型力量的警告，甚至所有科学家在第一颗原子弹降落到广岛和长崎时感受到的良心震动，都不能抹杀这个简单的、基本的事实。因为，在所有以上努力中，科学家们不是作为科学家在行动，而是作为公民在行动，如果他们的声音比外行的声音更具有权威性，那也只不过是因为科学家具有更多透彻的知识罢了。反对“征服空间”的论辩要想有效果、有说服力，除非它们能够证明整个征服空间的事业将自行导致自我毁灭。

已有迹象表明，事情大概确实就是如此，即使我们忽略人类寿命的限制（这个限制使人在任何情况下只能探索到浩瀚宇宙内紧邻他居所的地方，哪怕生物学能够极大地延长人的寿命，同时人能够以光速旅行）。自我毁灭的最有说服力的证据也许就包含在海森堡发现的测不准原理内。海森堡最终有力地表明了，所有人类设计的仪器从“真实世界的神秘线索”中获得的测量数据，其精确性最终都是绝对有限的。测不准原理断言，“有一些成对出现的性质，例如一个粒子的位置和速度之间存在着这样一种关系，以至于对其中一个测量的精确度提升了，另一个的精确度就要打折扣”。[①]海森堡从这个事实得出的结论是，“在我们

---

① 这个定义是从吉尔摩尔的书信中来的，在吉尔摩尔先生信中的第九条说明中有所提及。然而，吉尔摩尔先生并不相信这个强加于实验物理学家的知识的局限性。我认为，在这个问题上，海森堡自己“极受欢迎”的说明证实了我的看法。但是，这绝不是这个争论的终结。吉尔摩尔先生以及林德利先生认为，在评价自己的工作的哲学价值时，伟大的科学家也很可能弄错。吉尔摩尔先生和林德利先生指责我不加批判地使用科学家们的陈述，仿佛他们对他们的工作的意义能够发表同样权威的意见，就像他们对他们的专业发表正确意见一样。（“你对科学界的伟大人物的信心很动人，”吉尔摩尔先生说。）我认为他的

选择了哪一种测量方式的时候，我们就决定了自然的哪一面要被测出来，哪一面要被遮蔽”。[①]他认为，“原子物理学最重要的新成果就是承认 276
有可能将完全不同类型的自然规律无矛盾地用在同一个物理事件上。这乃是由于这样一个事实，即在一个以特定基本理念为基础建立起来的规律系统内，只有某些特定的提问方式才是有意义的，于是一个系统区别于另一个系统之处就是它允许提出不同问题。”[②]从这一点他得出结论说，现代科学对于纯粹现象背后的“真正实在”的追求——这一追求造成了我们居住的世界和导致了原子革命——最终走到了这一步，即人在科学研究中反倒丧失了自然世界的客观性，以至于他在追求“客观实在”的过程中突然发现，他处处“遭逢的是他本人”。[③]

在我看来，海森堡的评论至此已超越了严格科学研究领域，如果运用到从现代科学中成长起来的技术中的话，真可谓切中时弊。过去几十年来科学的每一个进步，从它被技术吸纳并被引入到我们日常生活的现实世界中去的那个时刻起，就源源不断地带来各种令人惊叹的工具和日新月异的机器。所有这些都使得人们要想在世界上每天不遇到非由自己制造的东西已不再可能了，以至于最后让他自己都变得面目不清。被发射到外太空的宇航员，身陷嵌满仪器的太空舱中，因为他和他周围环境的任何真正物理接触都会立刻导致他丧生。这个宇航员也许可以作为海森堡式的人的象征性化身——海森堡式的人，是一个最不

论证是成立的；无论他们多么杰出，也没有科学家能够宣称对他自己或其他人在工作中或言论中的发现的“哲学意义”洞若观火，就像他对他自己的发现一样了如指掌。无论哲学真理是什么，它肯定不是科学真理。然而，还是很难相信普朗克、爱因斯坦、玻尔、薛定谔、海森堡，所有这些人，当他们对他们作为实验物理学家的工作的影响及其普遍意义感到不解，并十分为之忧虑时，都只是由于一种自我误解的错觉。

① 见《核科学的哲学问题》，纽约，1952，第73页。

② 同上，第24页。

③ 见《物理学家的自然概念》，纽约，1958，第24页。

可能遇到除了他自身和人造物之外的任何东西的人，他越是热切地想从他和他周围非人世界的交往中消除一切人类中心主义的考虑，他就越可能陷入他自己和人造物当中。

正是在这一点上，我觉得人文主义者对于人和人的身份的考虑赶上了科学家的步伐。看起来似乎科学做了人文主义永远做不到的事情，
277 即有力地证明了后者的这种关怀的重要性。今天科学表现出的状况，颇为奇特地像是对弗兰茨·卡夫卡的一个评论作了精心的证明。卡夫卡的这个评论恰好写在当代科学发展之初：他说，人“发现了阿基米德原点，但是他用这个原点来反对他自己；而且似乎只有在他用这个原点来反对他自己的条件下，他才被允许发现它”。为了征服太空，在地球之外寻找一个支点，从那里展开探索宇宙的旅程，或者说，以那里为支点来撬动地球本身，并非现代科学的一个偶然结果。现代科学从一开始就不是一种“自然”的科学，而是一种宇宙的科学，它不是一种物理学，而是一种从宇宙中的某个点俯视地球的天体物理学。就这一科学的发展而言，征服太空的企图意味着人希望他能够抵达阿基米德点，那个他凭借纯粹的抽象和想象能力预见到的点。然而，在人这样做的时候，他必然会丧失他的优势。所有他能找到的就是那个为了撬动地球而存在的阿基米德点，但是一旦他抵达了这个点，并获得了对他的地球居所的绝对权力之后，他将需要一个新的阿基米德点，如此以至无穷。换句话说，人只可能迷失在无限宇宙当中，因为那个唯一真正的阿基米德点将是宇宙背后的绝对虚空。

然而，即使人认识到他对知识的追求受到绝对的限制，从而认识到明智的做法也许是只要事情一开始表明，科学家能做到的超出了他所能理解的，就开始质疑这类限制；即使他认识到他不能“征服太空”，充其量只能在我们的太阳系中作出一些发现；进入太空之旅和抵达相对地球而言的阿基米德点都远不止一项无害的、不容置疑的事业。这项事业会增添人的身份，因为就人之为人区别于其他生物而言，人总是渴望

把一个尽可能大的“领地”作为家园。在那种情况下，他将只能占有属于他自己的东西，尽管他要花很长时间才能发现这些东西。这些新的占有物，就像所有财产一样，将会是有限的，一旦达到限制和树立起界限，从中顺理成章地产生出来的新世界观很可能又是一个地球中心的和拟人 278
的世界观，尽管不再是古老意义上以地球为宇宙的中心和人作为宇宙的最高级存在。这一世界观是地球中心论的，就在于是地球而不是宇宙，是有死之人的中心和家园；它还是神人同形同性论的，就在于人把他必有一死的事实，看作使他的科学研究得以可能的基本条件。

在这个时候，这一如此有利的发展前景以及对现代科学技术当前困境的解决之道，看起来就不是特别好了。我们现在的能力，已经到了可以借助我们在地球之外的宇宙中的阿基米德点来操纵自然，“征服空间”的地步了。因为这实际上就是我们现在做的事情：我们释放核能的过程（这通常是只在太阳里才发生的过程），我们企图在一个试管里发动宇宙演化的过程，想要建造在地球自然的家园里根本不存在的能量生产和控制机器。虽然还没有实际地占领阿基米德曾经想要站上去的点，但是我们已经找到一种方式，能对地球如此行动，仿佛我们可以从外部，从爱因斯坦的“在空间中自由定位的观察者”的角度，去处理地球自然。如果我们从这个点俯视地球上发生的各种事情，俯视人的各样活动的话，也就是说，如果我们将阿基米德点指向我们自身的话，那么这些活动看起来的确只不过是“公开行为”（overt behavior），我们研究老鼠的行为时采用的就是同一种方法。从足够远的距离看来，我们旅行用的汽车看起来就像海森堡说过的那样，是“我们自身必不可少的部分，就像蜗牛的壳是蜗牛必不可少的部分一样”，尽管我们知道那只是我们自己造的东西。我们为我们大有能力所感到的骄傲将在人类的某种突变中消失殆尽；从这个角度看，事实上，整个技术不再表现为“人类有意识地扩大他的物质力量的结果，毋宁说它是一个大型的生物过程”。[1]在这

① 见《物理学家的自然概念》，第18—19页。

279 种处境下，言谈与日常语言不再是一种有意义的、超越行为本身的言说方式了，即使它表达了行为，它的表达也可以用本身无意义的形式化数学符号来更好地代替。

空间征服和使之成为可能的科学，已经危险地逼近了阿基米德点。如果真的到达这一点的话，人的身份将不止是按我们所有的已知标准
280 被降低了而已，而是将被彻底摧毁。

索　　引①

（条目后的数字为原书页码,见本书边码）

① 本索引中条目后数字超过280页的,为原书的尾注页码,中文版将尾注改为脚注。——编注

人文与社会译丛

第一批书目

1.《政治自由主义》(增订版),[美]J. 罗尔斯著,万俊人译 118.00 元
2.《文化的解释》,[美]C. 格尔茨著,韩莉译 89.00 元
3.《技术与时间:1. 爱比米修斯的过失》,[法]B. 斯蒂格勒著,裴程译 62.00 元
4.《依附性积累与不发达》,[德]A. G. 弗兰克著,高铦等译 13.60 元
5.《身处欧美的波兰农民》,[美]F. 兹纳涅茨基、W. I. 托马斯著,张友云译 9.20 元
6.《现代性的后果》,[英]A. 吉登斯著,田禾译 45.00 元
7.《消费文化与后现代主义》,[英]M. 费瑟斯通著,刘精明译 14.20 元
8.《英国工人阶级的形成》(上、下册),[英]E. P. 汤普森著,钱乘旦等译 168.00 元
9.《知识人的社会角色》,[美]F. 兹纳涅茨基著,郏斌祥译 49.00 元

第二批书目

10.《文化生产:媒体与都市艺术》,[美]D. 克兰著,赵国新译 49.00 元
11.《现代社会中的法律》,[美]R. M. 昂格尔著,吴玉章等译 39.00 元
12.《后形而上学思想》,[德]J. 哈贝马斯著,曹卫东等译 58.00 元
13.《自由主义与正义的局限》,[美]M. 桑德尔著,万俊人等译 30.00 元

14.《临床医学的诞生》,[法]M. 福柯著,刘北成译 55.00 元
15.《农民的道义经济学》,[美]J. C. 斯科特著,程立显等译 42.00 元
16.《俄国思想家》,[英]I. 伯林著,彭淮栋译 35.00 元
17.《自我的根源:现代认同的形成》,[加]C. 泰勒著,韩震等译 128.00 元
18.《霍布斯的政治哲学》,[美]L. 施特劳斯著,申彤译 49.00 元
19.《现代性与大屠杀》,[英]Z. 鲍曼著,杨渝东等译 59.00 元

第三批书目

20.《新功能主义及其后》,[美]J. C. 亚历山大著,彭牧等译 15.80 元
21.《自由史论》,[英]J. 阿克顿著,胡传胜等译 89.00 元
22.《伯林谈话录》,[伊朗]R. 贾汉贝格鲁等著,杨祯钦译 48.00 元
23.《阶级斗争》,[法]R. 阿隆著,周以光译 13.50 元
24.《正义诸领域:为多元主义与平等一辩》,[美]M. 沃尔泽著,褚松燕等译 24.80 元
25.《大萧条的孩子们》,[美]G. H. 埃尔德著,田禾等译 27.30 元
26.《黑格尔》,[加]C. 泰勒著,张国清等译 135.00 元
27.《反潮流》,[英]I. 伯林著,冯克利译 48.00 元
28.《统治阶级》,[意]G. 莫斯卡著,贾鹤鹏译 98.00 元
29.《现代性的哲学话语》,[德]J. 哈贝马斯著,曹卫东等译 78.00 元

第四批书目

30.《自由论》(修订版),[英]I. 伯林著,胡传胜译 69.00 元
31.《保守主义》,[德]K. 曼海姆著,李朝晖、牟建君译 58.00 元
32.《科学的反革命》(修订版),[英]F. 哈耶克著,冯克利译 58.00 元

33.《实践感》,[法]P. 布迪厄著,蒋梓骅译 75.00 元
34.《风险社会:新的现代性之路》,[德]U. 贝克著,张文杰等译 58.00 元
35.《社会行动的结构》,[美]T. 帕森斯著,彭刚等译 80.00 元
36.《个体的社会》,[德]N. 埃利亚斯著,翟三江、陆兴华译 15.30 元
37.《传统的发明》,[英]E. 霍布斯鲍姆等著,顾杭、庞冠群译 68.00 元
38.《关于马基雅维里的思考》,[美]L. 施特劳斯著,申彤译 78.00 元
39.《追寻美德》,[美]A. 麦金太尔著,宋继杰译 68.00 元

第五批书目

40.《现实感》,[英]I. 伯林著,潘荣荣、林茂译 30.00 元
41.《启蒙的时代》,[英]I. 伯林著,孙尚扬、杨深译 35.00 元
42.《元史学》,[美]H. 怀特著,陈新译 89.00 元
43.《意识形态与现代文化》,[英]J. B. 汤普森著,高铦等译 68.00 元
44.《美国大城市的死与生》,[加]J. 雅各布斯著,金衡山译 78.00 元
45.《社会理论和社会结构》,[美]R. K. 默顿著,唐少杰等译 128.00 元
46.《黑皮肤,白面具》,[法]F. 法农著,万冰译 58.00 元
47.《德国的历史观》,[美]G. 伊格尔斯著,彭刚、顾杭译 58.00 元
48.《全世界受苦的人》,[法]F. 法农著,万冰译 17.80 元
49.《知识分子的鸦片》,[法]R. 阿隆著,吕一民、顾杭译 45.00 元

第六批书目

50.《驯化君主》,[美]H. C. 曼斯菲尔德著,冯克利译 68.00 元
51.《黑格尔导读》,[法]A. 科耶夫著,姜志辉译 98.00 元
52.《象征交换与死亡》,[法]J. 波德里亚著,车槿山译 68.00 元
53.《自由及其背叛》,[英]I. 伯林著,赵国新译 48.00 元

54.《启蒙的三个批评者》,[英]I. 伯林著,马寅卯、郑想译 48.00 元
55.《运动中的力量》,[美]S. 塔罗著,吴庆宏译 23.50 元
56.《斗争的动力》,[美]D. 麦克亚当、S. 塔罗、C. 蒂利著,
李义中等译 31.50 元
57.《善的脆弱性》,[美]M. 纳斯鲍姆著,徐向东、陆萌译 55.00 元
58.《弱者的武器》,[美]J. C. 斯科特著,郑广怀等译 82.00 元
59.《图绘》,[美]S. 弗里德曼著,陈丽译 49.00 元

第七批书目

60.《现代悲剧》,[英]R. 威廉斯著,丁尔苏译 45.00 元
61.《论革命》,[美]H. 阿伦特著,陈周旺译 59.00 元
62.《美国精神的封闭》,[美]A. 布卢姆著,战旭英译,冯克利校 68.00 元
63.《浪漫主义的根源》,[英]I. 伯林著,吕梁等译 49.00 元
64.《扭曲的人性之材》,[英]I. 伯林著,岳秀坤译 22.00 元
65.《民族主义思想与殖民地世界》,[美]P. 查特吉著,
范慕尤、杨曦译 18.00 元
66.《现代性社会学》,[法]D. 马尔图切利著,姜志辉译 32.00 元
67.《社会政治理论的重构》,[美]R. J. 伯恩斯坦著,黄瑞祺译 72.00 元
68.《以色列与启示》,[美]E. 沃格林著,霍伟岸、叶颖译 128.00 元
69.《城邦的世界》,[美]E. 沃格林著,陈周旺译 85.00 元
70.《历史主义的兴起》,[德]F. 梅尼克著,陆月宏译 48.00 元

第八批书目

71.《环境与历史》,[英]W. 贝纳特、P. 科茨著,包茂红译 25.00 元
72.《人类与自然世界》,[英]K. 托马斯著,宋丽丽译 35.00 元

73.《卢梭问题》,[德]E. 卡西勒著,王春华译 39.00 元
74.《男性气概》,[美]H. C. 曼斯菲尔德著,刘玮译 28.00 元
75.《战争与和平的权利》,[美]R. 塔克著,罗炯等译 25.00 元
76.《谁统治美国》,[美]W. 多姆霍夫著,吕鹏、闻翔译 35.00 元
77.《健康与社会》,[法]M. 德吕勒著,王鲲译 35.00 元
78.《读柏拉图》,[德]T. A. 斯勒扎克著,程炜译 68.00 元
79.《苏联的心灵》,[英]I. 伯林著,潘永强、刘北成译 59.00 元
80.《个人印象》,[英]I. 伯林著,林振义、王洁译 35.00 元

第九批书目

81.《技术与时间:2. 迷失方向》,[法]B. 斯蒂格勒著,
赵和平、印螺译 59.00 元
82.《抗争政治》,[美]C. 蒂利、S. 塔罗著,李义中译 28.00 元
83.《亚当·斯密的政治学》,[英]D. 温奇著,褚平译 21.00 元
84.《怀旧的未来》,[美]S. 博伊姆著,杨德友译 85.00 元
85.《妇女在经济发展中的角色》,[丹]E. 博斯拉普著,陈慧平译 30.00 元
86.《风景与认同》,[美]W. J. 达比著,张箭飞、赵红英译 68.00 元
87.《过去与未来之间》,[美]H. 阿伦特著,王寅丽、张立立译 58.00 元
88.《大西洋的跨越》,[美]D. T. 罗杰斯著,吴万伟译 108.00 元
89.《资本主义的新精神》,[法]L. 博尔坦斯基、E. 希亚佩洛著,
高铦译 58.00 元
90.《比较的幽灵》,[美]B. 安德森著,甘会斌译 79.00 元

第十批书目

91.《灾异手记》,[美]E. 科尔伯特著,何恬译 25.00 元

92.《技术与时间:3. 电影的时间与存在之痛的问题》,

[法]B. 斯蒂格勒著,方尔平译 65.00元

93.《马克思主义与历史学》,[英]S. H. 里格比著,吴英译 78.00元

94.《学做工》,[英]P. 威利斯著,秘舒、凌旻华译 68.00元

95.《哲学与治术:1572—1651》,[美]R. 塔克著,韩潮译 45.00元

96.《认同伦理学》,[美]K. A. 阿皮亚著,张容南译 45.00元

97.《风景与记忆》,[英]S. 沙玛著,胡淑陈、冯樨译 78.00元

98.《马基雅维里时刻》,[英]J. G. A. 波考克著,冯克利、傅乾译 108.00元

99.《未完的对话》,[英]I. 伯林、[波]B. P. -塞古尔斯卡著,

杨德友译 65.00元

100.《后殖民理性批判》,[印]G. C. 斯皮瓦克著,严蓓雯译 79.00元

第十一批书目

101.《现代社会想象》,[加]C. 泰勒著,林曼红译 45.00元

102.《柏拉图与亚里士多德》,[美]E. 沃格林著,刘曙辉译 78.00元

103.《论个体主义》,[法]L. 迪蒙著,桂裕芳译 30.00元

104.《根本恶》,[美]R. J. 伯恩斯坦著,王钦、朱康译 78.00元

105.《这受难的国度》,[美]D. G. 福斯特著,孙宏哲、张聚国译 39.00元

106.《公民的激情》,[美]S. 克劳斯著,谭安奎译 49.00元

107.《美国生活中的同化》,[美]M. M. 戈登著,马戎译 58.00元

108.《风景与权力》,[美]W. J. T. 米切尔著,杨丽、万信琼译 78.00元

109.《第二人称观点》,[美]S. 达沃尔著,章晟译 69.00元

110.《性的起源》,[英] F. 达伯霍瓦拉著,杨朗译 85.00元

第十二批书目

111.《希腊民主的问题》,[法]J. 罗米伊著,高煜译 48.00 元
112.《论人权》,[英]J. 格里芬著,徐向东、刘明译 75.00 元
113.《柏拉图的伦理学》,[英]T. 埃尔文著,陈玮、刘玮译 118.00 元
114.《自由主义与荣誉》,[美]S. 克劳斯著,林垚译 62.00 元
115.《法国大革命的文化起源》,[法]R. 夏蒂埃著,洪庆明译 38.00 元
116.《对知识的恐惧》,[美]P. 博格西昂著,刘鹏博译 38.00 元
117.《修辞术的诞生》,[英]R. 沃迪著,何博超译 48.00 元
118.《历史表现中的真理、意义和指称》,[荷]F. 安克斯密特著,周建漳译 58.00 元
119.《天下时代》,[美]E. 沃格林著,叶颖译 78.00 元
120.《求索秩序》,[美]E. 沃格林著,徐志跃译 48.00 元

第十三批书目

121.《美德伦理学》,[新西兰]R. 赫斯特豪斯著,李义天译 68.00 元
122.《同情的启蒙》,[美]M. 弗雷泽著,胡靖译 48.00 元
123.《图绘暹罗》,[美]T. 威尼差恭著,袁剑译 58.00 元
124.《道德的演化》,[新西兰]R. 乔伊斯著,刘鹏博、黄素珍译 65.00 元
125.《大屠杀与集体记忆》,[美]P. 诺维克著,王志华译 78.00 元
126.《帝国之眼》,[美]M. L. 普拉特著,方杰、方宸译 68.00 元
127.《帝国之河》,[美]D. 沃斯特著,侯深译 76.00 元
128.《从道德到美德》,[美]M. 斯洛特著,周亮译 58.00 元
129.《源自动机的道德》,[美]M. 斯洛特著,韩辰锴译 58.00 元
130.《理解海德格尔:范式的转变》,[美]T. 希恩著,邓定译 89.00 元

第十四批书目

131.《城邦与灵魂:费拉里〈理想国〉论集》,[美]G. R. F. 费拉里著,刘玮编译 58.00 元

132.《人民主权与德国宪法危机》,[美]P. C. 考威尔著,曹晗蓉、虞维华译 58.00 元

133.《16 和 17 世纪英格兰大众信仰研究》,[英]K. 托马斯著,芮传明、梅剑华译 168.00 元

134.《民族认同》,[英]A. D. 史密斯著,王娟译 55.00 元

135.《世俗主义之乐:我们当下如何生活》,[英]G. 莱文编,赵元译 58.00 元

136.《国王或人民》,[美]R. 本迪克斯著,褚平译(即出)

137.《自由意志、能动性与生命的意义》,[美] D. 佩里布姆著,张可译 68.00 元

138.《自由与多元论:以赛亚·伯林思想研究》,[英]G. 克劳德著,应奇等译 58.00 元

139.《暴力:思无所限》,[美]R. J. 伯恩斯坦著,李元来译 59.00 元

140.《中心与边缘:宏观社会学论集》,[美]E. 希尔斯著,甘会斌、余昕译 88.00 元

第十五批书目

141.《自足的世俗社会》,[美]P. 朱克曼著,杨靖译 58.00 元

142.《历史与记忆》,[英]G. 丘比特著,王晨凤译 59.00 元

143.《媒体、国家与民族》,[英]P. 施莱辛格著,林玮译 68.00 元

144.《道德错误论:历史、批判、辩护》,

[瑞典]J. 奥尔松著,周奕李译 58.00 元

145.《废墟上的未来:联合国教科文组织、世界遗产与和平之梦》,[澳]L. 梅斯克尔著,王丹阳、胡牧译 88.00 元

146.《为历史而战》,[法]L. 费弗尔著,高煜译(即出)

147.《语言动物:人类语言能力概览》,[加]C. 泰勒著,赵清丽译(即出)

148.《我们中的我:承认理论研究》,[德]A. 霍耐特著,张曦、孙逸凡译 62.00 元

149.《人文学科与公共生活》,[美]P. 布鲁克斯编,余婉卉译(即出)

150.《美国生活中的反智主义》,[美]R. 霍夫施塔特著,何博超译 68.00 元

第十六批书目

151.《关怀伦理与移情》,[美]M. 斯洛特著,韩玉胜译 48.00 元

152.《形象与象征》,[罗]M. 伊利亚德著,沈珂译(即出)

153.《艾希曼审判》,[美]D. 利普斯塔特著,刘颖洁译(即出)

154.《现代主义观念论:黑格尔式变奏》,[美]R. B. 皮平著,郭东辉译(即出)

155.《文化绝望的政治:日耳曼意识形态崛起研究》,[美]F. R. 斯特恩著,杨靖译(即出)

156.《作为文化现实的未来:全球现状论集》,[印]A. 阿帕杜拉伊著,周云水、马建福译(即出)

157.《一种思想及其时代:以赛亚·伯林政治思想的发展》,[美]J. L. 彻尼斯著,寿天艺、宋文佳译(即出)

158.《人类的领土性:理论与历史》,[美]R. B. 萨克著,袁剑译(即出)

159.《理想的暴政：多元社会中的正义》，[美]G. 高斯著，范震亚译（即出）

160.《荒原：一部历史》，[美]V. D. 帕尔马著，梅雪芹译（即出）

有关“人文与社会译丛”及本社其他资讯，欢迎点击 www. yilin. com 浏览，对本丛书的意见和建议请反馈至新浪微博@译林人文社科。